Die

ÖKONOMIE
GOTTES

WITNESS LEE

Living Stream Ministry
Anaheim, California • www.lsm.org

1. Auflage April 1996
Ausgabe für die Massenverteilung Mai 2003

ISBN 0-7363-2298-5

Übersetzt aus dem Englischen
Originaltitel: *The Economy of God*
(German Translation)

Kostenlose Verteilung durch:
Rhema
P.O. Box 31651, Seattle, WA 98103 U.S.A.

Für Information über Zweigniederlassungen siehe letzte Seite.

Herausgeber:
Living Stream Ministry
2431 W. La Palma Ave., Anaheim, CA 92801 U. S. A
P. O. Box 2121, Anaheim, CA 92814 U. S. A

Gedruckt in Weißrussland

INHALT

VORWORT

Die vorliegenden Kapitel geben die Vorträge der Sommerkonferenz 1964 in Los Angeles wieder. Insgesamt wurde die gesprochene Form beibehalten. Der Autor möchte allen Lesern sehr empfehlen, ihre Aufmerksamkeit ganz auf die in diesem Buch enthaltene geistliche Wirklichkeit zu richten und nicht auf die sprachliche Form.

Das im Titel dieses Buches gebrauchte Wort „Ökonomie" mag dem Leser vielleicht etwas fremd klingen, doch ist der ganze Titel nichts anderes als ein Zitat aus 1. Timotheus 1:4 nach dem Urtext. Mit dem griechischen Wort „oikonomia", das wir mit „Ökonomie" wiedergeben, ist in erster Linie die Leitung und Verwaltung eines sehr großen Haushaltes gemeint – einschließlich aller Anordnungen, der Austeilung und Zuteilung des Reichtums, Besitztums und aller Geschäfte. Wir verwenden dieses Wort absichtlich, um den Brennpunkt von Gottes himmlischem „Unternehmen" hervorzuheben. Der Brennpunkt des göttlichen Unternehmens ist es, dass Gott sich selbst in den Menschen hinein austeilt.

Wegen dieser Ökonomie Gottes, wegen der göttlichen Verteilung, der heiligen Austeilung, gibt es drei Personen in der Gottheit. Der Vater ist als der Ursprung im Sohn verkörpert, und der Sohn ist als der Weg der Ausführung im Geist, der Ihn übermittelt, verwirklicht. Gott der Vater ist Geist (Joh. 4:24), und Gott der Sohn wurde als der letzte Adam zum Geist, der das Leben gibt (1.Kor. 15:45). Und alles befindet sich in Gott dem Geist, welcher der im Neuen Testament offenbarte Heilige Geist ist. Heute ist dieser Heilige Geist, der die Fülle des Vaters und den ganzen Reichtum des Sohnes enthält, in unseren menschlichen Geist hineingekommen, und Er wohnt dort, um alles, was Gott ist, in unser Sein hineinzuwirken. Dies ist Gottes Ökonomie, die göttliche Austeilung. Dass der Heilige Geist Gottes in unserem menschlichen

Geist wohnt, um alles, was Gott in Christus ist, in unser Sein heineinzubringen, ist der Brennpunkt und das eigentliche Ziel dieser geheimnisvollen Austeilung des Dreieinen Gottes. Hierum geht der geistliche Kampf. Wie sehr hat der hinterlistige Feind es darauf angelegt, die Heiligen Gottes, selbst die suchenden, von diesem Zielpunkt der Ökonomie Gottes abzulenken, und zwar gerade durch gute und biblisch begründete Dinge! In unseren Tagen herrscht tatsächlich Verwirrung, ähnlich wie zu der Zeit, als die Timotheusbriefe geschrieben wurden. Angesichts dessen müssen wir auf den entscheidenden Punkt reduziert und ausgerichtet werden, so dass wir nichts anderes mehr im Auge haben als dieses eine: den allumfassenden göttlichen Geist in unserem menschlichen Geist. Nur so können wir davor bewahrt werden, das Ziel der göttlichen Ökonomie zu verfehlen. Deshalb besteht heute die grundlegende Notwendigkeit, dass wir zu unserem Geist zurückkehren, in unserem Geist bleiben und ihn üben, um so den Geist Gottes wahrzunehmen und zu erkennen. Wenn wir dies tun, können wir der ganzen Fülle Gottes teilhaftig werden, indem wir den unausforschlichen Reichtum Christi genießen. Möge der Herr uns Gnade geben, dass wir ein klares Bewusstsein dessen bekommen, worum es eigentlich geht, und dass wir dies in unserem täglichen Leben und in allem, was wir tun auch praktisch anwenden.

Was in diesem Buch gesagt ist, wird in uns nur dann richtig zur Anwendung kommen und größere Auswirkungen haben, wenn wir alle Kapitel mit einem betenden Geist lesen. Noch mehr Gewinn werden wir haben, wenn wir alle Bibelzitate, die in den verschiedenen Kapiteln vorkommen, beten-lesen und überhaupt unser ganzes Lesen mit Gebet verbinden. Möge die Gegenwart des Herrn mit ihrer kostbaren inneren Salbung von allen wahrgenommen werden, die diese Kapitel im Geist lesen.

Witness Lee

Los Angeles, Kalifornien, U.S.A.
11. Januar 1968

KAPITEL EINS

DIE ÖKONOMIE DES DREIEINEN GOTTES

Mein Anliegen in allen diesen Botschaften ist es, euch etwas über Gottes Ökonomie mitzuteilen. Lasst uns 1. Timotheus 1:3-7 lesen: „… damit du einigen gebieten solltest, nichts anderes zu lehren, noch mit Fabeln und endlosen Geschlechtsregistern sich abzugeben, die mehr Streitfragen hervorbringen, als sie die Ökonomie Gottes fördern, die im Glauben ist … das Endziel des Gebotes aber ist Liebe aus reinem Herzen und gutem Gewissen und ungeheucheltem Glauben. Davon haben sich einige, die das Ziel verfehlten, abgewandt hin zu leerem Geschwätz; sie wollen Gesetzeslehrer sein …"*

Nach dem Griechischen, der Ursprache des Neuen Testamentes, enthalten diese Verse zwei sehr wichtige Begriffe, nämlich „Gottes Ökonomie" und „das Ziel verfehlen." Der Apostel Paulus war von Gott auserwählt worden, um die Verantwortung für die göttliche Ökonomie zu tragen, und er unterwies seinen geistlichen Sohn Timotheus in dieser Ökonomie. Es ist erwähnenswert, dass Paulus jenen Brief an Timotheus in einer Zeit schrieb, als viele Christen vom ursprünglichen Weg abgewichen waren. Eine große Zahl von Gläubigen hatte das Zentrum, das Ziel von Gottes Ökonomie verfehlt und ihre Aufmerksamkeit anderen Dingen zugewandt.

ABLENKUNGEN VON DER ÖKONOMIE GOTTES

Wie die Geschichte zeigt, wurden die ersten Christen besonders durch zwei vorherrschende Elemente vom richtigen Weg

---

* Alle Bibelzitate basieren auf der Elberfelder Übersetzung, revidierte Fassung, 3. Sonderauflage 1992. ©1985 R. Brockhaus Verlag Wuppertal und Zürich, außer gelegentlichen Angleichungen, die vorgenommen wurden, um den Urtext besser widerzuspiegeln abgelenkt: durch das Judentum und durch die Gnosis. Sowohl die Verfechter des Judentums als auch die Gnostiker lenkten die Christen davon ab, dem Herrn auf dem Pfad der göttlichen Ökonomie zu folgen – die Juden mit ihren religiösen Lehren und Formen und die Gnostiker mit ihrer Philosophie. Offensichtlich haben gerade die guten Elemente des Judentums und der Gnosis die Christen des ersten Jahrhunderts auf ein Nebengleis gebracht. Wären diese Elemente nicht vergleichsweise gut gewesen, so hätten sie niemals genug Einfluss ausüben können, um die Gläubigen vom Zielpunkt der göttlichen Ökonomie abzulenken. Die Eiferer für das Judentum propagierten beispielsweise mit Nachdruck das mosaische Gesetz des Alten Testamentes. Zweifellos war das Gesetz nichts Schlechtes. Im Gegenteil, das Gesetz war ganz ohne Frage richtig und gut, und es war sogar direkt von Gott selbst gegeben. Aber das Gesetz als solches hatte nichts mit dem Zielpunkt und Zentrum von Gottes Ökonomie zu tun. Auch die Gnosis besaß vom menschlichen Standpunkt aus gesehen ihre guten Prinzipien. Sie war sogar eine der besten Erfindungen der menschlichen Kultur und bot den Heiden eine gewisse Hilfe. Aber die Gnostiker versuchten, ihre Philosophie in die Gemeinde hineinzubringen und lenkten so die ersten Christen vom Zielpunkt der göttlichen Ökonomie ab.

Heute gibt es zwar keine jüdischen Eiferer und keine Gnostiker, die uns aus dem Gleis bringen, aber dafür gibt es viele andere Dinge. Seit fast zweitausend Jahren ist der Feind unaufhörlich damit beschäftigt, die scheinbar guten Dinge für seine Ablenkungsmanöver einzusetzen, damit die Gläubigen davon abgebracht werden, dem Herrn auf dem geraden und richtigen Pfad zu folgen. Wenn wir uns Zeit nehmen und mit dem Herrn hierüber Gemeinschaft haben, werden wir erkennen, dass der Feind fortwährend und anhaltend damit beschäftigt ist, selbst die guten Dinge des Christentums zur Ablenkung der Kinder des Herrn einzusetzen, damit sie das Ziel, das Zentrum der Ökonomie Gottes verfehlen. Auf meinen Reisen durch viele Gebiete dieses Landes habe ich in den letzten Jahren festgestellt, dass der Feind viele religiöse und sogar biblische Dinge als Köder benützt, um suchende Christen zu beeinflussen und vom Zielpunkt der göttlichen Ökonomie abzubringen.

DIE DEFINITION DER ÖKONOMIE GOTTES

Was ist Gottes Ökonomie? Die Schrift besteht aus sechsundsechzig Büchern und enthält viele verschiedene Lehren, aber wenn wir sie gründlich, sorgfältig und mit geistlicher Einsicht studieren, werden wir erkennen, dass die Ökonomie Gottes nichts anderes ist als Gottes Plan, sich selbst in die Menschheit hinein auszuteilen. Gottes Ökonomie ist Gottes Austeilung, was nichts anderes heißt, als dass Gott sich selbst in das Menschengeschlecht hinein austeilt. Leider ist der Begriff „Dispensation" vom Christentum missbraucht worden. Die Definition dieses Wortes deckt sich fast vollständig mit der des griechischen Wortes „oikonomia." Es bezeichnet die Verwaltung eines herrschaftlichen Haushalts, die verantwortliche Leitung eines Herrschaftsbereiches oder den Dienst des Austeilens, d.h. die Haushalterschaft, die zu Gottes Plan gehört. In dieser göttlichen „Dispensation" möchte Gott, der allmächtig und allumfassend ist, nichts anderes als sich selbst in uns hinein austeilen. Dies müssen wir oft wiederholen, damit es uns tief beeindruckt.

Gott ist über die Maßen reich. Er gleicht einem erfolgreichen Geschäftsmann, der ein unerschöpfliches Kapital besitzt. Gott betreibt in diesem Universum ein Unternehmen, und Sein unermesslicher Reichtum ist Sein Kapital. Wir können uns nicht vorstellen, wieviele Milliarden und Abermilliarden Er besitzt. Dieses ganze Kapital ist einfach Er selbst, und mit diesem Kapital will Er sich selbst in einer „Massenproduktion" reproduzieren. Gott selbst ist der Geschäftsmann, und Er ist zugleich auch das Kapital und das Produkt. Seine Absicht ist es, sich auf dem Wege einer „Massenproduktion" ohne Forderung einer Gegenleistung in viele Menschen hineinzuverteilen. Daher braucht Gott eine derartige göttliche Verwaltung, Haushaltsführung, solch eine göttliche Dispensation, eine göttliche Ökonomie, um sich selbst in die Menschheit hineinzubringen.

Lasst uns dies noch genauer betrachten. Wir kennen jetzt zwar Gottes Absicht, sich selbst auszuteilen, aber wir müssen

noch herausfinden, was Er ist; erst dann können wir richtig
erfassen, was Er austeilt. Mit anderen Worten: Was ist die Substanz Gottes? Wenn ein Geschäftsmann ein Produkt herstellen
will, muss er sich zunächst einmal über die Substanz dieses Pro-
duktes im Klaren sein, über den Grundstoff, aus dem es
hergestellt werden soll. Die Substanz Gottes ist Geist (Joh. 4:24).
Das eigentliche Sein Gottes, des allmächtigen, allumfassenden,
universalen Gottes, ist nichts anderes als Geist. Gott ist der Her-
steller, und Er beabsichtigt, sich selbst als Sein Produkt zu
reproduzieren; daher muss alles, was Er reproduziert, die Substanz Seiner eigenen Person sein, nämlich Geist.

DIE SCHRITTE DER GÖTTLICHEN ÖKONOMIE

Wir haben gesehen, welche Absicht Gott verfolgt und was Er
austeilt; nun müssen wir uns darüber klar werden, auf welche
Weise Gott durch Seine Ökonomie ausgeteilt wird. Anders gesagt:
Gott bringt nichts anderes als Geist in den Menschen hinein, aber
wir müssen jetzt sehen, durch welches Mittel Er dies fertigbringt.
Er vollbringt es mittels der Dreieinigkeit. Der Dreieine Gott – der
Vater, der Sohn und der Heilige Geist – ist die Ökonomie der
Gottheit. Im Christentum hat es während der vergangenen Jahr-
hunderte viele Lehren über die Dreieinigkeit gegeben, aber die
Dreieinigkeit kann niemals angemessen verstanden werden,
wenn sie nicht in Verbindung mit der göttlichen Ökonomie gesehen wird. Warum bedarf es aller drei Personen der Gottheit, um
die Ökonomie Gottes zu entwickeln? Wir wissen, dass der Vater,
der Sohn und der Heilige Geist nicht drei verschiedene Götter
sind, sondern ein einziger Gott, der in drei Personen zum Ausdruck kommt. Welche Absicht aber steht dahinter, dass Gott sich
in drei Personen zum Ausdruck bringt? Warum gibt es Gott den
Vater, Gott den Sohn und außerdem noch Gott den Heiligen Geist?
Gott ist dreieinig, weil nur durch die Dreieinigkeit alles bereitge-
stellt werden kann, was nötig ist, damit der Geist Gottes sich in
uns hinein auszuteilen vermag.

In 2. Korinther 13:13 sehen wir die Schritte, die Gott in Seiner
Ökonomie durch die Dreieinigkeit ausführt: „Die Gnade des
Herrn Jesus Christus und die Liebe Gottes und die Gemeinschaft

des Heiligen Geistes sei mit euch allen!" Hier haben wir die Gnade des Sohnes, die Liebe des Vaters und die Gemeinschaft des Heiligen Geistes. Was bedeutet das? Haben wir es hier mit drei verschiedenen Göttern zu tun? Sind Liebe, Gnade und Gemeinschaft drei verschiedene Dinge? Nein. Liebe, Gnade und Gemeinschaft sind ein und dasselbe Element in drei Stadien: Liebe ist die Quelle, Gnade ist der Ausdruck der Liebe, und Gemeinschaft ist die Vermittlung dieser Liebe in der Gnade. Entsprechend sind Gott, Christus und der Heilige Geist ein Gott, der in drei Personen zum Ausdruck kommt: Gott ist die Quelle, Christus ist der Ausdruck Gottes, und der Heilige Geist ist die Übertragung, die Gott in Christus in den Menschen hineinbringt. So werden die drei Personen der Dreieinigkeit zu den drei aufeinanderfolgenden Schritten im Prozess der göttlichen Ökonomie. Ohne diese drei Stadien könnte Gottes Sein niemals in den Menschen hinein ausgeteilt werden. Die Ökonomie Gottes entfaltet sich vom Vater im Sohn und durch den Geist.

1. Vom Vater

Gott der Vater ist der universale Ursprung aller Dinge. Er ist unsichtbar, und niemand kann Ihm nahen. Wie vermag Gott der Vater, der in einem unzugänglichen Licht wohnt (1.Tim. 6:16), in uns zu sein? Wie können wir den unsichtbaren Vater sehen? Wäre Gott nur der Vater, so könnte niemand zu Ihm kommen, und niemals könnte Er in den Menschen hineingebracht werden. Aber Gott hat sich durch die göttliche Anordnung in Seiner Ökonomie in Seinen Sohn hineingegeben, in die zweite Person der Dreieinigkeit, um sich dem Menschen verfügbar zu machen. Die ganze Fülle des Vaters wohnt im Sohn (Kol. 1:19; 2:9) und kommt durch den Sohn zum Ausdruck (Joh. 1:18). Der Vater, der unerschöpfliche Ursprung aller Dinge, ist im Sohn verkörpert. Gott, den niemand zu fassen vermag, kommt jetzt zum Ausdruck in Christus, dem Wort Gottes (Joh. 1:1); der unsichtbare Gott wird offenbar in Christus, dem Ebenbild Gottes (Kol. 1:15). Der Sohn und der Vater sind also eins (Joh. 10:30), und der Sohn wird sogar der Vater genannt (Jes. 9:5).

Einst war es dem Menschen unmöglich, mit dem Vater in

Berührung zu kommen. Der Vater war ausschließlich Gott, und Seine Natur war ausschließlich göttlich. Es gab nichts im Vater, was die Kluft zwischen Gott und dem Menschen hätte überbrücken können. Jetzt aber hat sich Gott nicht nur im Sohn verkörpert, sondern Er ist sogar Fleisch geworden und so in die menschliche Natur hineingekommen. Es gefiel dem Vater, Sein eigenes göttliches Wesen im Sohn mit dem menschlichen Wesen zu verbinden. Durch die Fleischwerdung des Sohnes ist der Vater, zu dem niemand kommen kann, für den Menschen erreichbar geworden. Nun kann der Mensch den Vater sehen, den Vater berühren und durch den Sohn mit dem Vater Gemeinschaft haben.

Wir können diese Beziehung veranschaulichen, indem wir ein weißes Taschentuch in blaue Farbe tauchen. Das göttliche Sein des Vaters lässt sich mit dem ursprünglich weißen Taschentuch vergleichen. Wenn wir dieses Taschentuch in blaue Farbe tauchen, stellt es den Vater dar, der im Sohn Fleisch wurde, der in die Menschheit hineinkam. Nun ist der weiße Stoff blau geworden. Wie das Blau dem Taschentuch, so wurde die menschliche Natur der göttlichen hinzugefügt, und die einst voneinander getrennten Naturen sind eins geworden. Das erste Stadium der Austeilung Gottes hinein in den Menschen kommt also dadurch zustande, dass Gott sich im Sohn als Mensch verkörpert und Fleisch wird und sich so im Menschen reproduziert.

2. Im Sohn

Der zweite Schritt, durch den Gott in den Menschen hineingebracht wird, vollzieht sich durch die zweite Person der Dreieinigkeit, den Sohn Gottes. Wenn wir die zweite Stufe der Ökonomie Gottes verstehen wollen, müssen wir wissen, was Christus ist. Was sind die Elemente, die Christus ausmachen? Aus welchen miteinander verbundenen „Zutaten" besteht Christus? Sieben Grundelemente sind in diese wunderbare Person des Sohnes hineingekommen, wurden Ihm durch Seine Geschichte hinzugefügt. Christus ist erstens Gott, die göttliche Verkörperung Gottes. Dieses Element in Christus ist das göttliche Sein, die Natur Gottes.

Das zweite Element, Seine Fleischwerdung, bedeutet die

Vermengung Seiner göttlichen Natur mit der menschlichen Natur. Durch Seine Fleischwerdung brachte Er Gott in den Menschen hinein und vermengte das göttliche Sein mit dem Menschen. In Christus ist nicht nur Gott, sondern auch der Mensch.

Das dritte Element, das Seiner göttlichen und menschlichen Natur hinzugefügt wurde, war Sein menschlicher Lebensvollzug. Dieser herrliche Gott-Mensch lebte dreiunddreißigeinhalb Jahre auf der Erde und erlebte all die kleinen und alltäglichen Dinge, die das menschliche Leben ausmachen. Das Johannesevangelium, welches einerseits betont, dass Er der Sohn Gottes ist, berichtet uns andererseits auch, dass Er müde, hungrig und durstig war und weinte. Zu Seinem täglichen Leben gehörten auch Seine menschlichen Leiden, die viele irdische Schwierigkeiten, Probleme, Versuchungen und Verfolgungen einschlossen.

Das vierte Element ist die Erfahrung Seines Todes. Christus ist in den Tod hinabgestiegen. Allerdings ging Er nicht nur in den Tod hinein, sondern vielmehr durch ihn hindurch. Dies machte Seinen Tod in höchstem Maße wirksam. Der Tod Adams ist schrecklich und führt nur zur Auflösung, der Tod des Herrn jedoch ist wunderbar und höchst wirksam. Der Tod Adams hat uns dem Tod versklavt, der Tod Christi jedoch hat uns vom Tod befreit. Dadurch, dass Adam gefallen ist, kamen viele üble Elemente in uns hinein, der wirksame Tod Christi aber ist die tötende Kraft in uns, welche alle Elemente der Adamsnatur in uns vernichtet.

In Christus befinden sich also die göttliche Natur, die menschliche Natur, das menschliche Alltagsleben mit seinen Leiden und auch die Wirksamkeit Seines Todes. Aber es gibt noch drei weitere Elemente in Christus. Das fünfte Element ist Seine Auferstehung. Nach Seiner Auferstehung zog Christus Sein menschliches Leben nicht aus, um wieder zu Seinem ursprünglichen Wesen der reinen Göttlichkeit zurückzukehren. Christus ist noch immer ein Mensch! Und als ein Mensch besitzt Er das zusätzliche Element des mit Seinem Menschsein vermengten Auferstehungslebens.

Das sechste Element in Christus ist Seine Auffahrt. Durch Seine Auffahrt zum Himmel hat Christus sich über alle Feinde, Fürstentümer, Mächte, Herrschaften und Gewalten erhoben. Alles ist unter Seinen Füßen. Daher ist auch die alles übersteigende Kraft Seiner Auffahrt mit Ihm vermengt. Schließlich wurde Christus auf den Thron erhoben, und dies ist das siebte Element in Seiner Person. Christus, der Mensch mit der göttlichen Natur, ist im dritten Himmel als das erhöhte Haupt des gesamten Universums auf den Thron erhoben worden. Er befindet sich als der Herr aller Herren und der König aller Könige im Himmel.

Wir müssen diese sieben wunderbaren, in Christus enthaltenen Elemente im Gedächtnis behalten: die göttliche Natur, die menschliche Natur, das alltägliche menschliche Leben mit seinen irdischen Leiden, die Wirksamkeit Seines Todes, die Auferstehungskraft, die alles übersteigende Kraft Seiner Auffahrt und der Thron. Alle diese Elemente sind in diesem einen wunderbaren Christus vermengt.

3. Durch den Geist

Es ist Gott trotz allem nicht möglich, durch den Sohn in uns hineinzukommen. Die ersten Stadien der göttlichen Ökonomie bestanden darin, dass der Vater sich in den Sohn hineinbrachte und dass jene sieben Elemente mit dem Sohn und in dem Sohn vermengt wurden. Damit Gott sich aber in den Menschen hinein austeilen konnte, bedurfte es noch einer weiteren Stufe, eines dritten und letzten Schrittes. Der erste Schritt bestand darin, dass der Vater sich im Sohn verkörperte, der zweite darin, dass der Sohn in der menschlichen Natur Fleisch wurde, damit alle die sieben wunderbaren Elemente in Ihn hineingemengt würden, aber durch den dritten Schritt wurde erreicht, dass sowohl der Vater als auch der Sohn sich jetzt im Geist befinden. Alles, was im Vater ist, befindet sich im Sohn, und nun ist der Vater samt dem Sohn und samt allen in Christus enthaltenen Elementen in den Geist hineingebracht.

Seit der Auffahrt des Herrn ist der Heilige Geist nicht mehr derselbe wie der Geist Gottes zur Zeit des Alten Testamentes. Der Geist Gottes, von dem das Alte Testament spricht, besaß nur ein einziges Element, nämlich die Heilige Natur Gottes. Als der göttliche Geist besaß Er weder das Element der menschlichen Natur noch das des menschlichen Lebensvollzugs, der Wirksamkeit des

Todes, der Auferstehung, der Auffahrt und des Thrones. Heute jedoch, in der neutestamentlichen Ökonomie, sind alle sieben Bestandteile Christi in den Geist hineingebracht, und dieser allumfassende Geist ist es, der in uns hineingekommen und auf uns gekommen ist. Mit anderen Worten: dieser Geist ist in uns und wir sind in Ihm. Das ist die wahre Vermengung Gottes mit dem Menschen, die wir jederzeit erfahren können. Wir sind innerlich und äußerlich mit dem Heiligen Geist vermengt.

Was ist der Heilige Geist? Er ist der Geist der Wahrheit (Joh. 15:26). Was aber ist Wahrheit? Das griechische Wort für „Wahrheit" bedeutet soviel wie „Wirklichkeit." Der Heilige Geist ist also der Geist der Wirklichkeit, der vollen Wirklichkeit Christi. So, wie Gott in Christus verkörpert ist, ist Christus in der wunderbaren Person des Heiligen Geistes verwirklicht. Christus ist nicht getrennt von Gott, und der Geist ist nicht getrennt von Christus. Christus ist der zum Ausdruck gebrachte Gott, und der Geist ist der in die Wirklichkeit gebrachte, verwirklichte Christus.

„Der Herr aber ist der Geist" (2.Kor. 3:17). Dieser Vers beweist, dass der Heilige Geist nicht von Christus getrennt ist. Der Herr ist niemand anders als Christus selbst, und Er wird hier als der Geist bezeichnet. „Der letzte Adam wurde zu einem lebengebenden Geist" (1.Kor. 15:45). Auch hier sagt die Schrift aus, dass Christus, der letzte Adam, der Geist ist. Wir müssen zugeben, dass dieser Geist, der das Leben gibt, der Heilige Geist ist.

Darüber hinaus ist auch Gott der Vater der Geist (Joh. 4:24). Das heißt nichts anderes, als dass alle drei Personen der Gottheit der Geist sind. Wäre Gott der Vater nicht der Geist, wie könnte Er in uns hineinkommen, und wie könnten wir mit Ihm in Verbindung treten? Und wäre Gott der Sohn nicht der Geist, wie könnte Er in uns sein, und wie könnten wir Ihn erfahren? Weil der Vater und der Sohn beide der Geist sind, können wir ohne Schwierigkeit mit Gott in Berührung kommen und Christus erfahren. Hier sollten wir auch folgende Verse beachten: „Ein Gott und Vater aller, der ... in allen ist" (Eph. 4:6); „... dass Christus Jesus in euch ist" (2.Kor. 13:5); „... wegen Seines in euch wohnenden Geistes" (Röm. 8:11). Wie uns diese drei Verse offenbaren, sind sowohl Gott der Vater als auch der Sohn und der Geist in uns. Wieviele Personen befinden sich also in uns? Drei oder eine? Wir sollten nicht sagen, dass drei getrennte Personen in uns sind, aber wir sollten auch nicht sagen, dass nur eine einzige Person in uns ist. Vielmehr ist der Drei-Eine in uns. Die drei Personen der Gottheit sind nicht drei Geister, sondern ein Geist. Der Vater befindet sich im Sohn, und der Sohn mit all seinen sieben wunderbaren Elementen befindet sich im Geist. Sobald dieser wunderbare Heilige Geist in uns hineinkommt, wird die Gottheit, Gott selbst, in uns hineingebracht. Weil die drei Personen sich in einem Geist befinden, haben wir den Vater, den Sohn und den Heiligen Geist in uns. Später werden wir sehen, dass der Dreieine Gott in unseren menschlichen Geist hineingekommen ist, um unser geistliches Leben, unser inneres Leben, zu sein. Dies ist der Zielpunkt der Ökonomie Gottes, und durch eben dieses Verfahren wird die Gottheit in uns hineingebracht. Das Ziel der göttlichen Ökonomie ist es, den Drei-einen Gott in einem Geist in unseren menschlichen Geist hinein auszuteilen. Daher müssen wir nun unsere ganze Aufmerksamkeit darauf richten, dass wir durch den Dreieinen Gott leben, der in unserem menschlichen Geist wohnt. Wenn wir hiervon abgelenkt werden, verfehlen wir zwangsläufig das Ziel von Gottes Ökonomie, mögen andere Dinge auch noch so gut und biblisch sein. Der Herr stellt heute Seine Kinder wieder her, indem Er sie dazu bringt, sich ausschließlich auf diesen Zielpunkt Seiner göttlichen Ökonomie zu konzentrieren.

> Als Leben, Herr, bist Du in mir,
> Und alles jetzt für mich!
> Du bist verfügbar, subjektiv,
> Und so erfahr' ich Dich.
>
> O Herr, Du bist der Geist jetzt!
> Wie lieblich und mir nah!
> Wie wunderbar, ich schätze es,
> Dass Du mir verfügbar.
>
> Was ich auch brauch', sei's groß, sei's klein,
> Versorgst Du mich reichlich;
> Zur rechten Zeit, genügend auch,
> So anwendbar für mich.

Dein lieblich Salbung und Dein' Macht
In Schwachheit mich erhält;
Durch steten Zustrom Deiner Kraft
Mein' Stärk' Du aufrecht hältst.

Dein's Leb'ns Gesetz in Herz und Sinn
Regiert das Leben mein;
Der Reichtum Deiner Wirklichkeit
Durchsättigt all mein Sein.

Du bist auf ewig eins mit mir,
Welch Einheit, ohn' Vergleich!
Ein Geist mit mir für alle Zeit
In Ewigkeit Dir gleich!

(Lied 539 nach engl. Hymns)

KAPITEL ZWEI

DER GEIST ALS DIE VOLLKOMMEN AUSREICHENDE VERSORGUNG

DER GEIST IST DIE ÜBERTRAGUNG GOTTES

In Kapitel eins haben wir gesehen, worin Gottes Ökonomie besteht: Er selbst will sich als die drei Personen der Gottheit in uns hinein austeilen. Wir können diese Ökonomie der Dreieinigkeit anhand der Elektrizität veranschaulichen. Zur Elektrizität gehören die Stromquelle, der fließende Strom und die Übertragung. Das hört sich vielleicht so an, als gäbe es drei Arten von Elektrizität, aber in Wirklichkeit gibt es nur eine Elektrizität. Die Stromquelle, der Strom und die Übertragung sind nichts anderes als die Elektrizität selbst. Gäbe es keine Elektrizität, so könnte es weder eine Stromquelle, noch Strom, noch eine Übertragung geben. Genau wie es nur eine Elektrizität, aber drei Stadien dieser Elektrizität gibt, so gibt es auch nur einen Gott in drei Personen. Am einen Ende befindet sich die Stromquelle oder der gespeicherte Strom, am anderen Ende hingegen haben wir die Übertragung der Elektrizität in unsere Häuser. Zwischen diesen beiden Enden befindet sich der fließende Strom. Hier sehen wir ein Beispiel für ein und dieselbe Sache in drei Stadien. Entsprechend ist Gott als der Vater die Quelle, Gott als der Sohn der Strom sowie der Ausdruck des Vaters und Gott als der Geist die Übertragung Gottes in den Menschen hinein. Daher ist der Vater der Geist, ebenso ist der Sohn der Geist und selbstverständlich auch der Geist selbst. Der Vater befindet sich im Sohn, der Sohn im Geist und der Geist in uns als die eigentliche Übertragung Gottes, die unaufhörlich alles, was Gott in Christus ist und hat, in uns hinein überträgt.

DER GEIST IST DIE ALLUMFASSENDE MEDIZIN

In der heutigen modernen Zeit hat der Mensch viele hervorragende Medikamente entwickelt. Manche Arzneimittel setzen sich aus einer großen Zahl von Komponenten zusammen, die auf diese Weise alle auf einmal verabreicht werden können. Mit einer einzigen Kapsel nimmt man beispielsweise einige Bestandteile auf, die Bakterien töten, andere Bestandteile beruhigen die Nerven, und wieder andere nähren und beleben den Körper. Dies ist gewissermaßen ein allumfassendes Medikament. Haben wir jemals erfasst, dass der Heilige Geist das allerbeste „Medikament" der ganzen Welt ist? In jeder einzelnen Dosis ist alles enthalten, was wir brauchen. Alles, was der Vater und der Sohn sind, und alles, was der Vater und der Sohn haben, befindet sich in diesem wunderbaren Geist. Betrachtet einmal, wieviele Elemente dieses Medikament enthält: Die heilige Natur Gottes, Seine menschliche Natur, Seinen menschlichen Lebensvollzug mit allen irdischen Leiden, die wunderbare Wirksamkeit Seines Todes, Seine Auferstehung, Seine Auffahrt und Seine Thronerhebung. Wir können gar nicht ermessen, was für ein „Medikament" das ist! Aber wenn wir es auch nicht verstehen, so können wir es doch jeden Tag genießen. Der Herr sei gelobt! Kein Wissenschaftler, kein Arzt auf dieser Erde kann dieses wunderbare Medikament analysieren. Das ist die Ökonomie Gottes; es ist nichts anderes als Gott selbst, der sich in uns hinein austeilt.

Es geht nicht darum, dass wir uns Lehren aneignen. In meiner Jugend habe ich mich mit den Lehren über die verschiedenen „Dispensationen" beschäftigt. Man lehrte mich, dass es mindestens sieben „Dispensationen" gebe. Genau genommen aber gibt es nur eine einzige Dispensation, die für uns wichtig ist: Die Dispensation Gottes, die Austeilung Gottes selbst. Alle sechsundsechzig Bücher der Schrift sind ein vollständiger Bericht über diese eine Austeilung – die Austeilung Gottes in uns hinein. Mögen wir Menschen sein, die vom Morgen bis zum Abend die allumfassende Medizin in diesem wunderbaren Geist aufnehmen! Lasst uns Gott selbst genießen, nicht diese Lehren über die Dispensationen.

Bist du ein schwacher Bruder? Hier gibt es eine Medizin, eine wunderbare Medizin, die dir Kraft und göttliche Stärke gibt. Bist du ein Mensch, der in Schwierigkeiten geraten ist? Die Lösung liegt in diesem Medikament. Eine Dosis des Heiligen Geistes wird deine Schwierigkeiten lösen.

Als junger Mensch wurde ich gelehrt, dass wir mit Christus gekreuzigt sind und ich mich für tot halten müsse. Daher war ich von morgens bis abends darauf bedacht, mich für tot zu halten. Aber je mehr ich mich darum bemühte, desto lebendiger wurde ich. Die Sache funktionierte nicht, weil ich das falsche Rezept bekommen hatte. Eines Tages aber, nach vielen Jahren, öffnete mir der Herr die Augen; ich sah, dass die Wirklichkeit Seines Todes nicht in meinem Dafürhalten liegt, sondern in meinem Genuss des Heiligen Geistes. Dies finden wir in Römer 8 offenbart. Römer 6 gibt nur die Definition, aber Römer 8 zeigt uns die Wirklichkeit des Todes Christi, denn die Wirksamkeit des Todes Christi ist im Heiligen Geist. Je mehr wir im Heiligen Geist mit Christus Gemeinschaft haben, desto mehr werden wir getötet. Die Medizin des allumfassenden Heiligen Geistes enthält das tötende Element. Es besteht keine Notwendigkeit, dass wir uns selbst für tot halten, wenn wir im Heiligen Geist sind; dann nämlich genießen wir Ihn als diese wunderbare Medizin, und ganz spontan werden viele Krankheitskeime in uns getötet.

Als ich früher einmal mit dem Hass gegen einen Bruder nicht fertig wurde, sagte man mir, das „hassende Ich" sei gekreuzigt, und ich solle ihn lieben, anstatt ihn zu hassen. So versuchte ich, mich selbst für tot zu halten, aber das gelang nicht. Je mehr ich mich für tot hielt, desto mehr hasste ich ihn. Dann aber kam ein Tag, an dem ich in der Gemeinschaft mit dem Herrn mit Seinem Heiligen Geist erfüllt wurde. Die Tränen flossen, und ich wusste, dass jetzt die tötende Kraft in mir war und meinen Hass und meinen Stolz tötete. Zugleich mit den Tränen stieg unwillkürlich Liebe zu diesem Bruder in meinem Herzen auf. Was war das? Es war das tötende Element in dieser wunderbaren Medizin, es war die Wirksamkeit des Todes Christi im Geist.

In diesem Geist Jesu gibt es eine reiche und vollkommen ausreichende Versorgung. Das Wort „Versorgung" (bzw. „Beistand") in Philipper 1:19 gibt einen ganz besonderen griechischen Ausdruck wieder, der eine großzügige, reiche und allumfassende Versorgung bezeichnet. Der Geist Jesu ist eine allumfassende Versorgung, die allen unseren Bedürfnissen gerecht wird. Was brauchen wir? Brauchen wir Trost? Niemand kann uns wirklich trösten – nicht einmal unsere Kinder, unsere Eltern oder unsere lieben Ehefrauen. Wirklicher Trost kommt von dem innewohnenden Geist Jesu. Wenn wir in diesem Geist mit Jesus Gemeinschaft haben und wenn wir in diesem wunderbaren Geist leben, haben wir ganz von selbst inneren Trost. Wie auch immer die äußere Umgebung aussehen mag – in unserem Inneren haben wir Ruhe und Trost.

Vielleicht sagen wir: „Ich weiß nicht, was ich tun soll. Ich brauche Führung." Auch die lebendige Führung ist im Heiligen Geist. Wenn wir mit dem Herrn Gemeinschaft haben und im Heiligen Geist wandeln, werden wir spontan inneres Licht haben, das uns leitet. Alles, auch die Führung, ist im Heiligen Geist vorhanden, und heute befindet Er sich als die allumfassende Medizin in uns. Wir brauchen nicht zu betteln, wir brauchen nicht zu weinen. Es geht nur darum, dass wir Ihn nehmen, Ihn genießen und Ihn loben.

Es gab zum Beispiel eine Schwester, die erhebliche Schwierigkeiten hatte und nicht wusste, was sie tun sollte. Obwohl sie keine klare Führung erkennen konnte, ging sie zum Herrn und sagte: „Herr, ich preise Dich, dass ich keine Führung habe. Ich preise Dich, dass ich keinen Rat weiß. Ich lobe Dich, dass ich im Dunkeln bin." Was geschah? Je mehr sie lobte, desto mehr befand sie sich im Licht! Lasst uns ihrem Beispiel folgen. Lasst uns, wenn wir schwach sind, zum Herrn gehen und Ihm sagen: „Ich preise Dich, Herr, dass ich in dieser Lage schwach bin." Indem wir Ihn berühren, werden wir sehen, was für ein wunderbarer Geist Er ist, der in uns wohnt, um unsere reiche und vollkommen ausreichende Versorgung zu sein.

Allzuviele Lehren im Christentum lenken das Volk Gottes vom Herrn selbst ab und bewirken, dass die Gläubigen das Ziel, das Zentrum von Gottes Ökonomie verfehlen. Was ist dieses Ziel, dieses Zentrum? Es ist nichts anderes als der allumfassende Heilige Geist, der in unserem menschlichen Geist wohnt. Lerne es, den ganzen Tag über den Heiligen Geist zu berühren und Ihm zu folgen. Lerne, wie du mit Ihm Gemeinschaft haben und mit Ihm umgehen kannst. Das Christentum lehrt uns, mit Formen, Vorschriften und Lehren umzugehen. Sogar die Schrift wird in einer falschen Weise gelesen, weil man den Heiligen Geist beim Lesen wenig oder gar nicht berührt. Dann empfangen wir nur Lehren, die schwarz auf weiß geschrieben stehen. Aber es kommt auf etwas ganz anderes an: nämlich darauf, dass wir beim Lesen der Schrift unseren Geist üben, um den Heiligen Geist zu berühren. Es geht nicht darum, dass wir nur unsere Augen gebrauchen, um die Worte zu sehen, und unseren Verstand, um die enthaltenen Lehren zu verstehen. Vom Morgen bis zum Abend müssen wir Umgang haben mit dem Einen, der in uns wohnt, denn Er ist die reiche Versorgung, der reiche Zustrom des Herrn Jesus.

DER GEIST IST DIE GEMEINSAME, GEGENSEITIGE WOHNUNG

Johannes 14:23 sagt uns, dass der Vater und der Herr kommen werden, um Wohnung bei uns zu machen. Was bedeutet das? Hast du je die Erfahrung gemacht, dass der Vater und der Sohn zu dir kamen, um Wohnung bei dir zu machen? Dies ist das Ziel und das Zentrum von Gottes Ökonomie, über das wir sprechen. Diese Wohnung ist eine gegenseitige Wohnung: Der Vater und der Sohn werden zu unserer Wohnung, und wir werden zur Wohnung des Vaters und des Sohnes. Es ist eine gemeinsame und gegenseitige Wohnung. Wie kann eine solche gegenseitige Wohnung zustande kommen? Nur dadurch, dass wir genau wie der Vater und der Sohn im Geist sind, können wir dieses gegenseitige Wohnen erfahren. Sind wir im Geist, so wohnen wir im Sohn und im Vater, und gleichzeitig wohnen der Vater und der Sohn in uns. Nur dann werden wir eine innige Verbindung und Gemeinschaft mit dem Vater und dem Sohn haben, nur dann werden wir ein inneres „Sprechen" erfahren. Wir werden mit dem Herrn sprechen, und der Herr wird mit uns sprechen. Dies sind die praktischen Erfahrungen der gegenseitigen Wohnung.

DER GEIST IST DAS INNERE LEBEN
UND DIE ÄUSSERE BEKLEIDUNG

Der Herr ist auch der Geist des Lebens, der in uns als Wasser fließt und uns erfrischt, stärkt und mit dem inneren Leben füllt (Joh. 7:37-39).

Darüber hinaus wird der Herr als der Heilige Geist auch mit einer Kleidung verglichen (das Wort „angetan" in Lukas 24:49 bedeutet „bekleidet"). Die Bekleidung weist auf Macht und Autorität hin. Wenn heutzutage jemand verantwortlich eine offizielle Handlung vollzieht, braucht er eine Uniform. Stellt euch vor, wir würden einen Polizisten in gewöhnlicher Kleidung, ohne seine Uniform, auf der Straße stehen sehen. Niemand würde ihn als einen Polizisten respektieren! Er hätte seine Autorität verloren, weil ihm seine Uniform fehlt. Sobald wir hingegen als Autofahrer einen Polizisten in Uniform sehen, fahren wir plötzlich sehr vorsichtig. Wenn er seine Uniform trägt, ist er mit Autorität bekleidet. Der Heilige Geist in uns ist die Lebensversorgung, und der Heilige Geist auf uns ist die Uniform der Autorität. Wenn wir mit Ihm bekleidet sind, besitzen wir die höchste Autorität in diesem Universum.

Nach der Auferstehung kam der Herr zu Seinen Jüngern und hauchte sie an (Joh. 20:21, 22). Und Er nannte diesen Seinen Hauch, Seinen Atem, den „Heiligen Geist", weil Er selbst der Heilige Geist ist. Daher muss das, was aus Ihm herauskommt, der Heilige Geist sein. Wir wissen, dass der Atem aus dem Leben kommt und für das Leben da ist. Indem der Herr den Heiligen Geist in Seine Jünger hineinhauchte, teilte Er ihnen Seinen Geist des Lebens aus. Seit diesem Tag, dem Tag der Auferstehung, haben die Jünger den Geist des Lebens in sich hinein empfangen. Sie wurden innerlich mit dem Wasser des Lebens getränkt.

Allerdings besaßen die Jünger damals noch keine Kraft. Die Uniform war ihnen noch nicht gegeben. Deshalb befahl ihnen der Herr, sie sollten warten (Lk. 24:49), bis Er zum Himmel aufgefahren und als das Haupt und die höchste Autorität des Universums auf den Thron gesetzt wäre. Erst durch Seine Auffahrt und Thronerhebung erlangte Er die Stellung, in der Er sich im Heiligen Geist als die Autorität ausgießen konnte. Dann, am

Pfingsttag, kam der Heilige Geist herab – nicht als Leben, sondern als Kraft (Apg. 1:8).

Der Heilige Geist kam also am Tag der Auferstehung, am Tage des Lebens, als der Atem des Lebens aus dem Herrn in die Jünger hinein. Am Pfingsttag hingegen, welcher der Tag der Kraft ist, kam der Heilige Geist vom aufgefahrenen Haupt auf dem Thron und rüstete die Jünger mit Autorität für ihren Dienst aus. Dies ist der Heilige Geist der Kraft als die Uniform.

Nehmen wir an, ein Polizist macht sich bereit, zum Dienst zu gehen. Was tut er normalerweise, bevor er seine Arbeit beginnt? Früh am Morgen erfrischt und stärkt er sich zunächst einmal mit ein paar Tassen Tee oder Kaffee. Er nimmt dieses Getränk zu sich und füllt sich damit – aber ist er dadurch schon qualifiziert, seine Pflicht als Polizist zu erfüllen? Ginge er jetzt ohne seine Uniform auf die Straße und riefe: „Mein Durst ist gestillt, und jetzt bin ich hier als Polizist", so würde ihn niemand respektieren. Man würde vielmehr sagen, er sei verrückt. Obgleich er wirklich ein Polizist ist, fehlt ihm ohne Uniform doch die Autorität. Legt er hingegen seine Uniform an, so ist er mit der Macht der Autorität ausgerüstet. Wenn er jetzt auf die Straße geht, so respektiert ihn jeder als einen Mann, der die Autorität der örtlichen Polizei besitzt. Wir können diese Uniform nicht verachten, denn sie repräsentiert die Autorität der Regierung. Hätte der Polizist am Morgen nichts getrunken, so wäre er schwach. Er könnte seine Uniform anlegen und seine Stellung als Repräsentant der Autorität ausüben, aber er besäße keine innere Kraft und wäre nicht frisch.

Manchen Christen, die innerlich gefüllt sind, fehlt die äußere Uniform, andere Christen hingegen tragen die angemessene Uniform, aber sie sind innerlich leer. Wir brauchen beides – wir müssen innerlich gefüllt und äußerlich ausgerüstet sein. Wir brauchen den Heiligen Geist des Auferstehungstages als Leben „in" uns und den Heiligen Geist des Pfingsttages als Kraft „auf" uns. Es kommt auf beides an, dass wir innerlich mit dem Heiligen Geist gefüllt und äußerlich mit dem Heiligen Geist bekleidet sind. Wenn wir beide Aspekte erfahren, werden wir äußerlich und innerlich mit dem Heiligen Geist vermengt werden. Und wer ist der Geist? Vergessen wir nicht, dass der Geist nichts anderes als die Wirklichkeit des Dreieinen Gottes ist. Indem wir mit dem Heiligen Geist gefüllt und bekleidet werden, werden wir mit dem Dreieinen Gott vermengt. Dies ist der zentrale Punkt der Ökonomie Gottes.

Wie sehr kommt es darauf an, dass wir auf diesen zentralen Punkt der Ökonomie Gottes zielen und uns nicht bei bloßen Lehren aufhalten! Manche versuchen stets, über Lehren zu streiten. Sie sagen: „Wie ist es mit der Entrückung?" Viele Christen machen sich Gedanken darüber, ob die Entrückung vor oder nach der großen Trübsal geschieht, ob nur ein Teil der Heiligen entrückt wird oder ob es noch ganz anders sein wird. Einmal habe ich einem lieben Bruder gesagt: „Wenn du nur den Herrn liebst und durch Ihn lebst, dann wirst du bei Seiner Wiederkunft entrückt werden. Gib dich damit zufrieden!" Vergessen wir die Lehren, lasst uns vielmehr lernen, den Herrn zu lieben. Habt nur den Zielpunkt Seiner Ökonomie im Auge, geht mit dem lebendigen Christus im Heiligen Geist um, werdet mit Ihm gefüllt und mit Ihm bekleidet.

Manche streiten über die ewige Sicherheit der Errettung, aber die wahre Sicherheit ist nichts anderes als Christus selbst, nicht die Lehre darüber. Solange wir Christus haben, sind wir in Sicherheit. Haben wir Christus nicht, dann haben wir auch keine Sicherheit. Die Lehre von der ewigen Sicherheit ist nicht Christus selbst. Nach unserer Erfahrung bewirkt die Lehre nur Spaltung unter den Kindern Gottes. Wenn wir Christus lieben, durch den lebendigen Geist wandeln und die Lehre nicht betonen, werden wir mit allen Heiligen eins sein. Doch je mehr wir über Lehren sprechen, desto mehr Streit wird es geben. Heute, während wir über den Heiligen Geist, die wunderbare Medizin, reden, sagen wir alle: „Amen! Halleluja!" Morgen hingegen, wenn wir über die ewige Sicherheit sprechen, werden manche sagen: „Es tut mir leid, dem kann ich nicht zustimmen." Sofort werden wir gespalten sein, und das bedeutet, dass wir das Ziel verfehlen. Wir werden Dinge lehren, die nur Streitfragen aufwerfen, anstatt unsere volle Aufmerksamkeit auf den Zielpunkt der göttlichen Ökonomie zu konzentrieren. Was ist der Zielpunkt, was ist das

Zentrum? Das Zentrum ist der Vater im Sohn, der Sohn im Heiligen Geist und der Heilige Geist in uns.

Andere streiten über die Taufe. Es gibt zum Beispiel solche, die andere von der Taufe durch Besprengung überzeugen wollen. Auch dies ist eine Sache der Lehre, auch hier geht es nicht um den Geist des lebendigen Christus. Wir müssen lernen, das eine zu ergreifen und von dem einen ergriffen zu werden – von Christus selbst. Wir müssen lernen, wie wir Christus im Heiligen Geist ergreifen können, und wie wir vom Heiligen Geist ergriffen werden können. Sicherlich kann die Lehre uns eine gewisse Hilfe geben, aber das eigentliche Zentrum der Ökonomie Gottes ist nicht die Lehre, sondern Er, der Lebendige, im Heiligen Geist.

DER GEIST IST DER LEBENGEBENDE, BEFREIENDE, UMWANDELNDE GEIST

Berühren wir diesen Lebendigen den ganzen Tag über in dem wunderbaren Heiligen Geist, so werden drei Dinge in unserem Inneren geschehen: Zunächst wird uns der lebengebende Geist Leben geben (2.Kor. 3:6). Wenn immer wir mit diesem wunderbaren Geist in Verbindung treten, werden wir innerlich erfrischt, gestärkt, zufriedengestellt und erleuchtet werden. Das sind Anzeichen dafür, dass Christus immer mehr als Leben in uns hinein ausgeteilt wird. Selbst wenn wir schon über achtzig Jahre lang Christ sind, brauchen wir noch den Christus Gottes als den lebengebenden Geist, der sich in uns hinein austeilt, uns erfrischt, stärkt, zufriedenstellt, erleuchtet und füllt. Dieser wunderbare Geist befindet sich in uns, damit Er uns Christus als unsere reiche Versorgung austeilen kann.

Dann wird der Heilige Geist uns allezeit befreien (2. Kor. 3:17). Viele Bedrängnisse und Schwierigkeiten des Alltags wollen uns schwächen, und manchmal genügt schon das lange Gesicht eines anderen Menschen, uns niederzudrücken. Hin und wieder fühlt sich vielleicht deine Frau nicht ganz wohl, und wenn du von der Arbeit nach Hause kommst, beginnt sie, sich über dich zu ärgern. Später gehst du dann zu einer Versammlung und erscheinst dort mit einem langen Gesicht. Dann fragt man dich: „Was ist los mit dir, Bruder?" Und du antwortest: „Nichts!" Du

willst ja nicht sagen, dass deine Frau durch ihr Verhalten diese
Stimmung in dir ausgelöst hat. Schon eine solche Kleinigkeit vermag dich niederzudrücken und zu entmutigen. Berührst du
jedoch den lebendigen Christus in dir, so wird Er dich sofort
befreien. Du wirst hoch über die Unstimmigkeit mit deiner Frau
erhoben werden, und jede Bedrückung wird unter deinem Fuß
sein. Du wirst befreit und auf den Thron im dritten Himmel
gebracht werden. Mir ist schon sehr oft ausgerechnet vor einer
Versammlung irgendetwas zugestoßen – gerade wenn ich mich
fertig vorbereitet hatte und losgehen wollte. Aber ich habe die
Lektion gelernt. Ich sagte dann: „Herr, ich bin im Himmel; ich
will mich von diesen Dingen gar nicht stören lassen." Wenn wir
im Heiligen Geist sind, werden wir über alles erhoben sein, denn
in diesem wunderbaren Geist befinden sich die Elemente der
Auffahrt und der Erhöhung. Sind wir in Ihm, dann werden uns
diese im Geist enthaltenen Elemente den ganzen Tag über
befreien.

Während der Heilige Geist uns Leben austeilt und uns befreit,
ist Er schließlich auch dabei, uns umzuwandeln. In 2. Korinther
3:18 lesen wir: „Und wir alle, die wir mit aufgedecktem Angesicht
die Herrlichkeit des Herrn schauen und widerspiegeln, werden
umgewandelt in dasselbe Bild von Herrlichkeit zu Herrlichkeit
als von dem Herrn, dem Geist" (gr.). Das Wort „umgewandelt"
wird in der Lutherübersetzung als „verklärt" wiedergegeben,
aber im Griechischen ist es dasselbe Wort wie in Römer 12:2, wo
uns gesagt wird, dass wir durch die Erneuerung unseres Verstandes umgewandelt werden müssen. Mit Umwandlung ist nicht
nur ein äußerliches Anderswerden gemeint, sondern eine innere
Veränderung nach der Natur zusammen mit einer äußeren Veränderung. Indem wir die Herrlichkeit des Herrn anschauen und
widerspiegeln, werden wir in das Ebenbild des Herrn umgewandelt von einer Stufe der Herrlichkeit zur anderen. Wenn ein
Spiegel ein Bild aufnimmt, gibt er das wieder, was er aufgenommen hat. Ist der Spiegel jedoch zugedeckt, so kann er nichts
widerspiegeln, selbst wenn ein Gegenstand direkt vor ihm steht.
Sind wir ein aufgedeckter Spiegel, so werden wir Christus widerspiegeln, indem wir Ihn anschauen. Dies ist der Prozess der

Umwandlung. Der Herr ist der Geist, der uns von innen heraus umwandelt. Wir sind so natürlich und sogar sündig, aber der Geist wandelt unser natürliches Bild in Sein herrliches Bild um. Den ganzen Tag über wird Er uns – wenn wir im Geist leben – umwandeln, indem Er unseren Verstand, unser Gefühl und unseren Willen erneuert. Er durchsättigt unseren Verstand, unser Gefühl und unseren Willen mit sich selbst, und dadurch nimmt Er alle inneren Teile unseres Seins ein. Unsere Liebe, unser Hass, unsere Wünsche, unsere Vorliebe und unsere Entscheidungen werden Sein Bild tragen. Wir werden umgewandelt in Sein Ebenbild von Herrlichkeit zu Herrlichkeit – das bedeutet, dass wir heute in der ersten Stufe der Herrlichkeit sind und dort umgewandelt werden, dass wir morgen in der zweiten Stufe der Herrlichkeit umgewandelt werden und übermorgen in der dritten. Jeden Tag wird die Herrlichkeit zunehmen.

Die Ökonomie Gottes und das Ziel Seiner Ökonomie besteht darin, dass Gott sich selbst in uns hinein austeilt und uns mit sich selbst in Seiner Herrlichkeit vermengt. Dann können wir Ihn zum Ausdruck bringen. Lasst uns diesem Ziel treu sein, lasst uns unbeirrbar auf diesen zentralen Punkt ausgerichtet bleiben und lasst uns vorangehen, um dieses Ziel zu erreichen.

KAPITEL DREI

KAPITEL DREI

DER WOHNSITZ DES GÖTTLICHEN GEISTES

In Johannes 3:6 lesen wir: „... was aus dem Geist geboren ist, ist Geist." Dieser Vers spricht von zwei verschiedenen „Geistern"; der eine wird in der englischen Übersetzung groß, der andere klein geschrieben. Beim ersten Mal bezieht sich das Wort „Geist" auf den Heiligen Geist Gottes, beim zweiten Mal aber auf den Geist des Menschen. Was aus dem Heiligen Geist geboren ist, ist der menschliche Geist. In Johannes 4 finden wir einen weiteren Vers, der diese beiden „Geister" nennt: „Gott ist Geist, und die Ihn anbeten, müssen in Geist und Wahrheit anbeten" (Joh. 4:24). Wieder wird hier im Englischen das Wort „Geist" das erste Mal groß und das zweite Mal klein geschrieben. Wir müssen Gott, der der Geist ist, in unserem menschlichen Geist anbeten. Weiter bestätigt Römer 8:16, dass es zwei Geister gibt: „Der Geist selbst bezeugt mit unserem Geist, dass wir Kinder Gottes sind." Das Pronomen „unserem" bezeichnet eindeutig den menschlichen Geist, so dass wir keinerlei Grund haben, an der Realität des göttlichen und des menschlichen Geistes zu zweifeln.

In Römer 8:9-10 lesen wir: „... wenn wirklich Gottes Geist in euch wohnt ... Ist aber Christus in euch, so ist der Leib zwar tot ... der Geist aber Leben." Während die englische King James Übersetzung in Vers 10 „Geist" groß schreibt, ziehen bessere Übersetzungen, zum Beispiel die American Standard Version, die Kleinschreibung vor. Warum gehen wir hier derart ins Detail? Weil man unter Christen so wenig über den Geist des Menschen weiß. Dem Heiligen Geist wird zwar viel Aufmerksamkeit geschenkt, aber der menschliche Geist, der Sitz und die Wohnung des Heiligen Geistes, wird nahezu völlig außer acht gelassen. Nehmen wir an, jemand möchte mich besuchen. Dafür muss er

sich zunächst einmal erkundigen, wo ich wohne; kann er das
nicht feststellen, so wird er sein Vorhaben schließlich aufgeben
müssen. Es wird zwar viel über den Heiligen Geist geredet, aber
kaum jemand weiß, wo Er wohnt. In Römer 8:9 geht es zweifellos
um den Heiligen Geist, aber Vers 10 spricht vom menschlichen
Geist: „So ist der Leib zwar tot ... der Geist aber Leben ..."
Natürlich kann der Heilige Geist nicht mit unserem Leib verglichen werden. Es geht hier zweifellos um einen Vergleich
zwischen dem menschlichen Leib und dem menschlichen Geist,
nicht zwischen dem menschlichen Leib und dem Heiligen Geist.

Der Apostel Paulus hat gesagt: „Denn Gott ist mein Zeuge,
dem ich in meinem Geist am Evangelium Seines Sohnes diene"
(Röm. 1:9). Im allgemeinen denken wir, dass man Gott im Heiligen Geist dient, aber hier ist ein Vers, der erklärt, dass wir Gott
in unserem menschlichen Geist dienen. Galater 5:16 wird von
einigen englischen Übersetzungen unter Verwendung des bestimmten Artikels und mit Großschreibung wiedergegeben („Spirit").
Aber die wörtliche Übersetzung im Interlineartext verwendet
weder den Artikel noch die Großschreibung. Viele Christen meinen, dieser Vers fordere uns auf, im Heiligen Geist zu wandeln,
aber nach dem griechischen Text ist vielmehr gemeint, dass wir
in unserem Geist wandeln sollen. Es wäre ein Gewinn für uns,
wenn wir verschiedene Übersetzungen vergleichen würden, um
die richtige Bedeutung zu finden. Es gibt viele Verse, in denen
das Wort „spirit" in den englischen Übersetzungen des Neuen
Testamentes nicht groß geschrieben werden sollte.

An manchen Stellen lässt es sich schwer entscheiden, ob sich
das Wort „Geist" auf den Heiligen Geist oder auf den menschlichen Geist bezieht. Das liegt daran, dass der Heilige Geist und
der menschliche Geist im Gläubigen zu einem einzigen Geist vermengt sind! „Wer aber dem Herrn anhängt, ist ein Geist" (1.Kor.
6:17). Wir sind ein Geist mit dem Herrn, aber eindeutig in dem
Sinn, dass unser Geist mit dem Heiligen Geist vermengt ist. Aufgrund dieser Vermengung ist es schwer zu sagen, ob dies der
Heilige Geist oder der menschliche Geist ist. Die beiden sind zu
einem vermengt. Wir können sagen, dass es der Heilige Geist ist,
und andererseits können wir auch sagen, dass es der menschliche

Geist der Heiligen ist. Manchmal stellen wir ein Getränk her, indem wir zwei Arten von Saft mischen – beispielsweise Ananas- und Grapefruitsaft. Nach dem Mischen kann man nur schwer sagen, was für ein Saft das ist. Ist es Ananas- oder Grapefruit-Saft? Wir müssen ihn Ananas-Grapefruit-Saft nennen. Es ist wunderbar, im Neuen Testament zu sehen, dass die zwei Geister, der Heilige Geist vermengt mit unserem Geist – ein einziger Geist sind.

HERAUSFINDEN, WO DER MENSCHLICHE GEIST IST

Im ersten Kapitel haben wir gesehen, dass Gott der Vater in uns ist (Eph. 4:6), dass Christus in uns ist (2.Kor. 3:5) und Dass der Heilige Geist in uns ist (Röm. 8:11). Alle drei Personen des Dreieinen Gottes sind in uns. Aber wo in unserem Inneren befindet sich der Dreieine Gott? In welchem Teil unseres Seins? Ganz ohne Frage und eindeutig befindet sich Christus heute in unserem Geist, und wir haben die Schrift, welche diese Tatsache unmissverständlich bestätigt. Wir sollten nicht so oberflächlich und unklar reden wie viele Leute: „Ach, der Herr ist in dir und der Herr ist in mir." Der letzte Vers des zweiten Timotheusbriefes stellt eindeutig klar, dass Christus sich in unserem Geist befindet: „Der Herr sei mit deinem Geist" (2.Tim. 4:22). Damit Christus in unserem Geist sein kann, muss Er erstens selbst Geist sein, zweitens müssen wir einen Geist haben, und schließlich müssen diese beiden Geister zu einem einzigen Geist vermengt werden. Wäre der Herr nicht der Geist, wie könnte Er in unserem Geist sein, und wie könnten wir ein Geist mit Ihm sein?

Um zu bestimmen, wo sich der menschliche Geist befindet, müssen wir die Seele vom Geist scheiden. „Denn das Wort Gottes ist lebendig und wirksam und schärfer als jedes zweischneidige Schwert und durchdringend bis zur Scheidung von Seele und Geist, sowohl der Gelenke als auch des Markes, und ein Richter der Gedanken und Absichten des Herzens" (Hebr. 4:12). Gottes Wort ist ein scharfes Schwert, das unser Sein durchdringen soll, um unsere Seele von unserem Geist zu scheiden.

In 1. Korinther 3 wird uns zum Beispiel gesagt, dass wir der Tempel Gottes sind. Wie uns das Alte Testament zeigt, besteht der Tempel Gottes aus drei Teilen, nämlich erstens dem Vorhof, zweitens dem Heiligen und drittens dem Allerheiligsten.

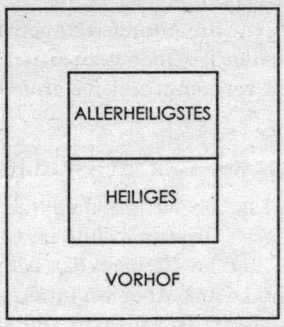

Wir wissen, dass Gott in Seinem Tempel wohnte; aber in welchem Teil befand Er sich? Im Vorhof oder im Heiligen? Nein. Er war im Allerheiligsten. Dort im Allerheiligsten wohnte die Schekina, die Gegenwart Gottes. Im Vorhof stand der Altar, der ein Bild auf das Kreuz ist, und gleich hinter dem Altar befand sich das Waschbecken, ein Bild für das Werk des Heiligen Geistes. Das Heilige enthielt den Tisch für die Schaubrote, den Leuchter und den Räucheraltar. Was aber war im Allerheiligsten? Dort stand die Bundeslade, ein Bild auf Christus. Im Allerheiligsten befanden sich also Christus und die Gegenwart Gottes, die Schekina, die Herrlichkeit Gottes.

Die Schrift zeigt, dass auch wir der Tempel sind (1.Kor. 3:16). Und auch wir bestehen aus drei Teilen – aus Leib, Seele und Geist. In welchem Teil unseres Seins aber wohnt der Dreieine Gott? 2.Timotheus 4:22 stellt klar, dass der Herr sich in unserem Geist befindet. Unser Geist ist nichts anderes als das Allerheiligste. Das Bild des alttestamentlichen Tempels spricht sehr deutlich. Christus und die Gegenwart Gottes befinden sich im Allerheiligsten. Heute ist dieses Bild des Tempels Gottes in uns erfüllt. Wir bestehen aus drei Teilen: Unser Leib entspricht dem Vorhof,

unsere Seele dem Heiligen und unser menschlicher Geist dem
Allerheiligsten, welches der Wohnsitz Christi und der Gegenwart
Gottes ist. Die folgende Zeichnung macht das deutlich:

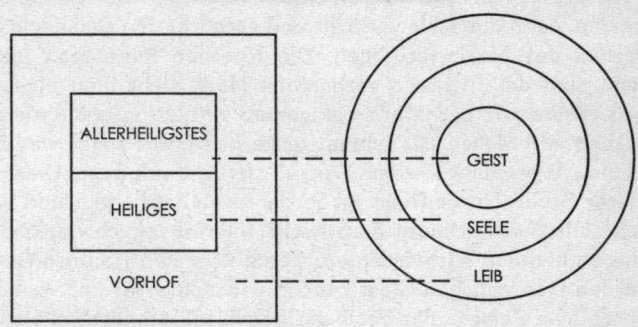

„Da wir nun, Brüder, durch das Blut Jesu den Freimut haben
zum Eintritt in das Allerheiligste." (Hebr. 10:19, gr.). Was ist das
„Allerheiligste", in das wir heute, während wir auf dieser Erde
leben, eintreten sollen? Anhand der Zeichnung wird es sehr klar.
Unser menschlicher Geist ist das Allerheiligste, in dem Gott lebt,
er ist der Raum, in dem Gott und Christus wohnen. Wenn wir
Gott und Christus finden wollen, dann brauchen wir nicht in den
Himmel hinaufzusteigen. Wir können Gott in Christus sehr leicht
erreichen, denn Er befindet sich in unserem Geist.

DIE SEELE VOM MENSCHLICHEN
GEIST SCHEIDEN

Aus diesem Grund muss unsere Seele von unserem Geist
geschieden werden (Hebr. 4:12). Wenn wir nämlich nicht fähig
sind, die Seele vom Geist zu scheiden, zu trennen, bedeutet das,
dass wir den Herrn nicht berühren können. Schaut euch die
Zeichnung an. Wäre der Hohepriester unfähig gewesen, festzu-
stellen, wo sich das Allerheiligste befand, dann wären alle seine
Anstrengungen, mit Gott in Verbindung zu kommen, nutzlos
gewesen. Zuerst musste der Priester den Vorhof betreten und

dann von dort in das Heilige gehen; und vom Heiligen aus konnte er dann in das Allerheiligste eintreten, wo er Gott begegnete und die Schekina, die Herrlichkeit der Gegenwart Gottes sah.

Wir müssen lernen, unseren Geist von unserer Seele zu unterscheiden, denn die Seele verbirgt und verdeckt den Geist, wie die Knochen das Mark verbergen. Die Knochen kann man leicht sehen, aber das in ihnen verborgene Mark sieht man nicht so leicht. Wenn wir das Mark bekommen wollen, müssen wir die Knochen zerbrechen. Manchmal muss das Mark sogar von den Knochen abgeschabt werden. Wie sehr haftet doch unser Geist an unserer Seele! Unser Geist ist in der Seele verborgen und versteckt. Die Seele erkennt man leicht, aber es ist schwierig, den Geist zu kennen. Wir wissen ein wenig über den Heiligen Geist, aber den menschlichen Geist kennen wir nicht. Warum? Weil der menschliche Geist in der Seele verborgen ist. Aus diesem Grund muss die Seele zerbrochen werden. Und wie die Gelenke die stärksten Teile der Knochen sind, so ist auch unsere Seele sehr stark. Wir besitzen zwar einen Geist, aber unsere Seele deckt ihn zu. Daher muss Gottes Wort als ein scharfes Schwert unsere Seele durchdringen, um sie zu zerbrechen und vom Geist abzutrennen.

„Also bleibt noch eine Sabbatruhe dem Volk Gottes übrig ... Lasst uns nun eifrig sein, in jene Ruhe einzugehen, damit nicht jemand nach demselben Beispiel des Ungehorsams falle" (Hebr. 4:9, 11). Was ist diese Ruhe? Um herauszufinden, was damit gemeint ist, müssen wir ein weiteres Bild im Alten Testament betrachten. Nachdem die Israeliten aus dem Land Ägypten befreit und errettet worden waren, wurden sie in die Wüste gebracht – und zwar in der Absicht, dass sie ins gute Land Kanaan weitergehen sollten. Das Land Kanaan war das Land ihrer Ruhe, ein Bild für den allumfassenden Christus. Christus ist das gute Land Kanaan, Er ist unsere Ruhe. Wollen wir in die Ruhe eingehen, dann müssen wir in Christus hineinkommen. Wo aber ist Christus heute? Die Antwort lautet: Er ist in unserem Geist. Die Israeliten, die aus Ägypten befreit worden waren, wanderten viele Jahre in der Wüste umher, anstatt nach Kanaan hineinzugehen. Wofür ist das ein Bild? Es bringt zum Ausdruck,

dass viele Christen nach ihrer Rettung lediglich in ihrer Seele
umherwandern. Der Hebräerbrief wurde eben deshalb geschrieben, weil viele Hebräer zwar gerettet waren, aber in ihrer Seele
umherwanderten. Sie drängten nicht vorwärts, ihr Verlangen war
nicht, aus der Wüste in das gute Land hineinzukommen, das
heißt, in Christus, der in ihrem Geist wohnte. Wir dürfen nicht
fortwährend in unserer Seele herumwandern, sondern müssen
darauf drängen, in unseren Geist hineinzukommen, wo Christus
unsere Ruhe ist.

Die folgende erweiterte Zeichnung soll dies veranschaulichen:

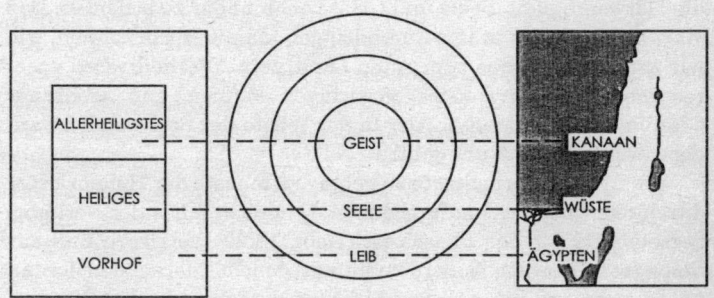

In alter Zeit hatte das ganze Volk Israel Zutritt zum Vorhof,
aber nur die Priester konnten ins Heilige hineingehen. In das
Allerheiligste durfte sogar nur ein einziger eintreten, nämlich der
Hohepriester, und auch das nur einmal im Jahr. Zudem gelangten
von dem ganzen Volk der Israeliten, das gerettet und aus Ägypten in die Wüste herausgebracht worden war, nur sehr wenige in
das gute Land Kanaan hinein.

Vielleicht sind wir schon jahrelang gerettet, aber wir müssen
uns fragen, ob wir jetzt als Christen im Leib, in der Seele oder im
Geist leben. Befinden wir uns heute in Ägypten, in der Wüste oder
im guten Land Kanaan? Fragt den Herrn und prüft euch selbst,
damit ihr genau wisst, wo ihr seid. Ich sage euch offen, dass viele
Christen den ganzen Tag lang in der Seele, das heißt, in der
Wüste, herumwandern. Am Morgen sehen sie noch fröhlich aus,

aber schon am Nachmittag drücken Sorgen sie nieder, und sie haben lange Gesichter. Gestern schien es, als seien sie im Himmel, heute aber sind sie ganz niedergeschlagen. Rastlos wandern sie in ihrer Seele, in der Wüste umher und drehen sich Tag für Tag im Kreise. Vielleicht folgen sie dem Herrn schon zwanzig Jahre lang nach, aber immerzu gehen sie im Kreis, genau wie das Volk Israel, das achtunddreißig Jahre lang ohne Besserung und ohne Vorwärtskommen umherwanderte. Warum? Weil sie in der Seele sind. Wenn wir in der Seele sind, dann befinden wir uns in der Wüste.

Aus diesem Grund betonte der Schreiber des Hebräerbriefes die Notwendigkeit, Seele und Geist voneinander zu scheiden. Das Wort Gottes muss in uns durchdringen, damit wir erkennen, wie wir von der Seele aus zum guten Land, zum Allerheiligsten unseres menschlichen Geistes, vordringen können. Ein seelischer Gläubiger ist ein Mensch, der in der Wüste der Seele umherwandert, wo es keine Ruhe gibt.

Um in das Allerheiligste zu gelangen, musste der Hohepriester durch den Vorhang hindurchgehen. Demnach muss der Vorhang, der ein Bild für das Fleisch ist (Hebr. 10:20), zerrissen und zur Seite getan werden. Außerdem musste das Volk Israel den Jordan überqueren, um ins gute Land hineinzukommen. In den Wassern des Jordan begruben sie zwölf Steine, welche die zwölf Stämme Israel darstellten. Weitere zwölf Steine wurden als Bild für die auferstandenen Israeliten ins gute Land hinübergebracht. Die alte Generation Israel wurde in den Todeswassern des Jordan begraben. Diese Bilder bringen zum Ausdruck, dass der natürliche Mensch, das seelische Leben oder die alte Natur als der Vorhang zerrissen und als der alte Mensch begraben werden muss. Erst dann können wir ins Allerheiligste und in das gute Land hineingehen, um dort Christus als unsere Ruhe zu genießen.

ABLENKUNGEN VOM MENSCHLICHEN GEIST

Mit Hilfe dieser Bilder vermögen wir zu erkennen, was Gottes Ökonomie ist: Es ist der Dreieine Gott in unserem menschlichen Geist. Dieser Dreieine Gott in dem einen Geist hat unseren Geist zu Seinem Wohnsitz und zu Seiner Wohnstätte gemacht. Daher müssen wir es lernen, unseren Geist von unserer Seele zu unterscheiden. Das Problem besteht darin, dass wir Christen mit vielerlei natürlichen Gedanken gefüllt sind. Nach unserer Errettung denken wir, wir müssten nun gut sein und Gutes tun. Gott aber beabsichtigt in Seiner Ökonomie, sich selbst als unser Leben und unser alles in uns hineinzuwirken. Daher müssen wir alles andere vergessen und uns auf den innewohnenden Christus in unserem Geist konzentrieren. Nichts darf uns von dem Zielpunkt und dem Zentrum, von diesem innewohnenden Christus, ablenken. Lass ab von deinem Bestreben, gut zu sein und gute Taten zu tun. Lass alle diese guten Dinge fallen und geh hinein in das Allerheiligste. Viele Christen arbeiten eifrig im Vorhof; sie wissen nicht, was Gottes Absicht für sie ist, nämlich, dass sie ins Allerheiligste hineingehen sollen, wo sie Gott berühren und mit Gott gefüllt werden können, wo sie nur mit Gott beschäftigt sind, wo sie in allem mit Gott eins sind und Gott als ihr alles haben. Unterscheide deinen Geist von deiner Seele und habe Gemeinschaft mit diesem Einen, der in dir wohnt. Lass es zu, dass Er dich einnimmt und als Sein Eigentum in Besitz nimmt.

Eine andere religiöse Ablenkung besteht darin, dass wir uns nach unserer Errettung schwach fühlen und nun meinen, wir bräuchten Stärke und Kraft. Infolgedessen beten wir, der Heilige Geist möge über uns ausgegossen werden, damit wir mächtig und stark werden. Obwohl es gewisse Gründe dafür gibt, dass wir das tun, so besteht doch die Hauptlinie der göttlichen Ökonomie darin, dass wir dem Herrn in unserem Geist folgen, wo der Dreieine Gott wohnt, nicht in dieser äußeren Bevollmächtigung. Daher ist es für uns das Allerwichtigste, dass wir unseren Geist kennen und unsere Seele verleugnen. Wir müssen unsere Seele zurückweisen und nach unserem Geist wandeln, weil der Dreieine Gott in unserem Geist wohnt. Diesen zentralen Punkt der göttlichen Ökonomie haben die meisten Christen, selbst die suchenden, verfehlt.

Fragen wir noch einmal: Wo befindet sich dieser Dreieine Gott heute? Preis dem Herrn, dieser Wunderbare, der Dreieine Gott, wohnt heute in unserem Geist! Wir haben Ihn! Wir haben Ihn tatsächlich in unserem Geist! Dieser wunderbare, allumfassende

Geist ist in uns! Sind wir Gläubige, so haben wir den Dreieinen Gott in unserem menschlichen Geist. Heute nun geht es darum, dass wir unseren Geist von unserer Seele unterscheiden. Kennen wir den richtigen Weg, um den Geist von der Seele zu unterscheiden, dann gehen wir nicht am Ziel vorbei und berühren diesen Dreieinen Gott.

In jedem Radio gibt es einen rezeptiven Bereich, einen Empfänger. Sobald wir das Gerät richtig einstellen, werden die durch die Luft übertragenen elektromagnetischen Wellen auf diesen Empfänger treffen. Heute ist der Dreieine Gott die Gesamtheit der geistlichen Elektrizität. Er ist die elektromagnetische Welle, die dieses Universum durchdringt, und wir sind das Radio. Welcher Bereich in uns ist der Empfänger? Es ist unser menschlicher Geist. Wir stellen unseren menschlichen Geist richtig ein, wenn wir einen zerbrochenen und zerschlagenen Geist haben, wenn wir vor Gott Buße tun und uns Ihm öffnen. Haben wir einen solchen Geist, so wird der Dreieine Gott, der dieser wunderbare Geist und die geistliche Elektrizität ist, augenblicklich auf unseren Geist treffen. Wir brauchen lediglich zu wissen, wie wir den Empfänger, unseren menschlichen Geist, einstellen, wie wir den Geist von allen anderen Dingen – von unserem Denken, unseren Gefühlen und unseren Wünschen unterscheiden. Wenn wir das tun, wenn wir unseren Geist von allen diesen seelischen Dingen unterscheiden, werden wir wissen, wie wir den göttlichen Geist berühren können, welcher der wunderbare, allumfassende Geist des Dreieinen Gottes ist. Dann lernen wir das Wort Gottes als das scharfe Schwert kennen, das durchdringt, um unsere Seele von unserem Geist zu scheiden, und wir werden wissen, wie wir den innewohnenden Christus allezeit erfahren, genießen und an Ihm teilhaben können.

Kapitel Vier

DER SCHLÜSSEL ZU DEM INNEWOHNENDEN GEIST

Mehr als zwanzig englische Übersetzungen des Neuen Testamentes unterscheiden durch Groß- und Kleinschreibung zwischen dem göttlichen und dem menschlichen Geist. In vielen Fällen herrscht dabei jedoch keine Übereinstimmung. Zum Beispiel schrieben die Übersetzer der King James Version das Wort „Geist" in Römer 8:2 groß („das Gesetz des Geistes"), während eine griechisch-englische Interlinearübersetzung es in diesem Vers nicht groß schreibt. Entsprechend ist in Vers 4 („nach dem Geist wandeln") das Wort „Geist" in der King James Version groß, aber in jener Interlinearübersetzung klein geschrieben, und ebenso in Vers 5 („die nach dem Geist sind").

Wo liegt die Ursache für diese Unterschiede in der Übersetzung? An solchen Stellen ist es für den Übersetzer schwer zu entscheiden, ob mit dem „Geist" der Heilige Geist oder der menschliche Geist gemeint ist. Da unser Geist mit dem Heiligen Geist vermengt ist, sind die beiden Geister zu einem einzigen Geist vermengt worden (1.Kor. 6:17). Darum kann es geschehen, dass ein Übersetzer diesen Geist als den menschlichen Geist ansieht, während ein anderer sagt, dies sei der Heilige Geist. Natürlich macht der Zusammenhang in manchen Abschnitten klar, dass es sich um den Heiligen Geist handeln muss, während es sich an anderen Stellen eindeutig um den menschlichen Geist handelt.

„Ist aber Christus in euch, so ist der Leib zwar tot der Sünde wegen, der Geist aber Leben der Gerechtigkeit wegen" (Röm. 8:10). Hier lässt der Zusammenhang klar erkennen, dass nicht der Heilige Geist, sondern der menschliche Geist gemeint sein

muss, denn er wird neben dem Leib genannt. Den Heiligen Geist
können wir nicht mit unserem Leib vergleichen; nein, der Apostel
hat hier unseren menschlichen Geist unserem Leib gegenübergestellt. Was besagt dieser Vers? Ursprünglich war unser Leib
wegen der Sünde tot. Nun aber lebt Christus in uns, und obwohl
unser sündiger Leib wegen der Sünde nach wie vor tot ist, ist
doch unser Geist um der Gerechtigkeit willen lebendig und voller
Leben. Zweifellos ist also der in diesem Vers genannte „Geist"
nicht der Heilige Geist, sondern der menschliche Geist, der dem
menschlichen Leib gegenübergestellt wird.

In Römer 8:11 dagegen handelt es sich offensichtlich um den
Geist Gottes. Gleich nach dem Ausdruck „der Geist dessen" wird
erklärt, wessen Geist gemeint ist. „Wenn aber der Geist dessen,
der Jesus aus den Toten auferweckt hat, in euch wohnt, so wird
Er, der Christus Jesus aus den Toten auferweckt hat, auch eure
sterblichen Leiber lebendig machen durch Seinen in euch wohnenden Geist." In Vers 10 wird uns gesagt, dass unser Leib wegen
der Sünde nach wie vor tot ist, obwohl Christus in uns ist; Vers 11
hingegen erklärt, dass auch unsere schwachen, sterblichen Leiber durch das Wohnen Christi in uns lebendig gemacht, belebt
und gestärkt werden. Weil Christus in uns lebt, können sogar
unsere sterblichen Leiber, die aufgrund der Sünde tot sind, durch
den göttlichen Geist, der in unserem Geist wohnt, belebt und
lebendig gemacht werden. Der innewohnende Geist macht uns
nicht nur in unserem Geist, sondern schließlich sogar in unserem
Leib lebendig.

DER MENSCHLICHE GEIST ALS DER SCHLÜSSEL

Warum weisen wir mit solchem Nachdruck auf den Unterschied zwischen dem Heiligen Geist und dem menschlichen Geist
hin? Weil unser größtes Problem in unserer Unkenntnis besteht;
wir kennen den innewohnenden Geist nicht oder wissen nicht,
dass der menschliche Geist der Wohnsitz des Heiligen Geistes ist.
Und wir sehen auch nicht klar, dass diese beiden Geister zu
einem einzigen Geist vermengt werden. Das ist sehr schlimm.
Hier und nirgends sonst liegt das Zentrum von Gottes Ökonomie,
und doch gehen viele Christen an diesem Zentrum vorbei. Das

lässt sich mit einem Haus vergleichen, zu dem man keinen Zugang hat, weil der Schlüssel fehlt. Nur der Schlüssel wird uns das Haus öffnen, so dass wir alles genießen können, was sich darin befindet. Jahrhundertelang hat der Feind den Schlüssel verborgen. Was ist der Schlüssel? Dass unser menschlicher Geist die Wohnstätte des Heiligen Geistes ist, und dass er eins ist mit dem wunderbaren Heiligen Geist.

Das Wort Gottes ist lebendig und scharf, es ist sogar schärfer als ein zweischneidiges Schwert und dringt durch, um Seele und Geist voneinander zu scheiden. Mehr als dreißig Jahre lang hat mich die Frage beschäftigt, warum dieses Schriftwort geschrieben steht, und warum es ausgerechnet in Hebräer 4 steht. Schließlich hat der Herr den Grund offenbart. Der Hebräerbrief ermutigt uns nämlich, aus der Wüste herauszukommen und in das gute Land vorzudringen, vom Zustand des Umherwanderns in die Ruhe im allumfassenden Christus hineinzukommen. Als der Hebräerbrief geschrieben wurde, standen die hebräischen Christen in der Gefahr, von Christus weggetrieben zu werden und wieder in das Judentum zurückzufallen, was soviel wie eine Rückkehr nach Ägypten bedeutet hätte. Sie waren aus dem Judentum befreit worden und wollten eigentlich in das gute Land, in die Ruhe, hineingehen, aber nun wanderten sie auf halbem Wege zwischen dem Judentum und Christus umher. Aus diesem Grund wurde der Hebräerbrief verfasst: er sollte sie ermutigen, aus dem Zustand des Umherwanderns herauszukommen und Christus als ihr allumfassendes Leben und ihre Ruhe in Besitz zu nehmen.

Der Hebräerbrief spricht auch vom Allerheiligsten. Was das Allerheiligste ist, konnte ich gleichfalls jahrelang nicht verstehen. Schließlich half mir der Herr dann zu der Einsicht, dass das Allerheiligste in einem gewissen Sinn nichts anderes als unser Geist ist. Heute ist unser menschlicher Geist das Allerheiligste. Die drei Teile des Tempels entsprechen den drei Teilen des Menschen, dem Leib, der Seele und dem Geist. Der innerste Teil des Tempels, das Allerheiligste, bezeichnet den innersten Teil unseres Seins, den menschlichen Geist. Und wie sich die Bundeslade, das Bild für Christus, im Allerheiligsten befand, so befindet sich Christus heute in unserem Geist. Demnach ist unser menschlicher Geist das Allerheiligste, wo wir mit Gott in Verbindung treten können. Wenn wir nun nicht fähig sind, unseren Geist zu unterscheiden, können wir das Allerheiligste nicht finden.

Darüber hinaus muss es uns sehr klar sein, dass der Dreieine Gott heute bereits alles vollendet hat. Die Schöpfung und die Fleischwerdung sind vollendet, Sein Leben und Leiden auf dieser Erde sind vollendet, Er ist in den Tod und durch den Tod hindurchgegangen, Er ist auferstanden, zum Himmel aufgefahren und auf den Thron gesetzt. Alles hat unser wunderbarer Dreieiner Gott schon erlangt, und alles befindet sich als Wirklichkeit im Heiligen Geist, der in uns hineingekommen ist. Hierauf kommt es an: dieser Heilige Geist ist in unseren menschlichen Geist, der jetzt die Wohnstätte Gottes bildet, hinein ausgeteilt worden. Unser Geist ist das Organ, das die Bestimmung hat, Gott aufzunehmen und zu enthalten. Wollen wir mit diesem wunderbaren Geist in Verbindung kommen, so müssen wir unseren Geist kennen. Wer mit mir Verbindung aufnehmen will, muss wissen, wo ich wohne. Hebräer 4:12 wurde geschrieben, damit wir ermutigt werden, in das Allerheiligste, welches unser Geist ist, vorzudringen. Wenn wir unseren Geist nicht zu unterscheiden wissen, können wir nicht feststellen, wo das Allerheiligste ist – der Ort, an dem der Herr heute wohnt. Gottes Ökonomie besteht darin, sich selbst in uns hinein auszuteilen, und der Ort, wo Er sich austeilt, ist unser Geist. Sind wir in der Lage, unseren Geist zu unterscheiden und zu üben, so dass wir den Herrn berühren, dann können wir vom Herrn durchdrungen und durchsättigt und in Sein Bild umgewandelt werden.

ABLENKUNGEN VON DEM SCHLÜSSEL

(1) Gutes

Der Feind versucht natürlich, uns von der Entdeckung unseres Geistes abzuhalten. Schon sehr bald nach unserer Errettung beginnt er mit dieser Arbeit, indem er uns zu dem Entschluss bringt, Gutes zu tun. Es gibt niemanden, zu dem er nicht mit diesem hinterlistigen Vorschlag kommt. Ohne Zweifel haben auch heute morgen manche gebetet: „Herr, ich möchte Deinen Willen tun; ich möchte Dir gefallen; ich möchte mich nach Kräften bemühen, das zu tun, was Dich zufriedenstellt." Das klingt wie ein gutes Gebet, aber es ist nicht vom Herrn. Es kommt vom Feind. Wenn immer wir solche guten Absichten in uns finden, müssen wir aufspringen und dem Satan gebieten, von uns zu weichen. In meinem christlichen Wörterbuch gibt es das Wort „böse" nicht, und auch das Wort „gut" gibt es nicht. Von Anfang bis Ende enthält mein christliches Wörterbuch nur ein einziges Wort: Christus! Ich verstehe weder „gut" noch „böse." Ich möchte keine Hilfe dafür, Gutes zu tun – ich möchte nur Christus selbst.

Jetzt könnt ihr die Worte des Herrn verstehen: „Bleibt in Mir und Ich in euch; wer in Mir bleibt und Ich in ihm, der bringt viel Frucht." Hier gibt es keine Selbstanstrengung, es geht nur darum, dass wir in dem innewohnenden Christus bleiben und Ihm erlauben, in uns zu bleiben; dann wird der ganze Reichtum Christi durch uns hindurch zur Auswirkung kommen. Das Fruchtbringen ist einfach etwas, das der in uns wohnende Christus aus uns heraus wirkt. Wir sollten sagen: „Ich weiß dies nicht und weiß jenes nicht, aber eines weiß ich: Ich bin eine Rebe, und Er ist der Weinstock; ich muss in Ihm bleiben und Ihn in mir bleiben lassen." Dann werden wir ganz von selbst Frucht bringen. Dies ist der verlorengegangene Schlüssel. Der Versuch, Gutes zu tun, bedeutet eine wirkliche Versuchung und lenkt uns sehr von der Erfahrung Christi ab.

(2) Lehren

Die Lehren erweisen sich als ein anderes Mittel, das der Feind gebraucht, um die Suchenden von Christus abzulenken. In den vergangenen Jahrhunderten hat der Feind Lehren wie etwa die von der Sicherheit der Errettung, von den Dispensationen, von der Vorherbestimmung, von der uneingeschränkten Gnade usw. in großem Ausmaß dazu benützt, die Christen von dem lebendigen Christus abzulenken. Ich habe Christen gekannt, die ein so hervorragendes Bibelwissen besaßen, dass einer von ihnen sogar die „wandelnde Konkordanz" genannt wurde. Wenn man eine bestimmte Schriftstelle nicht fand, brauchte man nur den oder jenen zu fragen, und sofort vermochten sie das Buch, das Kapitel

und den Vers anzugeben. Dennoch kann ich bezeugen, dass diese
Menschen nur wenig davon wussten, wie sie mit Christus als
ihrem Leben in Verbindung treten konnten. Gute Schriftkennt-
nis ist etwas ganz anderes als das Kennen des Lebendigen, den
die Schrift offenbart. Durch die Schrift sollen wir mit Christus in
Berührung kommen, aber leider haben viele Christen nur die
Schrift in der Hand und in ihrem Kopf und dabei sehr wenig von
Christus in ihrem Geist. Das Gesetz des Mose sollte die Menschen einst zu Christus bringen und für Christus bewahren. Es
sollte ihnen helfen, Christus zu erkennen, aber viele blieben
dabei stehen, nur das Gesetz zu halten und erkannten Christus
nicht. Das Gesetz wurde also missbraucht. Und heute besteht
dieses Problem genau wie damals; dasselbe Prinzip gilt entsprechend für alle in der Schrift enthaltenen Lehren. Was die Bibel
lehrt, soll dazu dienen, dass wir Christus erfahren, aber viele
Christen missbrauchen die Lehren und das Schriftwissen als
Ersatz für Christus.

(3) Gaben

Etwas anderes, was der Feind für seine Zwecke benützt, sind
die geistlichen Gaben. Wir brauchen ein rechtes Verständnis der
Gaben, damit wir sehen, welche Beziehung sie zu Gottes Ökonomie haben. Das trifft auf alle Gaben zu. Viele begabte Christen
schenken ihren Gaben allzuviel Aufmerksamkeit und vergessen
darüber mehr oder weniger den in ihnen wohnenden Christus.
Und doch ist der innewohnende Christus das Zentrum der Ökonomie Gottes, und alle Gaben sind nur für dieses Zentrum da.
Viele Menschen vermögen in Zungen zu reden und zu heilen und
wissen dabei nicht, wie sie den Geist unterscheiden und Christus
berühren können. Ich sage nichts gegen irgendeine Gabe, aber
gegen eines bin ich, nämlich dagegen, dass man sich ausschließlich auf die Gaben konzentriert und es dabei für nichts achtet,
den Geist zu unterscheiden und auf diese Weise Christus zu
berühren. Eine solche Haltung ist mit Sicherheit verkehrt. Der
Römerbrief räumt den Gaben nur wenig Platz ein. Dieser Brief
gibt uns einen umfassenden Überblick über das Christenleben
und den Wandel des Christen, und in diesem Überblick wird

kaum von den Gaben gesprochen. Unter allen sechzehn Kapiteln
gibt es nur eines, das zwölfte Kapitel, das etwas von den Gaben
sagt, und wenn wir das ganze Kapitel lesen, sehen wir, dass nicht
nur die Gabe der Weissagung, sondern auch die Gaben der Barmherzigkeit und des Mitteilens materieller Güter genannt sind
(Röm. 12:58). Die hier aufgeführten Gaben entspringen daraus,
dass jeder Gläubige den lebendigen Christus als Gnade in sich
erfährt. Nicht alle Christen besitzen die hier genannte Gabe der
Weissagung, die nur eine von vielen Gaben ist. Wir versuchen
keineswegs, uns irgendeiner Gabe entgegenzustellen, aber es
geht darum, dass jede Gabe ihren angemessenen Stellenwert
bekommt. Sonst werden wir unausgewogen sein.

Auch in 1. Korinther 12 und 14 ist von Gaben die Rede. Die
Gläubigen in Korinth besaßen alle Gaben und hatten an keiner
von ihnen Mangel (1.Kor. 1:7). Doch trotzdem wurde der geistliche Zustand der Korinther nicht positiv beschrieben, sie waren
fleischlich und unreif (1.Kor. 3:1). Demnach können wir Gaben
haben und doch kindisch und fleischlich bleiben. Ohne Zweifel
vermögen die Gaben uns zu helfen, aber wir müssen darüber hinaus noch mehr lernen. Zeichen und Weisheit sind Gaben (1.Kor.
1:22), der Apostel aber predigte den gekreuzigten Christus und
„Christus, Gottes Kraft und Gottes Weisheit." Die einzige Absicht
des Apostels war es, mit Christus selbst als der wahren Kraft und
Weisheit zu dienen – nicht mit äußeren Dingen wie Gaben und
Zeichen. Die Gaben bedeuten zwar eine Hilfe, aber sie sind nicht
das Ziel und nicht das Zentrum. Das Zentrum ist der innewohnende Christus. Die Gaben sollen uns nur helfen, dieses Zentrum
zu erkennen.

Der erste Korintherbrief erwähnt in Kapitel zwölf geistliche
Gaben einschließlich des Zungenredens, aber am Ende dieses
Kapitels spricht Paulus von einem Weg „weit darüber hinaus."
Der griechische Text bringt es noch stärker zum Ausdruck: „der
alles übersteigende Weg." Was ist der alles übersteigende Weg?
Kapitel dreizehn sagt im Anschluss an diesen Vers, dass wir nur
tönendes Erz sind, wenn wir in den Zungen der Menschen und der
Engel reden und dabei keine Liebe haben: Man hört einen leeren
Klang, aber es ist kein Leben zu sehen. Liebe ist der Ausdruck des

Lebens. Dies beweist, dass die „Zungen" genau genommen keine
Sache des Lebens sind. Wenn man in Zungen redet, ohne auf das
Leben zu achten, wird man zum tönenden Erz. Unter den Men-
schen, die häufig in Zungen reden, sind viele in ihrem christlichen
Leben höchst oberflächlich und unreif.

In Kapitel vierzehn ermutigt uns der Apostel dann, unseren
Geist für den geistlichen Gewinn der Gemeinde zu üben und zu
gebrauchen. Dies ist das Fazit des ganzen Kapitels. Obwohl Paulus mehr in Zungen redete als die anderen, wollte er in den
Versammlungen lieber fünf Worte in seinem Verstand reden als
zehntausend Worte in Zungen (V. 18, 19). Der Apostel zeigt in diesen Kapiteln gegenüber dem Zungenreden eine eher abweisende
Haltung. Anstatt die Korinther zum Gebrauch der Gaben zu
ermutigen, korrigiert er sie und richtet sie durch seine Anweisungen neu aus. Daraus müssen wir schließen, dass alle Gaben nur
als Hilfe zur Erfahrung Christi dienen sollen, und dass man sie
im rechten Verhältnis gebrauchen muss.

Der Schlüssel zu Gottes Ökonomie ist Christus, der als alles in
unseren Geist hineingewirkt wird. Natürlich brauchen wir
gewisse Lehren und Gaben, die uns helfen, das Ziel zu erkennen,
das Zentrum zu erkennen, aber wir dürfen nicht zulassen, dass
die Lehren und Gaben das Zentrum ersetzen. Weder die Lehren
noch die Gaben sind das Zentrum, vielmehr ist es Christus, der
lebendige Geist, der in unserem Geist wohnt. Manche Menschen
brauchen vielleicht eine Gabe als Hilfe, um dieses Zentrum zu
erkennen, aber nicht alle brauchen dieselbe Gabe. Der eine mag
die Gabe der Weissagung brauchen, der andere die Gabe des Zungenredens. Einer braucht die Gabe der Heilung, ein anderer
gewisse Lehren. Viele Menschen werden durch gewisse Lehren
zu Christus gebracht. Aber seien wir uns darüber im Klaren, dass
der in unserem Geist wohnende Christus der einzige Schlüssel zu
Gottes Ökonomie ist. Diesem Schlüssel müssen wir unsere volle
Aufmerksamkeit zuwenden. Eigentlich ist es gar nicht nötig,
irgendeiner Lehre oder Gabe besondere Aufmerksamkeit zu
schenken, wenn wir den innewohnenden Christus bereits in
unserem Geist wahrnehmen.

Der alte Diener Abrahams wurde mit einigen Geschenken,

einigen Gaben ausgesandt, um eine Frau für Isaak zu gewinnen. Diese Gaben verhalfen Rebekka zur Klarheit darüber, dass sie zu Isaak gehen musste. Hier sehen wir den wahren Platz, den die Gaben einnehmen sollten. Denn nachdem Rebekka die Gaben bekommen hatte, war es, als gerieten diese alle schnell wieder in Vergessenheit, weil Rebekka sich sagte: „Ich möchte zu Isaak gehen! Es genügt mir nicht, dass ich hier bleibe und diese Gaben genieße und Isaak darüber vergesse. Ich möchte fortgehen und bei meinem Bräutigam sein." Nachdem Rebekka Isaak geheiratet hatte, wird nichts mehr über jene Gaben gesagt. Tag für Tag genoss sie nun das Zusammenleben mit Isaak. Christus selbst ist viel besser als das Zungenreden, viel besser als Weissagung, viel besser als alles andere!

Mit dem Schlüssel in der Hand kann ich alle Türen öffnen und mich an meinem ganzen Haus erfreuen. Wenn mir der Schlüssel fehlt, muss ich den Schlosser aufsuchen; sobald ich aber einen Schlüssel habe, sind die Dienste des Schlossers nicht erforderlich. Was uns wirklich fehlt, sind die Schlüssel. Es geht eigentlich nur um die Schlüssel, nicht um den Schlosser. Genau wie wir den Schlosser nicht brauchen, wenn wir im Besitz des Schlüssels sind, so brauchen wir auch die Gaben und die Lehren nicht, wenn wir den innewohnenden Christus in unserem Geist wahrnehmen.

Manche mögen bestimmter Lehren und Gaben bedürfen, um den Schlüssel zu finden; doch der Herr sei gepriesen, solange der Schlüssel, den Herrn zu erkennen, in unserer Hand ist, lasst uns Lehren und Gaben vergessen. Wir wollen unsere ganze Aufmerksamkeit darauf richten, unseren Geist zu unterscheiden, den lebendigen Christus zu berühren und Gemeinschaft mit Ihm zu haben. Damit wir den Schlüssel finden können, hat Gott bestimmte Gaben und Lehren vorgesehen. Wir können dem Herrn für diese Barmherzigkeit danken, aber wir müssen vorsichtig sein. Der Schlosser darf unsere Aufmerksamkeit nicht so gefangen nehmen, dass wir jeden Tag zu ihm gehen. Sobald du den Schlüssel hast, danke dem Schlosser und verlasse ihn; gebrauche den Schlüssel, um in das Gebäude hineinzukommen und seinen Reichtum zu entdecken. Lerne es, diesen wunderbaren Dreieinen Gott, den unausforschlichen Christus, den allumfassenden Heiligen Geist, der jetzt in deinem Geist lebt, Tag für Tag mehr zu erkennen. Wir besitzen den Schlüssel, wenn wir unseren Geist unterscheiden. Wir besitzen den Schlüssel! Alles, was wir von Christus brauchen, haben wir, wenn wir unseren Geist üben, um Ihn zu berühren. Dies ist das Zentrum von Gottes Ökonomie. Der Herr gibt uns zwar Lehren und Gaben, aber Er selbst ist das Ziel, Er ist die Summe aller Dinge, Er ist der Allumfassende. Geben wir uns mit nichts weniger zufrieden als mit Ihm selbst. In Gottes Ökonomie geht es allein darum, dass der allumfassende Christus in unserem Geist wohnt. Den ganzen Tag über müssen wir danach streben, in unseren Geist zurückzukehren, unseren Geist zu unterscheiden und mit Christus als unserem alles in Berührung zu bleiben. Dann besitzen wir den Schlüssel zum richtigen und normalen Christenleben.

KAPITEL FÜNF

DIE PERSONEN GOTTES
UND DIE TEILE DES MENSCHEN

„Wenn aber unser Evangelium doch verdeckt ist, so ist es (nur) bei denen verdeckt, die verloren gehen, den Ungläubigen, bei denen der Gott dieser Welt den Sinn verblendet hat, damit sie den Lichtglanz des Evangeliums der Herrlichkeit Christi, der das Abbild Gottes ist, nicht sehen. Denn wir predigen nicht uns selbst, sondern Christus Jesus als Herrn, uns aber als eure Sklaven um Jesu willen. Denn Gott, der gesagt hat: Aus Finsternis soll Licht leuchten! Er (ist es), der in unseren Herzen aufgeleuchtet ist zum Lichtglanz der Erkenntnis der Herrlichkeit Gottes im Angesicht Christi. Wir haben aber diesen Schatz in irdenen Gefäßen, damit die überragende Größe der Kraft von Gott sei und nicht aus uns" (2.Kor. 4: 3-7).

Diese Verse sagen uns, dass Satan, der Gott dieser Welt, den Sinn der Ungläubigen verblendet, damit der „Lichtglanz des Evangeliums der Herrlichkeit Christi" nicht in sie hineinscheint. Der Feind fürchtet sich vor dem Leuchten des „Evangeliums der Herrlichkeit" eines solchen Christus. Das „Evangelium der Herrlichkeit Christi" in Vers 4 entspricht der „Erkenntnis der Herrlichkeit Gottes" in Vers 6. Der „Schatz" ist Gott selbst in Christus, der sich selbst durch Sein Leuchten in uns, die irdenen Gefäße, hineingebracht hat.

Wir haben die Ökonomie Gottes und den Zielpunkt, das Zentrum dieser Ökonomie gesehen. Wir haben aufgezeigt, was die Hauptsache in der Ökonomie Gottes ist: dass Gott sich selbst in uns hineinwirken möchte. Er wirkt sich durch Seine verschiedenen Personen in unsere verschiedenen Teile ein. Wenn wir die Schrift aufmerksam lesen, werden wir dies als die Hauptsache erkennen. Ich habe eine solche Last, dass ich es den Kindern Gottes hundert-, ja tausendmal sagen könnte: Im ganzen Universum hat Gott nur die eine Absicht, sich selbst in den Menschen hineinzuwirken.

Zu welchem Zweck hat Gott den Menschen erschaffen? Er hat ihn nur als einen Behälter für sich selbst erschaffen. Ich gebrauche das Wort „Behälter" gerne, weil es klarer ist als das Wort „Gefäß." In Römer 9:21, 23 und 2. Korinther 4:7 sieht man sehr deutlich, dass Gott uns als Behälter geschaffen hat, die Ihn selbst enthalten sollen. Wir sind nur leere Behälter, und Gott will unser einziger Inhalt sein. Um andere Beispiele anzuführen: Man braucht Flaschen dafür, dass sie Getränke enthalten, und Glühbirnen dafür, dass sie Elektrizität enthalten. Wenn wir die für Getränke geschaffenen Flaschen oder die für Elektrizität hergestellten Glühbirnen betrachten, werden wir erkennen, dass diese „Spezialbehälter" eine ganz bestimmte Beschaffenheit haben; sie sind für einen besonderen Zweck hergestellt. Ebenso besitzen wir Menschen eine ganz spezielle Beschaffenheit, da auch wir für einen besonderen Gebrauch gemacht wurden. Nach ihrer Herstellung müssen die Glühbirnen elektrischen Strom aufnehmen, sonst haben sie weder Sinn noch Zweck. Ebenso verhält es sich mit den Flaschen; enthalten sie nie ein Getränk, so ist auch ihre Existenz ohne Sinn. Der Mensch wurde zu dem alleinigen Zweck geschaffen, Gott zu enthalten. Solange wir Gott nicht enthalten und nicht als unseren Inhalt kennen, sind wir nichts als ein sinnloser Widerspruch.

Selbst wenn wir die beste Erziehung genossen und die höchste Stellung erlangt haben oder den größten Reichtum besitzen, ist doch unser Dasein bedeutungslos, da wir eigens und vorsätzlich als Behälter geschaffen worden sind, der Gott als seinen einzigen Inhalt aufnehmen soll. Als Behälter müssen wir Gott in unser Sein hinein aufnehmen. Das Wort „Behälter" hört sich vielleicht einfach an, aber wir brauchen genau dieses Wort, um den Hauptgedanken der ganzen Bibel deutlich zu machen. Die Grundlehre der ganzen Schrift besteht kurz gesagt in folgendem: Gott ist der wahre Inhalt, und wir sind die Behälter, die diesen Inhalt aufnehmen sollen. Wir müssen Gott enthalten und mit Gott gefüllt sein.

DER VATER, DER SOHN UND DER GEIST

Damit Gott sich als unser Inhalt in uns hineingeben kann, muss Er in drei Personen existieren. Wir vermögen das Geheimnis der drei Personen Gottes niemals hinreichend zu verstehen. Mehrmals wird uns in der Schrift unmissverständlich gesagt, dass Gott nur einer ist, beispielsweise in 1. Korinther 8:4, 6 und 1.Timotheus 2:5. Aber im ersten Kapitel der Bibel wird für Gott nicht das Einzahlwort „Ich", sondern das Mehrzahlwort „Wir" gebraucht.

Lesen wir einmal 1. Mose 1:26 und 27: „Lasset Uns den Menschen machen in Unserem Bild, nach Unserem Gleichnis ... Und Gott schuf den Menschen in Seinem Bild". In Vers 26 heißt es: „in Unserem Bild", im folgenden Vers dagegen: „in Seinem Bild". Sagt mir bitte, ist Gott einer oder mehrere? Wer kann das erklären? Gott selbst hat für sich das Fürwort in der Mehrzahl gebraucht: „Lasset Uns den Menschen machen in Unserem Bild"; wenn du aber sagst, Gott sei mehr als einer, so bist du ein Irrlehrer, denn die Bibel sagt uns, dass Gott nur einer ist. Im ganzen Universum gibt es nicht mehr als einen Gott. Warum wird aber, wenn Gott nur einer ist, das Fürwort in der Mehrzahl gebraucht?

Wer das Hebräische kennt, kann uns bestätigen, dass das Wort „Gott" in 1. Mose 1 in der Mehrzahl steht. Das hebräische Wort für Gott im ersten Vers („Im Anfang schuf Gott ...") ist Elohim, ein Mehrzahlwort. Dagegen ist das Wort „schuf" im Hebräischen ein Prädikat in der Einzahl. Sehr seltsam! Dieser Vers verbindet grammatisch ein Subjekt in der Mehrzahl mit einem Prädikat in der Einzahl. Daran kann niemand rütteln, das Hebräische beweist es. Nochmals frage ich: Ist Gott einer oder drei?

Lasst uns jetzt Jesaja 9:5 lesen: „Denn ein Kind ist uns geboren, ein Sohn uns gegeben ... und man nennt Seinen Namen: ... starker Gott, Vater der Ewigkeit ..." Hier heißt es nicht „starker Mensch", sondern „starker Gott"; ein kleines Kind wird der starke Gott genannt. Unter allen Christen herrscht Übereinstimmung darüber, von wem dieser Vers in prophetischer Weise spricht. Das Kind, von dem hier gesprochen wird, ist das Kind in der Krippe in Bethlehem, und es trägt nicht nur den Namen „starker Gott", sondern auch den Namen „Vater der Ewigkeit." Als das Kind, das uns geboren ist, wird Er der starke Gott genannt, und als der Sohn, der uns gegeben ist, wird Er der Vater der Ewigkeit genannt. Das ist wiederum sehr seltsam. Wenn das Kind „starker Gott" genannt wird, ist es dann das Kind oder Gott? Und wenn der Sohn „Vater der Ewigkeit" genannt wird, ist Er dann der Sohn oder der Vater? Wollt ihr versuchen, dies zu begreifen, so werdet ihr an eure Grenzen stoßen. Ihr müsst dies als eine Tatsache hinnehmen, es sei denn, ihr glaubt der Schrift nicht. Wenn wir aber der Autorität der Schrift glauben, müssen wir die Tatsache annehmen, dass das Kind der starke Gott genannt wird, und dass das Kind folglich der starke Gott ist; und ebenso müssen wir die Tatsache annehmen, dass der Sohn der Vater genannt wird und folglich der Vater ist. Wäre das Kind nicht der starke Gott, wie könnte es der starke Gott genannt werden? Und wäre der Sohn nicht der Vater, wie könnte Er der Vater genannt werden? Wieviele Götter haben wir also? Wir haben nur einen Gott, weil das Kind Jesus der starke Gott und der Sohn der Vater der Ewigkeit ist.

In 2. Korinther 3:17 lesen wir: „Der Herr aber ist der Geist." Wer ist unserem Verständnis nach der Herr? Jesus Christus. Darüber sind wir uns alle einig. Aber hier heißt es, dass der Herr der Geist ist. Wer ist der Geist? Wir müssen zugeben: der Heilige Geist. Demnach wird der Sohn der Vater genannt, und zudem ist der Sohn, welcher der Herr selbst ist, auch der Geist. Dies bedeutet, dass der Vater, der Sohn und der Geist einer sind. Wir betonen das mit solchem Nachdruck, weil Gott eben durch Seine verschiedenen Personen Seine Ökonomie ausführt. Ohne diese verschiedenen Personen – die Person des Vaters, die Person des Sohnes und die Person des Geistes – könnte Gott sich niemals in uns hineinbringen.

Matthäus 28:19 lautet: „Geht nun hin und macht alle Nationen zu Jüngern, und tauft diese auf den Namen des Vaters und des Sohnes und des Heiligen Geistes." Es heißt hier nicht: „tauft diese auf den Namen irgendeiner Person der Gottheit." Es heißt auch nicht, „auf die Namen", sondern es heißt: „auf den Namen *(Einzahl)* des Vaters und des Sohnes und des Heiligen Geistes."

Warum müssen wir auf den Namen des Vaters und des Sohnes und des Geistes getauft werden? Außerdem stellen wir beim Zurückgehen auf den griechischen Urtext fest, dass die Präposition, die in der Elberfelder Übersetzung mit „auf" wiedergegeben wird, eigentlich in erster Linie „hinein in" bedeutet und hier auch so übersetzt werden sollte. Es muss hier heißen: „tauft sie hinein in den Namen", *nicht nur* „auf den Namen." Dasselbe Wort wird auch in Römer 6:3 gebraucht, wo es heißen muss: „… in Christus Jesus hineingetauft." Was bedeutet das alles?

Lasst es mich folgendermaßen veranschaulichen: Wenn du eine Wassermelone kaufst, dann hast du die Absicht, sie zu essen und zu verdauen. Mit anderen Worten, du willst dir diese Melone einverleiben, so dass sie ein Teil von dir wird. Wie kann dies geschehen? Zunächst kaufst du die ganze Melone, dann schneidest du sie in Stücke, und schließlich zerkaust du diese Melone zu einem dickflüssigen Saft, bevor sie in deinen Magen gelangt. Die Reihenfolge lautet also: zuerst die Melone, dann die Stücke und schließlich der Saft. Sind das nun drei verschiedene Dinge oder ist es ein Ding? Ich denke, so kann man die Dreieinigkeit am besten verdeutlichen. Die meisten Melonen sind größer als dein Magen. Wie kannst du denn eine Melone dieser Größe hinunterschlucken, da doch dein Mund so klein und deine Speiseröhre so eng ist? Die Melone wird für dich erst mundgerecht und essbar, wenn sie in Stücke geschnitten wird. Nachdem du sie dann in den Mund gesteckt hast, wird sie zu Saft. Sind die Melonenstücke nicht mehr die Melone? Und ist der Melonensaft nicht die Melone? Wollten wir sagen, sie seien es nicht, so wären wir nicht recht klug.

In diesem Bild entspricht die ganze Melone Gott dem Vater, die Stücke entsprechen dem Sohn und der Saft dem Geist. Jetzt seht ihr, was ich sagen will: Der Vater ist nicht nur der Vater, sondern auch der Sohn. Und der Sohn ist nicht nur der Sohn, sondern auch der Geist. Mit anderen Worten, diese Melone ist sowohl die ganze Frucht als auch die mundgerecht geschnittenen Stücke als auch der Saft in unserem Innern. Wenn man die Melone isst, verschwindet sie. Ursprünglich befand sie sich auf dem Tisch, aber nach dem Essen befindet sie sich in allen Gliedern der Familie, die sie verspeist hat.

Das Johannesevangelium zeigt in den ersten Kapiteln Gott den Vater, in den folgenden Kapiteln den Sohn als den Ausdruck des Vaters und schließlich in Kapitel zwanzig den Geist als den Atem des Sohnes (V. 22). Dieses eine Evangelium offenbart den Vater, den Sohn und den Geist. Lest daraufhin einmal alle einundzwanzig Kapitel dieses Buches. Zuerst heißt es: „Im Anfang war das Wort, und das Wort war bei Gott, und das Wort war Gott ... Und das Wort wurde Fleisch und wohnte unter uns." Dieses Wort, welches Gott selbst ist, wurde eines Tages ein Mensch und wohnte unter uns – nicht in uns, sondern unter uns. Dreiunddreißigeinhalb Jahre lebte Er auf dieser Erde. Dann starb Er und wurde wieder auferweckt. Dies ist geheimnisvoll, unbegreiflich, wunderbar; wir können es nie ergründen. Am Abend nach Seiner Auferstehung kam Er in Seinem auferstandenen Leib zu den Jüngern. Obwohl alle Türen verschlossen waren, trat Er doch leibhaftig ein und zeigte den Jüngern Seine Hände und Seine Seite. Das können wir nicht begreifen. Es war ein sehr wunderbares und geheimnisvolles Kommen. Schließlich hauchte Er Seine Jünger an und sagte zu ihnen: „Nehmet hin den Heiligen Geist!" Sein Atem ist der Heilige Geist, der in unserem Beispiel dem Melonensaft entspricht.

Ich möchte euch fragen: Wo befindet sich Jesus nach Aussage des Johannesevangeliums seit jenem Tag? Nach dem Zurückkommen Jesu zu den Jüngern erwähnt dieses Evangelium mit keinem Wort mehr die Himmelfahrt. Wo ist also dieser Wunderbare am Ende dieses Evangeliums? Wie die Wassermelone im Magen, so befindet Er sich durch den Geist als Atem in den Jüngern.

Gottes Ökonomie besteht darin, dass Er sich selbst mittels Seiner drei Personen in uns hineinwirkt. Es bedarf der drei Personen der Gottheit, denn ohne diese drei Personen könnte Gott niemals in uns hineingewirkt werden. Es verhält sich genau wie mit der Melone – würde sie nicht in Stücke geschnitten und in flüssiger Form von uns aufgenommen, so könnte sie niemals in uns hineingelangen und zu unserer Substanz werden. Nur mittels Seiner drei Personen kann Gott sich in uns hineinwirken und unsere Substanz werden.

DER VERSTAND, DAS HERZ UND DAS EBENBILD

Nun wollen wir auf uns selbst zurückkommen und betrachten, wie wir als Behälter aufgebaut sind. Denkt nicht, alles an uns sei so einfach. Die Ärzte werden uns bestätigen können, wie empfindlich und kompliziert der menschliche Leib ist. Ein Mensch stellt keineswegs einen so einfachen Behälter dar wie eine Getränkeflasche, nein, er hat viele verschiedene Teile. Aus diesem Grund müssen wir sowohl die verschiedenen Teile des Menschen als auch die drei Personen Gottes kennen, um uns auf das Zentrum von Gottes Ökonomie auszurichten. Zur Ökonomie Gottes gehören Seine drei Personen, und zum Zentrum, zum Zielpunkt Seiner Ökonomie gehören unsere verschiedenen Teile.

Viele von uns fahren Auto. Man kann sich unmöglich ans Steuer setzen, wenn man nicht zumindest einige Teile des Autos kennt. Wenigstens die Hauptteile müssen uns bekannt sein, so dass wir zum Beispiel wissen, was die Bremse, die Schaltung und die Zündung sind und wo sie sich befinden. Ohne diese Vorkenntnis verstehen wir nicht richtig, mit dem Wagen umzugehen. Ebenso müssen wir die verschiedenen Teile unseres Seins kennen, um Klarheit darüber zu haben, wie wir Gott enthalten können. Sehen wir einmal, welche Teile bereits in einem einzigen kurzen Stück aus 2. Korinther 4 genannt werden: In Vers 4 haben wir den Sinn, den Verstand, und in Vers 6 das Herz. Wir haben in diesem Abschnitt mindestens zwei Teile, den Verstand und das Herz. Möglicherweise bist du schon seit vielen Jahren Christ und weißt doch bis zu diesem Augenblick noch nicht, was der Unterschied zwischen dem Verstand und dem Herzen ist. Wir lesen hier, dass der Verstand vom Feind verblendet und das Herz vom Licht Gottes erleuchtet werden kann. Der Gott dieser Welt verblendet den Verstand, den Sinn der Ungläubigen, aber Gott leuchtet mit Seinem Licht in die Herzen der Gläubigen. Vielleicht meintest du, diesen Teil des Wortes Gottes zu verstehen, aber doch hast du niemals daran gedacht, dass es hier um zwei verschiedene Teile des Menschen geht.

Bevor wir den Verstand und das Herz anhand der Schrift definieren, wollen wir zum Vergleich einen Fotoapparat, eine Kamera heranziehen. Die Kamera wird dafür hergestellt, dass sie etwas aufnimmt. Wenn wir eine Aufnahme machen, so bedeutet das, die Kamera nimmt etwas in sich auf. Bei meinem Besuch in Tokio gebrauchte ich meine Kamera, um Tokio aufzunehmen. Meine Absicht bestand darin, ein Bild außerhalb der Kamera in die Kamera hineinzubekommen.

Was brauchte ich zum Aufnehmen eines Bildes? Hauptsächlich dreierlei: außen das Objektiv, innen den Film und drittens das Licht. Mittels dieser drei Dinge kann ein Objekt aufgenommen werden. Vor Jahren nahm ich während einer Bahnreise verschiedene Bilder auf. Nach dem Entwickeln stellte es sich jedoch heraus, dass auf den Filmen großenteils nichts zu sehen war. Was war geschehen? Nachträglich stellte ich fest, dass ich beim Aufnehmen der Bilder in meinem Übereifer vergessen hatte, die Schutzkappe von der Linse zu nehmen. So war das Objektiv durch die Kappe verdeckt geblieben.

Wenn ein Ungläubiger eine gute Evangeliumsbotschaft hört, denken wir oft: „Bestimmt wird er heute abend gerettet!" Am Ende jedoch ist gar nichts in ihm zurückgeblieben. Warum? Der Feind Gottes hat den Verstand dieses Menschen verblendet. Der Verstand ist das Organ, durch welches wir die Dinge aufnehmen und verstehen, und Satan hat jenem Zuhörer den Verstand verblendet. Die Botschaft mag noch so gut gewesen sein und er mag noch so viel gehört haben, aber trotzdem ist sein Verstand verblendet, zugedeckt. Sein Verstand bleibt „unbelichtet", nichts ist aufgenommen worden.

Vor dreißig Jahren predigte Bruder Watchman Nee einmal das Evangelium und betonte dabei, es sei nicht Gottes Absicht, dass wir Gutes tun sollten. Gutes hätte bei Gott keine Bedeutung. Bruder Nee ging mit solchem Nachdruck auf diesen Punkt ein, dass er uns schließlich in größter Klarheit vor Augen stand. Ein Bruder, der einen Freund zur Versammlung mitgebracht hatte, beobachtete diesen während der Botschaft von Zeit zu Zeit und bemerkte sein bejahendes, anscheinend von Verständnis zeugendes Kopfnicken. Der Bruder freute sich sehr darüber, weil er dachte, sein Freund höre aufmerksam zu und nehme alles auf. Wisst ihr, was dann geschah? Als er den Gast nach der Versammlung fragte, was er von der Botschaft denke, antwortete dieser: „Ja, alle Religionen fordern die Menschen auf, Gutes zu tun!" Und das, obwohl Bruder Nee in seiner Botschaft mit solcher Klarheit und solchem Nachdruck dargelegt hatte, dass Gott gar nicht daran denkt, vom Menschen gute Taten zu verlangen! Die Antwort jenes Mannes zeigte, dass sein Verstand vom Feind verblendet war. Wir müssen oft beten, dass der Herr den „Gott dieser Welt" binden möge, besonders sein verblendendes Werk während einer Botschaft. Das bedeutet nichts anderes, als dass wir die Kappe von der Linse nehmen.

Nachdem die Kappe abgenommen ist, brauchen wir auch den richtigen Film. Ohne den richtigen Film bekommen wir keine Aufnahme, selbst wenn die Linse in Ordnung ist. Mit dem falschen Film lässt sich kein richtiges Bild machen. Der Film entspricht unserem Herzen. Unser Verstand gleicht der Linse, unser Herz jedoch dem Film. Unser Herz muss in dem richtigen Zustand und richtig eingestellt sein. Wir brauchen die Linse, aber wir brauchen auch den Film. Wir brauchen den Verstand, der die Dinge auffasst, und wir brauchen das Herz, das sie empfängt. Das Herz muss rein, sauber, im richtigen Zustand und entsprechend eingestellt sein.

Nun aber brauchen wir, selbst wenn wir die Linse und den Film haben, doch noch das Licht. Wir brauchen das Licht, das durch die Linse auf den Film scheint. Das göttliche Licht der Herrlichkeit Gottes leuchtet auf uns und erzeugt dadurch das Ebenbild und Abbild Christi. Das Ebenbild Christi ist der Schatz in den irdenen Gefäßen. Anhand dieses Vergleiches können wir sehen, wie wir mit unserem Verstand und unserem Herzen umzugehen haben. Es verhält sich wie mit der Kamera: Wir müssen wissen, wie die Linse eingestellt und wie der Film gebraucht wird. Wenn wir die Linse und den Film nicht richtig zu gebrauchen verstehen, werden wir niemals ein richtiges Bild erhalten.

Die geistlichen Erfahrungen entsprechen dem Aufnehmen von Bildern. Wir selbst sind die Kamera, und wir müssen lernen, unsere Kamera richtig zu gebrauchen, damit wir Gott in Christus als das Bild aufnehmen. Leider gibt es sehr viele liebe Christen, die einfach nicht wissen, wie sie mit ihrem Verstand und ihrem

Herzen umzugehen haben. Ja sie wissen nicht einmal, dass sie „Kameras" sind!

Genau genommen ist das Christentum überhaupt keine Religion, welche die Menschen lehrt, dies und jenes zu tun. Christsein ist in Wirklichkeit nichts anderes als Christus selbst, der Lebendige, der in uns hineingewirkt wird. Er ist das Objekt, das Bild, und wir sind die Kamera. Als das Objekt muss Er in uns hineingewirkt werden, indem das göttliche Licht durch die Linse auf den Film scheint. Tag für Tag und Augenblick für Augenblick brauchen wir das göttliche Licht, damit auf dem Weg über unseren Verstand mehr von dem Bild Christi in uns hineingestrahlt wird, und wir Ihn in unseren Herzen aufnehmen. Dafür müssen wir es lernen, den Verstand und das Herz richtig einzustellen.

Was sind geistliche Erfahrungen? Sie sind nichts anderes als Bilder Christi, die wir als die Kamera aufnehmen und die unserem geistlichen Film eingeprägt werden. Bei manchen Christen ist das Objektiv fast immer verdeckt und der Film gewöhnlich falsch eingelegt. Auf ihrem Film kann man kein Bild sehen, jedes Foto ist unbelichtet, weil die Erfahrungen mit Christus fehlen. Wenn aber der Apostel Paulus käme und wir seine Kamera öffneten und den Film herausnähmen, so fänden wir jedes Foto als ein Bild voller Christus. Alles hängt davon ab, wie scharf wir die Linse einstellen und wie gut wir auf den Film achten – das heißt, wie sehr wir unseren Verstand behandeln und unser Herz in rechter Weise einstellen. Tun wir das sorgfältig, dann wird, sooft das göttliche Licht auf uns scheint, das Ebenbild Christi in uns hineingestrahlt werden. Wir werden ein schönes Bild Christi haben. Das ist Gottes Ökonomie mit ihrem zentralen Punkt.

Jetzt wissen wir, wie wichtig es ist, dass wir unsere verschiedenen Teile kennenlernen. Wir wurden dazu geschaffen, Gott in jedem Teil zu enthalten. Von hier aus müssen wir nun vorangehen und sie alle kennenlernen – nicht nur den Verstand und das Herz. Im nächsten Kapitel werden wir alle Teile in ihren Einzelheiten betrachten, und anschließend wollen wir dann sehen, wie sie funktionieren und wie wir sie einzustellen haben.

KAPITEL SECHS

DIE INNEREN UND DIE VERBORGENEN TEILE

Lasst uns jetzt das Gefäß des Herrn genauer betrachten. Im vorigen Kapitel sahen wir, dass wir eigens als Behälter für Gott erschaffen worden sind, und dass nichts anderes als Gott selbst unser Inhalt sein soll. Zu diesem Zweck hat Gott uns mit vielen „Teilen" geschaffen. Denkt nicht, der Ausdruck „Teile" stamme von mir. In Jeremia 31:33 sagt Gott: „Ich werde Mein Gesetz in ihre inneren Teile geben." *Die „inneren Teile" befinden sich in unserer Seele; es sind nicht die äußeren Glieder unseres Leibes. Ferner sagt Gott, Er werde Seine Gesetze in unser Herz schreiben. Was also sind die inneren Teile, und was ist das Herz?*

Wenn wir Jeremia 31:33 mit dem Zitat in Hebräer 8:10 vergleichen, sehen wir einen kleinen, aber wichtigen Unterschied. Es heißt im Hebräerbrief: „Ich will Meine Gesetze in ihren Sinn geben." *Während Jeremia* „in ihre inneren Teile" sagt, gibt der Hebräerbrief wieder: „in ihren Sinn." Dieser Vergleich beweist uns, dass der „Sinn", das heißt der Verstand, zu den inneren Teilen gehört. Der Ausdruck „innere Teile" wird in der Bibel mehr als einmal gebraucht. So heißt es in Psalm 51:8 beispielsweise: „Siehe, du begehrst Wahrheit in den inneren Teilen." In den inneren Teilen muss Wahrheit sein. Neben den „inneren Teilen" wird in diesem Psalm noch ein anderer Teil genannt, nämlich der „verborgene Teil": „Und im verborgenen Teil wirst Du mich Weisheit lehren." Die Wahrheit befindet sich in den inneren Teilen, die Weisheit hingegen im verborgenen Teil. Wir müssen herausfinden, was die inneren Teile sind und was der verborgene Teil ist.

DIE DREI TEILE DES MENSCHEN – GEIST, SEELE, LEIB

Einige Bibelstellen, die wir in diesem Zusammenhang anführen

wollen, sind sehr bekannt. In 1. Thessalonicher 5:23 wird gezeigt,
dass wir aus drei Teilen bestehen, nämlich aus Geist, Seele und
Leib. Man kann das durch drei konzentrische Kreise veranschaulichen:

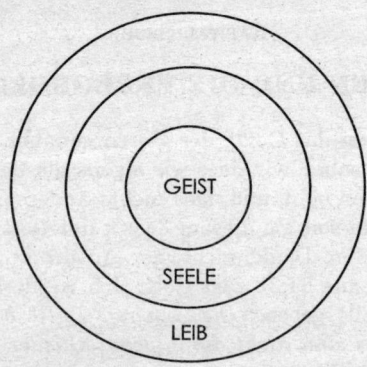

Auch Hebräer 4:12 spricht vom Geist und von der Seele und
von der Scheidung dieser beiden Teile. Wollen wir Christus erkennen und in Ihn als in das gute Land und die Ruhe eingehen, dann
müssen wir den Geist von der Seele unterscheiden. Der genaue
Ort, wo Christus in uns wohnt, ist der Geist; daher müssen wir,
wenn wir Christus in unserer Erfahrung kennenlernen wollen,
unseren menschlichen Geist von unserer Seele unterscheiden.
Dieser Vers spricht nicht nur vom Unterschied zwischen dem
Geist und der Seele, sondern auch vom Unterschied zwischen den
Gelenken und dem Mark des Leibes und zwischen den Gedanken
und den Absichten des Herzens. Das lebendige Wort Gottes unterscheidet all dies voneinander. Daran wird deutlich, dass wir, wenn
wir den Herrn auf wirkliche und praktische Weise kennenlernen
wollen, alle diese Teile unterscheiden müssen. Was sind die
Gedanken des Herzens und die Absichten des Herzens? Und wieviele Teile gibt es im Herzen?

Ein weiterer Abschnitt, der zwischen Seele und Geist unterscheidet, ist Lukas 1:46-47.

In Philipper 1:27 heißt es, dass wir eines Geistes und einer

Seele sein müssen. Hier ist jedoch nicht der Heilige Geist, sondern der menschliche Geist gemeint. Auch dieser Vers zeigt, dass es einen Unterschied zwischen dem Geist und der Seele gibt.

Schließlich lesen wir in Markus 12:30: „... und du sollst den Herrn, deinen Gott, lieben aus deinem ganzen Herzen und aus deiner ganzen Seele und aus deinem ganzen Verstand und aus deiner ganzen Kraft." Hier werden vier verschiedene Teile genannt: das Herz, die Seele, der Verstand und die Kraft. Stellen wir nun alle diese Verse nebeneinander, so erkennen wir, dass wir, abgesehen von den vielen Körperteilen, auch innerlich aus einer Vielzahl von Teilen bestehen.

Nach 1. Thessalonicher 5:23 bestehen wir aus Geist, Seele und Leib, und Psalm 51 offenbart die inneren Teile und den verborgenen Teil. Die inneren Teile sind die Teile der Seele, was der Vergleich von Jeremia 31:33 mit Hebräer 8:10 beweist, wo der „Sinn" (der Verstand) als abweichende Entsprechung zu den „inneren Teilen" zitiert wird. Wie die inneren Teile die Teile der Seele sein müssen, so muss der verborgene Teil der Geist sein. Von allen unseren Teilen liegt der Geist am tiefsten in uns verborgen. Dieser innerste Teil ist nicht nur im Leib verborgen, sondern sogar noch in der Seele. Folglich bestehen wir aus den äußeren Teilen des Leibes, den inneren Teilen der Seele und dem verborgenen Teil des Geistes.

DIE DREI TEILE DER SEELE – VERSTAND, WILLE, GEFÜHL

Die Seele und der Geist bestehen jeweils aus drei Teilen. Wir müssen diese drei Teile der Seele und des Geistes entdecken. Darüber hinaus müssen wir auch das Herz definieren. 1. Thessalonicher 5:23 zeigt, dass wir Wesen mit drei Teilen sind – Geist, Seele und Leib –, aber das Herz wird nicht erwähnt. Was ist das Herz, und wie können wir es mit den inneren Teilen und dem verborgenen Teil in Beziehung bringen?

Wie Gottes Wort klar und unmissverständlich zu erkennen gibt, besteht die Seele aus drei Teilen: dem Verstand, dem Willen und dem Gefühl. Der markierte Bereich in der folgenden Zeichnung stellt die Teile der Seele dar.

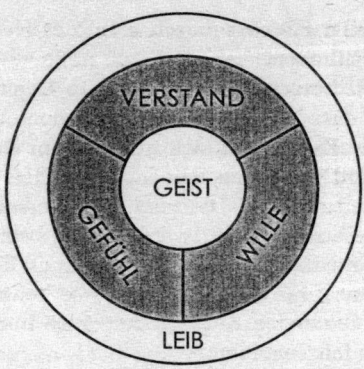

Nach Sprüche 2:10 braucht die Seele Erkenntnis. Dasselbe kommt in Sprüche 19:2 und 24:14 zum Ausdruck. Erkenntnis zu erlangen ist eine Funktion des Verstandes, was beweist, dass der Verstand ein Teil der Seele ist. Alle drei Verse aus den Sprüchen bestätigen die Notwendigkeit, in der Seele Erkenntnis zu haben. Weiterhin besagt Psalm 139:14, dass die Seele etwas weiß. Etwas zu wissen hat mit dem Verstand zu tun – ein weiterer Beweis dafür, dass der Verstand ein Teil der Seele ist. In Psalm 13:3 heißt es, die Seele hege Ratschläge, was ebenfalls auf den Verstand hindeutet. Und schließlich lesen wir in den Klageliedern 3:20, dass die Seele an zurückliegende Dinge denken, sich also erinnern kann. Anhand dieser Verse sehen wir, dass es in der Seele einen Teil gibt, der Dinge weiß, Ratschläge hegt und sich erinnert. Diesen Teil nennen wir den Verstand.

Der zweite Teil der Seele ist der Wille. Hiob 7:15 spricht davon, dass die Seele etwas wählt. Etwas zu wählen ist eine Entscheidung, die durch einen Willensakt getroffen wird. Demnach muss der Wille ein Teil der Seele sein. Nach Hiob 6:7 kann die Seele sich weigern, irgendetwas zu tun. Zu wählen und sich zu weigern sind gleichermaßen Funktionen des Willens. 1. Chronik 22:19 lautet: „Richtet nun ... eure Seele darauf, ... euren Gott zu suchen." Wie wir unseren Verstand darauf richten, zu denken, so richten wir unsere Seele darauf, zu suchen. Das bedeutet natürlich, dass die Seele eine Entscheidung trifft – wiederum ein Beweis dafür, dass

der Wille ein Teil der Seele sein muss. In 4. Mose 30 wird zehnmal
der Ausdruck gebraucht: „ein Gelübde auf seine Seele nehmen"
oder „seine Seele binden." Wenn wir dieses Kapitel lesen, werden
wir verstehen, dass „die Seele binden" bedeutet, eine Entscheidung zu treffen. Es handelt sich hier um ein Gelübde, das dem
Herrn getan wird. Wer dem Herrn ein Gelübde tut, entscheidet
sich, seine Seele zu binden. Demnach ist bewiesen, dass der Wille
ein Teil der Seele sein muss. In Psalm 27:12 und 41:3 übersetzt
Luther das hebräische Wort für „Seele" mit „Willen", in Hesekiel
16:27 mit „Willkür." Der Psalmist betet: „Gib mich nicht preis dem
Willen meiner Feinde", aber nach der Grundbedeutung heißt es
eigentlich: „Gib mich nicht preis der Seele meiner Feinde." Auch
dies beweist klar, dass der Wille ein Teil der Seele sein muss.

Das Gefühl ist der dritte Teil der Seele. Es hat sehr viele
Aspekte, zum Beispiel Liebe, Hass, Freude, Trauer. All das ist ein
Ausdruck des Gefühls. Von der Liebe wird zum Beispiel in
1. Samuel 18:1, im Hohenlied 1:7 und in Psalm 42:2 gesprochen.
Diese Verse zeigen, dass die Liebe aus dem Bereich der Seele
kommt, was beweist, dass das Gefühl ein Organ oder eine Funk-
tion der Seele ist. Von Hass der Seele sprechen 2. Samuel 5:8,
Psalm 107:18 und Hesekiel 36:5. Die Elberfelder Übersetzung
gibt alle drei Verse recht genau wieder, doch sollte anstelle von
„Ekel der Seele" in Psalm 107:18 und „Verachtung der Seele" in
Hesekiel 36:5 besser gesagt werden: Missfallen oder Hass der
Seele. Aus diesen Schriftstellen geht hervor, dass der Haß der
Seele entspringt. Da Hass ein Ausdruck des Gefühls ist, beweisen
diese Verse auch, dass das Gefühl ein Teil der Seele sein muss.
Freude gehört als ein weiterer Bestandteil des Gefühls ebenfalls
zur Seele, wie aus Jesaja 61:10 und Psalm 86:4 hervorgeht. Auch
diese Verse beweisen, dass das Gefühl ein Teil der Seele ist. Die
Seele kann zudem Kummer (Erbitterung) und Betrübnis empfinden, wovon 1. Samuel 30:6 und Richter 10:16 (seine Seele war
betrübt) sprechen. Ein anderer Aspekt des Gefühls ist die Sehn-
sucht oder das Begehren: 1. Samuel 20:4 (was deine Seele
begehrt), 5. Mose 14:26 und Hesekiel 24:25 (jeweils „Seele").
Diese Verse zeigen, dass das Verlangen oder Begehren zum
Bereich der Seele gehört.

Aufgrund der hier angegebenen Verse können wir die drei Teile der Seele eindeutig bestimmen: den Verstand, den Willen und das Gefühl. Es dürfte schwerfallen, in der Schrift das Vorhandensein weiterer Teile der Seele bestätigt zu finden, da diese drei Teile alle Funktionen der Seele umfassen. Der Verstand ist der führende Teil, dem der Wille und das Gefühl folgen. Die genannten Verse offenbaren klarer als alle anderen, welche drei Teile die Seele bilden.

DIE DREI TEILE DES GEISTES – GEWISSEN, GEMEINSCHAFT, INTUITION

Es ist bemerkenswert, dass es drei Personen der Gottheit gibt, drei Teile des Menschen, drei innere Teile der Seele und auch drei Teile des Geistes. Überall gibt es drei Teile. Ebenso offenbart die Schrift, dass die Stiftshütte, der Bau Gottes, aus drei Teilen besteht. Die Zahl drei liegt allem zugrunde. Selbst in der Arche des Noah gab es drei Stockwerke. Bei der Stiftshütte finden wir die Zahl drei sehr oft gebraucht. So ist zum Beispiel jedes Brett eineinhalb breit, weshalb sich zwei zusammengefügte Bretter zu einer Gesamtbreite von drei Ellen ergänzen. Das bedeutet, dass die Zahl drei eine vollständige Einheit darstellt.

Demzufolge ist der Geist eine vollständige Einheit, die aus drei Teilen oder Funktionen besteht; er setzt sich zusammen aus dem Gewissen, der Gemeinschaft und der Intuition. Der markierte Bereich in der Zeichnung stellt die Teile des Geistes dar.

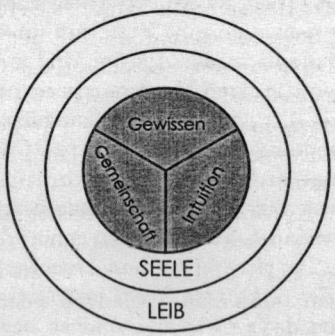

Sehr leicht versteht man das Gewissen. Diesen Teil kennen wir alle gut. Eine Funktion des Gewissens besteht darin, das Richtige vom Falschen zu unterscheiden, eine weitere darin, zu verurteilen oder zu rechtfertigen. Auch die „Gemeinschaft" kann man leicht erfassen: es ist der Bereich unserer Gemeinschaft mit Gott. Diese Funktion in unserem Geist macht es möglich, mit Gott in Verbindung zu treten. Einfach gesagt bedeutet Gemeinschaft, dass wir Gott berühren. Demgegenüber fällt es nicht so leicht, die Intuition zu verstehen. Intuition bedeutet, dass wir ein direktes Empfinden oder Wissen haben. Es gibt solch einen Sinn, solch ein direktes Empfinden in unserem Geist, und zwar unabhängig von unseren Überlegungen, unseren augenblicklichen Umständen und unserer Vorgeschichte. Dieses Empfinden reagiert jenseits von unserer Vernunft, es ist nicht „vernünftig". Es ist ein Empfinden und ein Wissen, das direkt von Gott kommt. Diese Funktion nennen wir die Intuition des Geistes. – Demnach kennen wir den Geist durch die Funktionen des Gewissens, der Gemeinschaft und der Intuition.

Dass der menschliche Geist aus diesen drei Teilen besteht, muss jedoch noch anhand der Schrift bewiesen werden. Zunächst einmal sagt uns Römer 9:1 in bezug auf das Gewissen: „... wobei mein Gewissen mit mir Zeugnis gibt im Heiligen Geist." Ein Vergleich von Römer 9:1 mit Römer 8:16 lässt erkennen, dass das Gewissen sich im menschlichen Geist befindet. Einerseits gibt der Heilige Geist Zeugnis mit unserem Geist, andererseits aber gibt unser Gewissen Zeugnis mit dem Heiligen Geist. Demzufolge muss das Gewissen eine Funktion unseres Geistes sein. In 1. Korinther 5:3 spricht der Apostel Paulus davon, dass er in seinem Geist einen sündigen Menschen gerichtet hat. Jemanden zu richten bedeutet, ihn entweder zu verurteilen oder zu rechtfertigen, was beides eine Reaktion unseres Gewissens ist. Der Apostel jedoch sagt, er habe das Urteil in seinem Geist gefällt. Dies bestätigt, dass sich die Funktion, die verurteilt oder rechtfertigt, im Geist befindet; infolgedessen gehört das Gewissen zum Geist. Psalm 51:12 spricht von einem *rechten Geist", das heißt von einem Geist, der richtig ist. Recht und Unrecht zu unterscheiden ist eine* Sache des Gewissens, und so beweist auch dieser

Vers, dass sich das Gewissen im Geist befindet. Psalm 34:19 redet von einem „zerschlagenen Geist", von einem zerknirschten Geist. Wenn wir zerschlagen, zerknirscht sind, bedeutet das: wir sehen ein, dass wir gefehlt haben, wir klagen uns selbst an und verdammen uns. Und das ist eine Funktion des Gewissens. Der Ausdruck „ein zerschlagener Geist" macht deutlich, dass das Gewissen zum Geist gehört. In 5. Mose 2:30 heißt es, dass der „Geist verhärtet" wurde, was bedeutet, dass das Gewissen verhärtet wurde. Wenn der Geist eines Menschen verhärtet ist, heißt das, jener Mensch geht achtlos mit seinem Gewissen um. Schütteln wir die Empfindung in unserem Gewissen einfach ab, dann werden wir im Geist verhärtet. Aufgrund dieser Verse können wir mit Sicherheit sagen, dass die Funktion des Gewissens sich im menschlichen Geist befindet.

Lasst uns nun auch herausfinden, welche Grundlage die Schrift uns in bezug auf die Gemeinschaft gibt. Zunächst sagt uns Johannes 4:24, dass wir Gott in unserem Geist anbeten müssen. Wer Gott anbeten will, der muss Ihn in seinem Geist anbeten. Die Anbetung Gottes besteht darin, dass wir Gott berühren und mit Ihm Gemeinschaft haben. Dieser Vers beweist, dass die Funktion der Anbetung oder der Gemeinschaft sich in unserem Geist befindet. In Römer 1:9 sagt der Apostel Paulus: „Gott ..., dem ich in meinem Geist ... diene." Dieses Dienen ist ebenfalls ein Bild für die Gemeinschaft mit Gott, so dass wir auch hier bestätigt finden: das Organ für die Gemeinschaft liegt in unserem Geist. Dem muss Römer 7:6 hinzugefügt werden: „... so dass wir in dem Neuen des Geistes dienen." Das heißt mit anderen Worten, dass unser Dienst dem Wesen nach die Gemeinschaft mit dem Herrn in unserem Geist ist.

Lasst uns Epheser 6:18 betrachten: „Mit allem Gebet und Flehen betet zu jeder Zeit im Geist ..." Vor „Geist" steht im Griechischen kein Artikel. Hier ist nicht der Heilige Geist, sondern unser menschlicher Geist gemeint. Beten bedeutet mit Gott Gemeinschaft haben. Wenn es also heißt, dass wir im Geist beten sollen, so besagt dies, dass die Gemeinschaft mit Gott eine Angelegenheit in unserem Geist ist. Lukas 1:47 lautet: „Mein Geist hat frohlockt in Gott." Das heißt, dass hier der menschliche Geist

Gott berührt hat. Wiederum sehen wir, dass Gemeinschaft mit Gott eine Funktion im Geist ist. Fügen wir dem Römer 8:16 hinzu: „Der Geist selbst zeugt mit unserem Geist." Dieser Vers ist sehr klar, weil er zeigt, dass die Gemeinschaft mit Gott sowohl in unserem Geist als auch im Geist Gottes stattfinden muss. Und 1. Korinther 6:17 geht noch weiter: „Wer aber dem Herrn anhängt, ist ein Geist mit Ihm." Wirkliche Gemeinschaft bedeutet, dass wir ein Geist mit dem Herrn werden. Diese Gemeinschaft vollzieht sich im Geist. Die angeführten Verse beweisen zur Genüge, dass die Funktion der Gemeinschaft unserem menschlichen Geist angehört.

Wie steht es nun mit der Intuition? Man kann zwar in der Schrift keine direkte Aussage über diese Funktion finden, aber es gibt doch einige hilfreiche Verse. 1. Korinther 2:11 offenbart, dass der Geist des Menschen etwas wissen kann, was der Seele verborgen bleibt. Unser Geist hat die Fähigkeit, Dinge wahrzunehmen, welche die Seele nicht wahrzunehmen vermag. Dies beweist, dass es in unserem Geist noch eine zusätzliche Fähigkeit gibt. Unsere Seele kann gewisse Dinge mit Hilfe der Vernunft und einzelner Erfahrungen erkennen, der Geist aber erkennt sie ohne jede andere Hilfe. Die Unmittelbarkeit dieses Empfindens weist darauf hin, dass die Intuition sich in unserem Geist befindet. Dann lesen wir auch in Markus 2:8, dass Jesus „sogleich ... in Seinem Geist" etwas erkannte, in Markus 8:12 heißt es: „Und Er seufzte auf in Seinem Geist", und in Johannes 11:33 wird gesagt, dass Er „im Geist erschüttert" wurde. Wenn wir in unserem Geist etwas erkennen, seufzen oder erschüttert sind, so entspringt dies einem direkten Empfinden, einem Unterscheidungsvermögen, das nicht von der Vernunft abhängt. Dies nennen wir die Intuition, die dritte Funktion unseres Geistes.

Nun haben wir für alle sechs Teile, die drei Teile der Seele und die drei Teile des Geistes, die Grundlage in der Schrift aufgezeigt.

DIE VIER TEILE DES HERZENS – VERSTAND, WILLE, GEFÜHL, GEWISSEN

Es bleibt noch klarzustellen, woraus das Herz besteht. Das Herz ist kein gesonderter, neben Seele und Geist vorhandener

Bereich, es besteht vielmehr aus allen Teilen der Seele und dem
ersten Teil des Geistes: es schließt den Verstand, den Willen, das
Gefühl und einen Teil des Geistes, nämlich das Gewissen, ein.
Der markierte Teil in der Zeichnung zeigt die Bereiche, die das
Herz ausmachen.

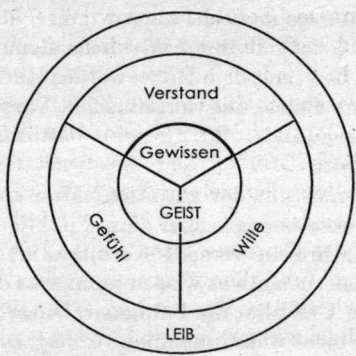

Der Mensch besteht insgesamt nur aus drei Hauptteilen. Als
Menschen besitzen wir einen Leib, eine Seele und einen Geist.
Das Herz haben wir nicht noch als einen vierten und getrennten
Bereich.

Nun müssen wir von der Schrift her bestätigen, dass der Verstand, der erste Teil der Seele, zum Herzen gehört. In Matthäus
9:4 heißt es: „Warum denkt ihr Arges in euren Herzen?" Demnach
vermag der Mensch im Herzen zu denken. Da sich die Denkvor-
gänge im Verstand abspielen, beweist dies, dass der Verstand
zum Herz gehört. 1. Mose 6:5 spricht von den „Gedanken seines
Herzens." Die Gedanken entstammen dem Verstand, 1. Mose 6:5
nennt sie jedoch die Gedanken des Herzens. Entsprechend lesen
wir in Hebräer 4:12 von den „Gedanken ... des Herzens." Diese
drei Schriftstellen beweisen mehr als hinreichend, dass der Verstand, ein Organ der Seele, ein Teil des Herzens ist.

Den Willen finden wir in Apostelgeschichte 11:23, wo vom
„Herzensentschluss" die Rede ist. Entschlüsse zu fassen ist eine
Funktion des Willens, gehört jedoch hier in der Apostelgeschichte
zum Herzen. Demzufolge ist auch der Wille ein Teil des Herzens.

Hebräer 4:12 spricht von den „Gesinnungen des Herzens." Die Gesinnungen oder Absichten entsprechen den Entschlüssen und kommen wie diese aus dem Willen. Auch dies beweist, dass der Wille ein Teil des Herzens ist. Es gibt noch mehr Verse, aber diese beiden reichen aus. Nach dem Standard der Schrift genügen zwei Zeugen. Das Gefühl finden wir in Johannes 16:22, wo Jesus sagt: „Und euer Herz wird sich freuen." Freude ist eine Gefühlsregung, hier jedoch heißt es, dass das Herz sich freut. Dies bestätigt, dass auch das Gefühl ein Teil des Herzens ist. Im selben Kapitel sagt der Herr: „... hat Traurigkeit euer Herz erfüllt" (V. 6). Auch Trauer ist ein Ausdruck des Gefühls. Diese beiden Verse stellen also sicher, dass das Gefühl ebenfalls ein Bereich im Herzen ist.

In bezug auf das Gewissen lesen wir im Hebräerbrief: „... die Herzen besprengt" (und damit gereinigt) „vom bösen Gewissen" (10:22). Das Gewissen hat, wie wir hier sehen, viel mit dem Herzen zu tun. Wollen wir ein reines Herz haben, so muss unser Gewissen frei von jeder Anklage sein. Es muss besprengt sein, so dass unser Herz rein ist. Demnach ist das Gewissen zweifellos ein Teil des Herzens. 1. Johannes 3:20 sagt uns, dass „das Herz uns verurteilt." Etwas zu verurteilen gehört zur Funktion des Gewissens. So ist also auch anhand dieses Verses bewiesen, dass das Gewissen ein Teil des Herzens ist.

Aufgrund der Schrift haben wir nun also bewiesen, dass alle Teile der Seele und der erste Teil des Geistes – Verstand, Wille, Gefühl und Gewissen, insgesamt also vier Bereiche – zusammen das Herz bilden.

KAPITEL SIEBEN

DIE FUNKTION DER INNEREN
UND DER VERBORGENEN TEILE

Nun müssen wir auch die inneren Teile und den verborgenen Teil unseres Seins betrachten. Es kommt sehr darauf an, dass wir diese beiden Begriffe im Gedächtnis behalten: die inneren Teile und der verborgene Teil. Die inneren Teile unseres Seins sind die Teile unserer Seele, und der verborgene Teil ist unser Geist. Sowohl unsere Seele, als auch unser Geist besteht aus drei Teilen, während sich das Herz aus den drei Teilen der Seele und außerdem dem ersten Teil des Geistes zusammensetzt. Wir brauchen Zeit, um alle diese Teile im einzelnen zu betrachten. Zunächst müssen wir sehen, was die Funktion des Herzens ist und wie wir mit unserem Herzen umzugehen haben. Dann müssen wir den Geist und schließlich die Seele betrachten. Lasst uns auf den Herrn schauen und Gnade von Ihm empfangen, dass wir alle diese Teile klar sehen, entsprechend beeindruckt werden, zur wirklichen Kenntnis aller Teile unseres Seins kommen, und dass wir begreifen, wie wir unseren Geist und unser Herz üben und in Funktion halten können, um den Herrn zu erfahren. In diesem Kapitel geht es darum, dass wir uns über die Funktion des Herzens, des Geistes und der Seele klar werden.

Nach der Schrift muss zuallererst das Herz behandelt werden, nicht der Geist oder die Seele. Der Grund dafür liegt in der Tatsache, dass das Herz aus allen Teilen der Seele und dem wichtigsten Teil des Geistes, dem Gewissen, besteht. Unsere Beziehung zum Herrn entscheidet sich zunächst am Gewissen. Wenn unser Gewissen nicht in Ordnung ist, können wir sicher sein, dass unsere Beziehung zu Gott und auch zu den Menschen nicht stimmt. Weil das Gewissen der Hauptteil des Herzens ist, muss zuerst das Herz behandelt werden, wenn unsere Beziehung zu Gott ungetrübt sein soll.

DAS HERZ ALS DAS ORGAN, DAS ZU LIEBEN VERMAG

2. Korinther 3:16 sagt uns: „Dann aber, wenn es (das Herz) sich zum Herrn wendet, wird die Decke weggenommen." Vor allem anderen muss das Herz sich dem Herrn zuwenden. Das ist wahre Buße. In unserem ursprünglichen gefallenen Zustand war unser Herz vom Herrn abgewandt, als wir aber Buße taten, wurde es zum Herrn gewendet. Diese Wendung des Herzens zum Herrn geschieht nicht ein für allemal. Unser Herz muss sich immer wieder zum Herrn wenden, Tag für Tag. Jeden Morgen müssen wir unser Herz neu dem Herrn zuwenden. Nachdem wir aufgestanden sind, sollten wir zum Herrn gehen und Ihm sagen: „Herr, hier bin ich. Durch Deine Barmherzigkeit und Gnade möchte ich mein Herz an diesem Tag neu zu Dir wenden."

Wenn unser Herz sich dem Herrn zugewandt hat, ist die Decke abgetan. Viele Menschen sagen: „Warum erlebe ich nur keine Führung? Warum weiß ich den Willen des Herrn nicht?" Die Frage ist: Wo befindet sich ihr Herz, und worauf ist ihr Herz ausgerichtet? Ihr Herz muss dem Herrn zugewandt und auf den Herrn eingestimmt werden. In meiner Jugend habe ich fast täglich mit den Worten von 2. Korinther 3:16 gebetet: „Herr, bewirke es, dass ich mein Herz zu Dir wende." Ich kann euch versichern, dass dies seine Wirkung hat. Versucht es nur! Wendet vor allem anderen euer Herz zum Herrn, noch bevor ihr morgens das Wort lest. Die Decke wird abgetan werden, und das Licht wird scheinen. Die Decke, die zwischen euch und dem Herrn hängt, wird dadurch weggenommen werden, dass ihr euer Herz zu Ihm wendet, und dann werdet ihr das Licht sehen.

Nachdem unser Herz sich dem Herrn zugewandt hat, muss es als nächstes Glauben üben. In Römer 10:9-10 heißt es: „… in deinem Herzen glauben wirst …" und „… mit dem Herzen wird geglaubt." Glauben ist keine Übung des Geistes, des Verstandes oder des Willens, sondern eine Übung des Herzens: „Denn mit dem Herzen wird geglaubt." Wir müssen lernen, unser Herz im Glauben zu üben, damit wir mit dem innewohnenden Geist zusammenarbeiten können. Nachdem wir dem Herrn unser Herz zugewandt haben, sollten wir sofort in unserem Herzen Glauben üben. Wir müssen unser Herz darin üben, alles zu glauben, was der Herr in Seinem Wort sagt. Alles, was tief in unserem Innern eine Empfindung auslöst, müssen wir durch Übung unseres Herzens im Glauben ergreifen. Ganz gleich, in welcher Umgebung wir uns befinden, in allen Situationen und Lebensumständen müssen wir unser Herz üben, dem Herrn zu glauben. Diese Übung wird das Herz vor Zweifeln bewahren. Wir sollten sogar darum beten, dass der Herr unser Herz vor Zweifeln bewahrt.

Drittens muss unser Herz besprengt und dadurch vom bösen Gewissen gereinigt werden (Hebr. 10:22). Die Besprengung ist nicht für das ganze Herz bestimmt, sondern für das böse Gewissen. Unaufhörlich bedarf unser Gewissen der Besprengung mit dem erlösenden Blut des Herrn Jesus. Je mehr wir unser Herz zum Herrn wenden und je mehr wir durch die Übung unseres Herzens an den Herrn glauben, desto mehr werden wir in unserem Gewissen empfinden, wie vieles bei uns nicht in Ordnung ist. Solange unser Herz sich nicht zum Herrn gewandt hat, spüren wir gar kein schlechtes Gewissen. In diesem Zustand haben wir nur ein Empfinden: dass wir in allem im Recht sind. Alle anderen sind im Unrecht, wir aber sind im Recht. Wenden wir jedoch unser Herz zum Herrn, dann können wir nur uns selbst sehen, nicht die anderen. Je mehr wir an Ihn glauben, desto mehr werden wir spüren, wie ungerecht wir in vielen, vielen Dingen sind. Wir sind ungerecht gegenüber unserer Frau, unserem Mann, unseren Kindern, unseren Eltern, unseren Klassenkameraden. Woher kommen diese Anklagen in unserem Herzen? Es sind die Anklagen unseres Gewissens. In solchen Augenblicken werden wir von selbst alles, was unser Gewissen uns innerlich vorwirft, bekennen. Je mehr wir bekennen, desto mehr wird das Blut des Herrn Jesus auf unser Gewissen angewendet. Dann wird es gereinigt, gewaschen und von jeder Anklage befreit, und wir haben ein reines Gewissen. Dass unser Herz besprengt und so vom bösen Gewissen gereinigt ist, bedeutet: Unser Gewissen ist so vollständig gereinigt worden, dass es in unserem Herzen keinerlei Anklage mehr gibt. Dann ist unser Herz voller Frieden und Freude im Herrn.

Weiterhin muss unser Herz, wie Hesekiel 36:26 zeigt, erneuert werden. In Vers 25 hat der Herr gesagt: „Und Ich werde reines Wasser auf euch sprengen, und ihr werdet rein sein; von allen euren Unreinigkeiten und von allen euren Götzen werde Ich euch reinigen"; aber das ist nicht alles. Die Reinigung von unseren Unreinigkeiten, von allen Sünden und selbst von den Götzen bedeutet nur die Beseitigung der negativen Dinge. Wir brauchen auch etwas Positives. Darum heißt es im nächsten Vers: „Und ich werde euch ein neues Herz geben." Ein neues Herz ist das erneuerte alte Herz.

Demnach gibt es also vier Schritte in der Behandlung unseres Herzens. Keiner dieser vier Schritte wird nur einmal vollzogen, wenn wir zum Glauben an den Herrn Jesus kommen und Ihn als unseren Erretter aufnehmen. Wir, die wir den Herrn suchen, brauchen jeden Tag die Erfrischung unseres Herzens durch diese vier Schritte. Wir müssen unser Herz zum Herrn wenden, unser Herz im Glauben an Ihn üben, es durch die Besprengung vom bösen Gewissen reinigen und immer wieder erneuern lassen. Die Erneuerung des Herzens geschieht keineswegs ein für allemal. Ich glaube, dass selbst der Apostel Paulus, wenn er heute noch lebte, nach wie vor die Erneuerung seines Herzens nötig hätte. Wir sollten das sofort anwenden und diese Schritte tun. Morgens sollten wir gleich beim Aufstehen beten: „Herr, wirke in mir, dass ich mein Herz zu Dir wende." Dann müssen wir unser Herz im Glauben an den Herrn üben: „Herr, ich glaube Dir und Deinem Wort. Ich glaube an Dein Wirken in meinem Innern und in meiner ganzen Umgebung." Dann werden wir spüren, in wie vielem wir dem Herrn nicht entsprechen, wie viele Fehler wir begangen haben und wie unrein wir sind. Infolgedessen werden wir das alles bekennen müssen, um besprengt und vom bösen Gewissen gereinigt zu werden. Dann wird unser Herz wieder eine Erneuerung erfahren.

Mit Hilfe dieser vier Schritte wird unser Herz richtig funktionieren. Die Funktion des Herzens besteht darin, dass es den Herrn liebt, denn das Herz ist das Organ unseres Seins, mit dem wir lieben. Den Beweis hierfür finden wir in Markus 12:30, wo es heißt: „Du sollst den Herrn, deinen Gott, lieben aus deinem ganzen Herzen." Das Herz ist dafür geschaffen, dass es den Herrn liebt. Wenn wir kein Herz hätten, könnten wir nicht lieben. Können wir ohne Augen sehen? Ohne Ohren hören? Ohne einen Verstand denken? Nein! Ebensowenig können wir ohne ein Herz lieben. Viele Christen wissen nicht, was die Funktion des Herzens ist. Sie kennen die Funktion der Augen, der Ohren und des Verstandes, nicht aber die Funktion des Herzens.

Liebe ist eine Herzenssache. Wir lieben weder mit der Nase noch mit den Händen, sondern vielmehr mit dem Herzen, welches als einziges Organ zur Liebe fähig ist. Kein Mensch kann sagen, er liebe nichts und niemanden. Jeder liebt etwas – entweder den Herrn oder etwas anderes. Je mehr wir unser Herz dem Herrn zuwenden, desto mehr werden wir es auch üben, dem Herrn zu glauben, und desto mehr wird unser Herz vom bösen Gewissen gereinigt werden und Erneuerung erfahren. Dann wird auch seine Liebesfähigkeit gegenüber dem Herrn zunehmen. Hierin besteht die Funktion eines erneuerten Herzens. Jeden Morgen müssen wir unser Herz erneuern, so dass wir den Herrn immer mehr lieben.

Jede geistliche Erfahrung beginnt mit der Liebe in unserem Herzen. Lieben wir den Herrn nicht, so haben wir keinen Zugang zu irgendeiner geistlichen Erfahrung. Schon bei der ersten Erfahrung unseres Christenlebens, bei unserer Errettung, ist das Herz beteiligt, das den Herrn Jesus liebt. Niemand tut wirklich Buße, ohne in seinem Herzen Liebe zu dem Herrn Jesus zu empfinden. Vielleicht fehlen manchem die Worte, das zum Ausdruck zu bringen, aber jeder hat im Innern eine warme Empfindung der Liebe. Vielleicht hat nicht jeder die Erkenntnis, aber die anfängliche Erfahrung der Errettung ist bei jedem Christen eine solche Reaktion – der Mensch antwortet dem Herrn in seinem Herzen mit Liebe.

Wir alle müssen es lernen, unser Herz beständig zum Herrn zu wenden und es zu üben, es von einem bösen Gewissen reinigen und wieder erneuern zu lassen, so dass wir den Herrn mehr und mehr lieben. Der Verlust der ersten, brennenden Liebe zum Herrn hat den Fall und den Niedergang der Gemeinde verursacht. Ist unser Herz in seiner Liebe zum Herrn nicht neu und frisch, dann sind wir bereits gefallen. Immer wieder müssen wir dem Herrn unser Herz zuwenden und es erneuern lassen, damit wir eine frische und brennende Liebe zum Herrn bewahren.

DER GEIST ALS DAS EMPFANGENDE ORGAN

Nachdem wir nun die Funktion des Herzens gesehen haben, müssen wir uns auch mit der Funktion des Geistes befassen. Zunächst einmal sagt uns die Bibel, dass wir ursprünglich tot waren, dass wir aber, als wir den Herrn Jesus aufnahmen, belebt und lebendig gemacht wurden. Was bedeutet es, dass wir tot waren? In meiner Jugend habe ich dies nie verstanden. Ich sagte mir: „Wie kann man sagen, dass ich tot sei, obwohl ich doch noch lebe?" Später kam ich dann natürlich zu der Erkenntnis, dass ich in meinem Geist tot war. Mein Geist war tot und außer Funktion gesetzt. Die Funktion des Geistes besteht darin, Gott zu berühren, mit Gott Gemeinschaft zu haben und Gott zu empfangen und aufzunehmen. Aufgrund des Falles ist unser Geist eingeschlafen und hat seine Funktion verloren.

Als wir den Herrn Jesus als unseren Retter aufnahmen, kam der Heilige Geist – vergessen wir nicht, dass der Begriff „der Heilige Geist" den allumfassenden Geist bezeichnet – in unseren Geist hinein und berührte ihn. Durch diese Berührung mit dem Heiligen Geist wurde unser Geist belebt. Das Wort „belebt" kann nicht angemessen in unsere Sprache übersetzt werden. Der griechische Ausdruck bedeutet ungefähr: „schon durch bloße Berührung wird Leben vermittelt und ausgeteilt."

Vielleicht kann man hierfür den Vergleich mit der Elektrizität heranziehen: Sobald wir die Elektrizität berühren, wird etwas davon auf uns übertragen. Bereits durch eine einfache, kurze Berührung wird elektrischer Strom übertragen. In entsprechender Weise kam der Heilige Geist in unseren Geist hinein und berührte ihn. Durch diese Berührung wurde das Leben, das der Herr selbst ist, in uns hineingegeben, und im selben Augenblick wurde unser toter, schlafender Geist lebendig. Dies ist mehr als ein Wunder. Oft mögen wir gedacht haben, wie herrlich und gewaltig es doch wäre, wenn ein Toter auferweckt würde. Aber es sollte uns zum Bewusstsein kommen, dass es ein noch viel größeres

Wunder ist, wenn der Heilige Geist unseren toten Geist lebendig macht. Die Geschichte berichtet von Tausenden, sogar von Millionen, die innerhalb kurzer Zeit zu anderen Menschen wurden, weil ihr toter Geist lebendig geworden war. In einer einzigen Sekunde kann ein Mensch, der in seinem Geist tot ist, lebendig gemacht werden. Der Heilige Geist ist viel, viel stärker als die Elektrizität und wird noch weitaus schneller übertragen als diese.

Kolosser 2:13 und Epheser 2:1 und 5 sprechen davon, dass der Geist tot war und lebendig gemacht wurde. Wir waren tot in Sünden und wurden dann mit Christus lebendig gemacht. Diese beiden Schriftstellen beweisen uns, dass wir ursprünglich in unserem Geist tot waren, dass unser Geist aber, als wir den Herrn Jesus als unseren Retter empfingen, belebt und lebendig gemacht wurde. Gleichzeitig damit wurde unser Geist auch wiedergeboren. Das bedeutet, dass er nicht nur lebendig gemacht, sondern dass ihm darüber hinaus auch noch ein anderes Leben hinzugefügt wurde. Dieses andere Leben ist das allerhöchste Leben, das unerschaffene Leben Gottes. Es ist Christus selbst. Als der Heilige Geist aufgrund des Erlösungswerkes Christi in uns hineinkam, belebte Er unseren toten Geist nicht nur, sondern brachte auch Christus in ihn hinein. Dieses neue Leben, das unserem Geist hinzugefügt wurde, übertrifft bei weitem jenes, das Gott uns bei der Schöpfung gegeben hat.

Demnach ist unser toter Geist also nicht nur wiederhergestellt und lebendig gemacht worden, sondern es wurde ihm auch noch eine neue Substanz hinzugefügt. Diese zusätzliche neue Substanz, dieses neue Wesen, ist Christus selbst. Dadurch, dass dieses Neue hinzukam, wurden wir wiedergeboren, von neuem gezeugt. In Johannes 3:6 wird uns gesagt: „Was aus dem Geist geboren ist, ist Geist." Durch die neue Geburt, die neue Zeugung, wurde uns etwas anderes hinzugefügt, was wir ursprünglich nicht hatten. Das müssen wir immer wieder betonen: etwas ist hinzugefügt worden. Das Alte und Tote ist erneuert und lebendig gemacht worden, aber darüber hinaus wurde uns Christus selbst als das Wesenselement des göttlichen Lebens im Innern hinzugefügt. Das bedeutet eine neue Zeugung und neues Leben. Aufgrund all dessen besitzen wir nun einen neuen Geist (Hes. 36:26).

Ich möchte dich fragen: Hast du Christus selbst als dein neues Leben empfangen? Wenn du mit ja antwortest, möchte ich weiter fragen: Warum bist du dann innerlich noch immer so arm? Die Christen müssen diesen Christus als eine lebendige Wirklichkeit kennen. Die Atomkraft ist nicht nur eine äußere Erscheinung, sondern auch etwas Inneres. Selbst in einem einfachen Blatt Papier steckt Atomkraft. Als du Christus aufnahmst, wurde deinem Geist jedoch etwas noch weitaus Stärkeres als die Atomkraft hinzugefügt. Wenn du dies glaubst, musst du aufspringen und „Halleluja!" rufen. Du musst dem Herrn danken und Ihn dafür loben, dass deinem Inneren tatsächlich ein so wunderbarer, allumfassender, unerschöpflicher, unermesslicher Christus hinzugefügt worden ist. Wir haben gar keine angemessenen Worte, um diesen Christus, der in uns hineingekommen ist, zu beschreiben. Es bedarf der ganzen Ewigkeit, um das in Worte zu fassen.

Aber der Herr sei gepriesen, das ist noch nicht alles. Darüber hinaus wohnt in unserem Geist auch der allumfassende Heilige Geist. Als wir gerettet wurden, hat Gott nicht nur unser Herz und unseren Geist erneuert, sondern auch Seinen eigenen Geist in uns hineingegeben (Hes. 36:26, 27; Joh. 14:17). Dieser wunderbare Geist wohnt (Röm. 8:11) in unserem menschlichen Geist (Röm. 8:16). Unser Geist ist der eigentliche Wohnsitz des Heiligen Geistes. Denkt einmal darüber nach, wie wunderbar dieser Geist ist. Seit unserer Errettung ist unser Geist ein lebendiger, aus Christus als dem göttlichen Leben wiedergezeugter und vom allumfassenden Heiligen Geist bewohnter Geist. Einen solchen Geist besitzen wir jetzt!

Aber selbst das ist noch nicht alles. Hinzu kommt, dass unser Geist jetzt am Herrn hängt und ein Geist mit Ihm ist. Unser Geist und der Herr selbst als der Geist sind zu einem einzigen Geist geworden (1.Kor. 6:17). Kein menschliches Wort vermag dieses Geheimnis zu erschöpfen.

Welchen Zweck, welche Funktion hat der Geist? Unser Geist soll den Herrn berühren, empfangen, Gott anbeten (Joh. 4:24) und mit den Personen des Dreieinen Gottes Gemeinschaft haben. Das Herz ist das Organ, das Gott liebt, der Geist hingegen das Organ, das Ihn berührt und empfängt. Mit unserem Geist vermögen wir

nicht zu lieben. Wir müssen mit unserem Herzen lieben. Den
Einen aber, den unser Herz liebt, müssen wir durch unseren Geist
berühren und empfangen.

Nie werde ich das Gespräch mit einer Schwester vergessen,
die Schwierigkeiten mit einer Botschaft hierüber hatte. Ihrer
Ansicht nach genügte es völlig, wenn unser Herz den Herrn
liebte. Was brauchte man dann noch über den Geist zu sprechen?
Sie betrachtete den Geist und das Herz als dasselbe. Anscheinend
hatte diese Schwester nachts nicht gut schlafen können, nachdem
sie diese Botschaft gehört hatte, denn sie fragte am nächsten
Morgen beim Frühstück: „Genügt es nicht, dass unser Herz den
Herrn liebt? Warum müssen wir denn noch über den Geist
reden?" Ich antwortete: „Schwester, hier habe ich eine schöne
Bibel. Magst du sie? Gefällt sie dir?" Sie antwortete: „Aber sicher
gefällt sie mir!" Darauf antwortete ich: „Dann nimm sie!" Als die
Schwester aber die Hand danach ausstreckte, sagte ich: „Nein,
deine Hand sollst du nicht gebrauchen! Es ist doch dein Herz, das
die Bibel liebt. Wenn nur dein Herz die Bibel liebt, ist alles in
Ordnung. Du brauchst doch nicht noch außerdem deine Hand
auszustrecken, um sie zu nehmen!" Ihr seht, worauf ich hinaus-
wollte. Wir können nicht sagen, es reiche schon aus, wenn unser
Herz den Herrn liebt. Wir brauchen den Geist, um Christus zu
ergreifen.

Angenommen, ich liebe ein gutes Frühstück. Genügt es, dass
mein Herz Schinken, Toast, Milch, Saft usw. liebt? Nein, das
genügt keineswegs! Wäre das genug, so müsste man mich, fürchte
ich, nach wenigen Tagen begraben. Wir lieben mit unserem Herzen, doch um das, was wir lieben, aufzunehmen, müssen wir ein
anderes Organ gebrauchen. Je nach dem, was wir aufnehmen wollen, bedürfen wir der Funktion verschiedener Organe. Geht es um
Nahrung, dann müssen wir natürlich unseren Mund benutzen;
geht es um gesprochene Worte, dann die Ohren, geht es um eine
schöne Landschaft, so brauchen wir unsere Augen. Nun – wir
lieben den Herrn. Welches Organ müssen wir gebrauchen, um Ihn
aufzunehmen? Die Augen? Je mehr wir mit unseren Augen nach
dem Herrn Ausschau halten, desto mehr wird Er verschwinden.
Gott hat absichtlich nur ein einziges Organ geschaffen, mit dem

wir Ihn empfangen und berühren können. Das ist unser Geist. Der Geist in uns hat im geistlichen Bereich dieselbe Funktion wie unser Magen im physischen Bereich. Unser Geist wurde genau dafür geschaffen, dass wir durch ihn Gott in uns aufnehmen können.

Dass wir jedoch etwas in uns hinein aufnehmen, setzt voraus, dass wir es lieben. Niemand nimmt irgendetwas auf, was er nicht liebt. Wenn du nichts für ein gutes Frühstück übrig hast, fällt es dir schwer, es einzunehmen. Erst einmal musst du Appetit darauf haben. Wenn wir den Herrn lieben, werden wir Ihn aufnehmen, berühren, mit Ihm sprechen und Gemeinschaft mit Ihm haben. Das Herz besitzen wir, um den Herrn lieben zu können, den Geist jedoch, um Ihn aufnehmen zu können. Durch die Erneuerung des Herzens bekommen wir ein neues Streben und ein neues Verlangen, den Herrn zu lieben, und durch die Erneuerung des Geistes eine neue Fähigkeit und ein neues Vermögen, den Herrn aufzunehmen. Nachdem also unser Geist lebendig gemacht worden ist, nachdem Christus ihm als Leben hinzugefügt worden ist, nachdem der Heilige Geist in ihm Wohnung gemacht hat und er mit dem Herrn zu einem einzigen Geist vereint worden ist, ist aus ihm ein Organ geworden, das sehr danach hungert, den Herrn zu empfangen und zu berühren.

DIE SEELE ALS DAS WIDERSPIEGELNDE ORGAN

Als nächstes müssen wir nun von der Seele sprechen. Im Umgang mit der Seele haben wir vor allem anderen zu lernen, wie wir sie verleugnen. Zwei Schriftabschnitte, Matthäus 16:24-26 und Lukas 9:23-25, sagen uns unmißverständlich, dass wir unsere Seele, das heißt das Ich, das Selbst, verleugnen müssen. Wie wir im vorigen Kapitel sahen, besteht die Seele, unser Selbst, aus drei Teilen, nämlich dem Verstand, dem Willen und dem Gefühl. Demnach müssen wir lernen, unseren natürlichen Verstand, unseren natürlichen Willen und unser natürliches Gefühl zu verleugnen.

Zweitens muss die Seele gereinigt werden (1. Petr. 1:22), was hauptsächlich durch die Aufnahme des Wortes geschieht. Das Wort Gottes vermag die Seele von den zahllosen fleischlichen, weltlichen und natürlichen Dingen zu reinigen. Unsere Seele ist unser Ich, unser eigentliches Sein, das in großem Ausmaß durch fleischliche, weltliche und natürliche Dinge beschädigt und in Beschlag genommen ist. Darum müssen wir zunächst unsere Seele verleugnen, und dann wird sie, je mehr wir sie verleugnen, durch das Wort Gottes gereinigt werden.

Drittens muss unsere Seele umgewandelt werden (2. Kor. 3:18 und Röm. 12:2). In 2. Korinther 3:18 heißt es, dass wir umgewandelt werden müssen, aber es wird uns dort nicht gesagt, in welchem Teil sich diese Umwandlung vollzieht. Dagegen erfahren wir in Römer 12:2, dass wir durch die Erneuerung unseres Verstandes, unseres Denksinnes, umgewandelt werden. Die Umwandlung geschieht folglich in unserer Seele, denn der Verstand ist der führende Teil der Seele. Nachdem unser Geist wiedergeboren ist, muss unsere Seele umgewandelt werden.

Die Seele muss verleugnet, gereinigt und dann in das Bild Christi umgewandelt werden – aber zu welchem Zweck? Wir haben bereits dargelegt, dass das Herz dazu geschaffen ist, den Herrn zu lieben, und der Geist dafür, den Herrn zu empfangen und zu berühren. Wofür aber ist die Seele da? Was ist ihr Zweck? Die Seele soll den Herrn widerspiegeln, sie soll Ihn wie ein Spiegel reflektieren. In den meisten Übersetzungen von 2. Korinther 3:18 wird das Wort „widerspiegeln" nicht verwendet, aber der griechische Ausdruck enthält diese Bedeutung. Die Funktion eines Spiegels besteht darin, etwas zu „reflektieren", ein Bild wiederzugeben. Wenn der Spiegel nicht verdeckt ist, nimmt er das Bild auf und reflektiert es. Die Seele wird durch die Reinigung und Umwandlung zu dem Organ, das geeignet ist, Christus widerzuspiegeln und zum Ausdruck zu bringen. Wir lieben den Herrn also mit unserem „Herzen", empfangen und berühren Ihn mit unserem „Geist" und reflektieren Ihn mit unserer umgewandelten „Seele", so dass Er zum Ausdruck kommt. All dies sollten wir in unserem Alltag praktisch anwenden. Dann wird es sich in unserem Leben bestätigen, dass alles, was hier erklärt wurde, ganz und gar eine Sache der praktischen Erfahrung ist und uns tatsächlich voranbringt.

KAPITEL ACHT

DER UMGANG MIT DEM HERZEN
UND MIT DEM GEIST

Wir haben nun gesehen, was das Herz, der Geist und die Seele sind und welche Funktion sie besitzen. Immer ist es unser Herz, das die Beziehung zum Herrn aufnimmt und aufrechterhält. Natürlich stimmt es, dass der Geist dazu geschaffen ist, den Herrn zu berühren, aber dies muss durch das Herz ausgelöst und aufrechterhalten werden, denn unser Herz ist das Eingangstor unseres ganzen Seins. Ein großes Gebäude mit vielen Räumen besitzt immer einen Eingang und einen Ausgang; man kommt durch den Eingang herein und verlässt das Haus durch den Ausgang. Wenn der Eingang verschlossen ist, kann niemand die Räume in dem Gebäude betreten, sobald er jedoch geöffnet wurde, können die Menschen eintreten und sich an jedem Raum erfreuen.

Das Herz ist kein einzelner und gesonderter Bereich unseres Seins, es setzt sich vielmehr aus allen Teilen der Seele und einem Teil des Geistes zusammen. Als solch ein zusammengesetzter Bereich wird das Herz zum Tor unseres ganzen Seins, sowohl zum Eingang als auch zum Ausgang. Was immer in uns hineinkommt, muss durch das Herz hineinkommen, und was immer aus uns herauskommt, muss durch das Herz hindurchgehen.

Wenn unser Herz zum Beispiel während einer Botschaft unaufmerksam ist, werden wir deren wesentlichen Gehalt nicht aufnehmen. Ebenso werden wir beim Lesen nichts empfangen, wenn unser Herz nicht auf den Inhalt ausgerichtet ist. Auch beim Essen werden wir den Geschmack der Speise nicht wahrnehmen, wenn wir nicht von Herzen dabei sind. Hieran erkennen wir unser Herz als das prüfende, kontrollierende Organ. Damit das ganze Gebäude unter Kontrolle ist, müssen wir fähig sein, die

Tür je nach Bedarf zu schließen oder zu öffnen. In der Macht des Herzens steht es, unser ganzes Sein zu öffnen oder zu schließen.

Aus diesem Grunde muss das Predigen des Evangeliums durch den Heiligen Geist geleitet sein, damit es das menschliche Herz trifft. Die größte Wirkung besitzt das Predigen des Evangeliums dann, wenn es das Herz der Menschen anrührt. Vermag jemand das Herz zu durchdringen, so können viele Menschen gewonnen werden. Weil das Herz das Eingangstor ist, verhärten und verschließen Ungläubige ihr Herz gegenüber der Predigt des Evangeliums. Wenn sie ihr Herz verschließen, so vermögen wir sie nicht zu berühren, auch wenn wir noch soviel predigen. Wir vermögen ihnen nichts darzureichen, weil das „Eingangstor" verschlossen ist. So müssen wir, wenn unsere Predigt eine Wirkung haben soll, einen Weg finden, um durch dieses Tor den Durchbruch zu schaffen. Der beste Prediger ist ein solcher, der den Schlüssel findet, um das Herz zu öffnen.

Auch der Herr selbst setzt bei unserem Herzen an, wenn Er uns zu sich zieht. Er beginnt nicht damit, unseren Geist aufzurühren. Am Anfang des Hohenliedes von Salomo bittet die Suchende den Herrn, sie durch Seine Liebe zu ziehen, so dass auch ihre Liebe zu Ihm wächst. Der Herr kommt zu uns und berührt unser Herz mit Seiner Liebe. Darum fragte Jesus den Petrus nach der Auferstehung: *„Liebst du Mich?"* (Joh. 21). Die Liebe des Herrn ist das beste Mittel, um das Tor des Herzens aufzuschließen. Deshalb öffnet gerade die Predigt von der Liebe Gottes am wirksamsten das Herz der Menschen. Sobald dann das Herz offen ist, kann der Heilige Geist ohne Mühe den Geist und alle anderen Teile des menschlichen Seins berühren. Das gilt nicht nur für das Predigen des Evangeliums, sondern sogar für den Dienst der christlichen Lehre.

DER UMGANG MIT DEM HERZEN

Es kommt folglich darauf an, dass wir mit unserem Herzen entsprechend umgehen, um in einer richtigen Beziehung zum Herrn zu stehen. Wie können wir unser Herz in die richtige Stellung bringen? Auch das ist wieder recht einfach. Die Schrift sagt uns: „Glückselig sind, die reines Herzens sind" (Mt. 5:8). Das

Wort „rein" bedeutet hier nicht „sauber." Es geht hier nicht darum, dass das Herz gereinigt ist, sondern dass es rein, ungeteilt ist. Wir können sauber und dabei doch nicht ungeteilt, nicht auf eines ausgerichtet, nicht rein sein. Wenn das Herz geteilt ist, wenn es darin Vermischung gibt, ist das Herz nicht schmutzig, aber es hat noch andere Ziele außer dem einen.

Dies stellt bei vielen Geschwistern das eigentliche Problem dar. Sie meinen, in ihrem Herzen sei alles in Ordnung, weil sie sich gewaschen und ohne Verdammnis wissen. Dabei aber sind sie nicht ungeteilt, denn sie haben mehr als ein Ziel, sie sind nicht nur auf eines ausgerichtet. Gewiss suchen sie Gott, aber gleichzeitig suchen sie auch verschiedene andere Dinge. Vielleicht ist neben Gott auch ein Doktortitel ihr Ziel. Wer zwei Ziele ansteuert, ist „vermischt" und kompliziert. Wir können zum Beispiel auch nicht zwei Dinge gleichzeitig mit unseren Augen anschauen. Wenn wir mit unseren Augen zwei Dinge gleichzeitig betrachten wollen, wird beides verschwommen sein.

Woher kommt es, dass manche sagen, der Wille des Herrn sei ihnen nicht klar? Es kommt daher, dass sie zwei Ziele haben. Viele Geschwister haben sogar mehr als zwei Ziele. Sie sind auf viele verschiedene Dinge aus. Ohne Zweifel suchen sie den Herrn, aber gleichzeitig suchen sie auch andere Dinge wie ihre Stellung und eine gute Karriere. Wie kann es dann ausbleiben, dass sie verwirrt sind und sich nicht zurechtfinden? Ihr Herz muss von so manchem Ehrgeiz gereinigt werden, damit der Herr selbst zu ihrem einzigen Ziel wird.

Sogar unter den christlichen Arbeitern gibt es viele, die zu viele Ziele haben. Ein Bruder bezeugte, er habe ein großes Ziel gehabt: er wollte der größte Prediger in seiner Denomination sein. Sein Herz war zwar sauber, aber er war nicht rein. Sein Herz muss gereinigt werden, bis er nur noch ein einziges Ziel hat – den Herrn selbst. Manche christlichen Arbeiter haben zwei Ziele, den Herrn selbst und ihr Werk. Sie müssen ihr Herz reinigen, bis sie nichts anderes mehr suchen, kein anderes Ziel mehr haben als den Herrn selbst. Ihr Verlangen, ihr Ziel und ihr Interesse sollte einzig der Herr selbst sein. Wenn sie gar nichts anderes mehr suchen als nur Ihn, dann ist ihr Herz rein; und

dann ist für sie der „Himmel" nicht nur offen, sondern auch sehr
klar. Manchmal ist der Himmel offen, aber doch noch bewölkt.
Warum ist er bewölkt? Weil das Herz nicht ungeteilt, nicht rein
ist. Sobald das Herz von den vielen Zielen gereinigt ist, haben wir
einen klaren Himmel.

Ein anderer Ausdruck, mit dem die Bibel das Herz zu
beschreiben pflegt, ist „Einfalt" – „Einfalt des Herzens." Manche
Übersetzungen geben dieses Wort auch als Einfachheit wieder – „Einfachheit des Herzens." Einfalt des Herzens bedeutet
Einfachheit. In gewissem Sinn bedeutet einfach sein, töricht sein.
Tatsächlich sind die Menschen, die den Herrn wirklich lieben und
ganz auf Ihn ausgerichtet sind, wie Toren. Wir alle müssen
christliche Toren sein! Das bedeutet: „Ich kenne nichts anderes
als Jesus. Was auch immer ich tue, ich kenne nur Jesus. Wo
immer ich hingehe, ich kenne nur Jesus." Wir sollten nicht versuchen, klug zu sein, „clever" zu sein. Es gibt für uns nur einen
einzigen Weg – den schmalen Weg Jesu. Die Leute werden sagen:
„Du bist doch dumm!", aber wir sollten gerne so dumm sein. Dies
ist Einfalt, dies ist Einfachheit.

Drei Schriftstellen, die auf die Reinheit des Herzens hinweisen, sind Psalm 73:1, Matthäus 5:8 und 2. Timotheus 2:22. Der
letzte dieser drei Verse besagt, dass wir dem Herrn in einer Zeit
des Niedergangs der Gemeinde mit einem reinen Herzen nachja-
gen und dass wir gemeinsam mit anderen, die ein reines Herz
haben, beten müssen. Mindestens drei Verse sprechen von der
Einfalt des Herzens: Apostelgeschichte 2:46 Epheser 6:5 und
Kolosser 3:22. Wenn wir den Herrn suchen und Ihm dienen wollen, müssen wir uns um diese beiden Dinge kümmern, nämlich,
dass wir im Herzen rein und im Herzen einfältig sind. Wir müssen es lernen, nicht nur ein gereinigtes und aufrichtiges Herz,
sondern ein makelloses und einfältiges Herz zu haben. Wenn wir
auf diese Weise an unserem Herzen arbeiten, wird sich unser
ganzes Sein dem Herrn öffnen, da dann das Eingangstor offen
steht. Das ist nicht irgendeine Lehre, sondern eine Anweisung
darüber, wie wir mit unserem Herzen umgehen und an ihm arbeiten müssen, damit der Herr die Möglichkeit erhält, unser ganzes
Sein in Besitz zu nehmen.

DER UMGANG MIT DEM GEWISSEN

Wir wiederholen nochmals: Zuerst muss der Herr uns durch Seine Liebe zu sich ziehen. Er berührt unser Herz mit Seiner Liebe, um es zu öffnen. Dann muss, sobald etwas an unserem Herzen geschehen ist, unser Gewissen in Arbeit genommen werden. Wir müssen uns in der Gegenwart des Herrn behandeln, und zwar erst unser Herz und dann unser Gewissen. Sind wir rein und einfältig in unserem Herzen, dann wird die Funktion unseres Gewissens augenblicklich sehr scharf und wachsam sein. Beim Lesen dieses Buches haben wir vielleicht nicht das Empfinden, dass etwas mit uns verkehrt ist und wir Fehler gemacht haben; behandeln wir aber dann unser Herz, und machen wir es rein und einfältig, dann wird das Gewissen voll in Funktion treten. Es wird beginnen, uns zu verklagen, es wird uns dazu bringen, dass wir bekennen und die verkehrten Dinge richten. Das wird unser Gewissen „ohne Anstoß" sein lassen. Paulus sagte, er übe sich darin, „allezeit ein Gewissen ohne Anstoß zu haben vor Gott und den Menschen" (Apg. 24:16). Ein Gewissen ohne Anstoß ist ein solches, das frei ist von jeder Art der Anklage oder Verurteilung.

Um den Unterschied zwischen der Seele und dem Geist zu erkennen, brauchen wir ein scharfes Gewissen. Dazu gelangen wir aber nur schwer, wenn wir in unserem Verstand Einwände erheben. Du sagst vielleicht: „Gut, zu zehn Prozent bin ich an dieser Sache schuld, aber jener Bruder hat mir hundertprozentig Unrecht getan. Also hat er neunzig Prozent mehr Schuld als ich." Das ist nichts anderes als verstandesmäßige Berechnung in der Seele. Während wir auf diese Weise in unserem Verstand herumklügeln, sagt etwas noch Tieferes in uns: „Es geht jetzt nicht darum, wieviel er dir schuldet, sondern darum, dass du deine zehn Prozent in Ordnung bringst."

Das geistliche Konto sieht anders aus als ein Bankkonto. Auf dem Bankkonto gibt es Haben, Soll und eine Bilanz, aber das Konto im Geist besitzt nur eine einzige Spalte, nämlich das Soll. Die Frage ist nicht, wie unsere „Haben-Spalte" aussieht – solange wir ein Soll haben, müssen wir die Schuld bereinigen. Nehmen wir an, ich hätte dir eine Uhr gestohlen und du hättest mir ein Auto gestohlen. Es ist uns beiden sehr klar, was wir uns gegenseitig gestohlen haben. Eines Tages jedoch tritt mein Gewissen in Funktion: „Du musst das mit dem Diebstahl in Ordnung bringen." Ginge es nur um einen Kontoausgleich, so würde ich rechnen: „Diese Uhr kostet zweihundert Mark, und das Auto kostet zwanzigtausend Mark, also schuldet dieser Mann mir neunzehntausendachthundert Mark. Ich brauche vor meinem Gewissen nichts in Ordnung zu bringen, sondern sollte statt dessen den Unterschiedsbetrag kassieren." Bei dem geistlichen Konto können wir so nicht verfahren. Das geistliche Konto verlangt, dass ich vergesse, wieviel der andere mir schuldet, und dass ich das mit den zweihundert Mark in Ordnung bringe. Ich muss mich sogar bei jenem Mann entschuldigen: „Herr X, es tut mir leid. Es ist eine Sünde, wenn ich stehle. Hier ist die gestohlene Uhr, ich gebe sie ihnen zurück." Ich darf kein einziges Wort über das Auto sagen! Ich habe kein Recht, es überhaupt zu erwähnen. Nur der Heilige Geist hat das Recht, jenem Mann etwas darüber zu sagen. Beim himmlischen Konto gibt es nur eine einzige Spalte, nicht zwei.

Seht ihr den entscheidenden Punkt? Wenn ihr Argumente herbeibringt und rechnet, dann seid ihr einfach im Verstand, nicht im Geist.

Um das noch mehr zu verdeutlichen: Nimm einmal an, dass der Heilige Geist in deinem Geist arbeitet und dich auffordert, dem Ruf des Herrn zu folgen. Dagegen überfluten eine Menge Vernunftgründe deinen Verstand: Was ist mit meiner Frau? Mit meinen Kindern? Was wird mit ihrer Erziehung? Ich habe noch eine achtzigjährige Mutter. Es ist besser, noch etwas zu warten. Nach ihrem Tod wird die gegebene Zeit sein, dass ich dem Ruf des Herrn Folge leiste. Dies sind nichts anderes als Vernunftschlüsse, Klügeleien im Denksinn der Seele. Du überlegst dir alles sehr logisch, außerordentlich logisch, sehr richtig, aber trotzdem bleibt der Ruf des Herrn tief in deinem Geist bestehen.

Es fällt nicht schwer, den Unterschied zwischen der Seele und dem Geist zu verstehen, aber das Problem besteht darin, dass unser ganzes Sein trotzdem verschlossen sein kann, weil wir unser Herz nicht geöffnet haben. Dies kann nicht oft genug wiederholt werden: Wir müssen unser Herz öffnen. Behandeln wir unser Herz, so dass es rein und einfach ist, dann wird unser Gewissen sehr scharf reagieren, uns anklagen und uns viele Übertretungen zum Bewußtsein bringen. Danach kann das Gewissen dann einzig durch das Bekennen und durch das Anwenden der Besprengung, durch die Reinigung im Blut des Herrn (Hebr. 9:14), wieder in den richtigen Zustand gebracht werden.

Nachdem unser Gewissen gereinigt ist, werden wir dem lebendigen Gott dienen. Gott ist ein lebendiger Gott, aber wenn unser Gewissen voller Anklagen ist, erfahren wir Ihn in keiner Weise als den lebendigen Gott. Wenn es so mit uns steht, haben wir nur dem Namen nach einen Gott. Ist unser Gewissen jedoch durch das Blut gereinigt, so spüren wir, dass Gott sehr lebendig ist. Manchmal erscheint Gott uns nicht so wirklich und lebendig, wir haben nur noch den Namen „Gott", sonst nichts. Dann ist unser Gewissen stumpf und in vieler Hinsicht verletzt; wir müssen es durch Bekennen und Reinigung wieder herstellen. Dann werden wir ein reines Gewissen haben. Der Apostel Paulus schrieb an Timotheus, dass er Gott mit einem reinen Gewissen diene – nicht nur mit einem sauberen, gewaschenen Gewissen, sondern mit einem Gewissen ohne Vermischung, ohne Schatten (2.Tim. 1:3). Eine Anklage in unserem Gewissen macht dieses unrein und trübt es, so dass unsere Gemeinschaft mit dem Herrn gestört ist.

Ein reines Gewissen ist auch ein gutes Gewissen (1.Tim. 1:5, 19 und 1.Petr. 3:16, 21). Ein gutes Gewissen bedeutet ein gewaschenes und von aller Vermischung gereinigtes Gewissen. Es befindet sich in dem richtigen Zustand, ist durchsichtig, ohne irgendeinen Schatten. Solch ein gutes Gewissen wird uns in die Gegenwart des Herrn bringen. Es gibt nichts Trennendes mehr zwischen uns und Ihm, weil das Gewissen gewaschen und gereinigt ist.

DIE BEWAHRUNG DER GEMEINSCHAFT

Nachdem wir das Gewissen behandelt haben, wirkt sich dies, wie wir in 1. Johannes 1:17 sehen, auf die Fähigkeit der Gemeinschaft in unserem Geist aus. Die Gemeinschaft zwischen Gott

und uns wird durch ein gutes Gewissen aufrechterhalten. Ist das
Gewissen verletzt, so tritt es zwischen uns und den Herrn als
eine Schranke, die unsere Gemeinschaft mit Ihm schwer beein-
trächtigt. Darum müssen wir nach 1. Johannes 1:9 unsere
Fehler, unsere Übertretungen und Sünden bekennen, so dass
das Blut des Herrn Jesus unser Gewissen reinigt. Dann wird
es in unserem Gewissen keine Verdammnis mehr geben, die
unsere Gemeinschaft mit dem Herrn hindert. Eigentlich hängt
unsere Gemeinschaft unmittelbar davon ab, wie wir mit unserem
Gewissen umgehen. Sie wird durch ein reines Gewissen aufrechterhalten. Daher ist die Behandlung unseres Gewissens und die
Bewahrung der Gemeinschaft im Grunde ein und dasselbe: Wenn
wir unser Gewissen behandeln, bewahren wir die Gemeinschaft.
Ist unser Gewissen in Ordnung, so haben wir ungetrübte
Gemeinschaft. Sobald es einen Bruch in der Gemeinschaft mit
dem Herrn gibt, deutet das darauf hin, dass mit unserem Gewissen etwas nicht stimmt. Ist unser Gewissen nicht rein und nicht
durchsichtig, so hört die Gemeinschaft unweigerlich auf und
kann nur dadurch wiederhergestellt werden, dass wir unser
Gewissen in den richtigen Zustand bringen.

DIE BEWAHRUNG DER INTUITION

Jetzt kommen wir zur Intuition. Wie die Gemeinschaft vom
unverletzten Gewissen abhängt, so hängt die Intuition von der
Gemeinschaft ab. Sind wir im Gewissen belastet, so ist die
Gemeinschaft unterbrochen, und ist die Gemeinschaft unterbrochen, so funktioniert auch die Intuition nicht mehr. Daher ist die
Behandlung des Gewissens grundlegend. Ein durchsichtiges
Gewissen wird uns in die Gegenwart des Herrn bringen, so dass
wir lebendige Gemeinschaft mit Ihm haben. Und durch diese lebendige Gemeinschaft nimmt unser Geist den Willen Gottes sehr
leicht direkt wahr. Dies ist die Funktion der Intuition. Dass der
Bereich der Intuition funktioniert, hängt ganz und gar von einer
ungetrübten Gemeinschaft ab. Ist unsere Gemeinschaft ungetrübt, so funktioniert die Intuition in rechter Weise. Sobald
jedoch unsere Gemeinschaft mit dem Herrn gestört ist, bricht

auch die Intuition ganz von selbst ab und kann nur durch die Wiederherstellung der Gemeinschaft zurückgewonnen werden.

1. Johannes 2:27 ist ein sehr wichtiges Wort, das die meisten unter uns zu wenig beachten. Es heißt dort, dass die Salbung in uns bleibt. Die Salbung ist das Wirken des Heiligen Geistes in unserem Geist. Sie gibt uns eine direkte Empfindung von Gott, und diese direkte Empfindung ist die Intuition. Das erste Kapitel des 1. Johannesbriefes zeigt uns, dass die Gemeinschaft durch das Blut aufrechterhalten wird, und das zweite Kapitel zeigt uns dann, dass die Intuition von der inneren Salbung des Heiligen Geistes abhängt. Wenn der Heilige Geist uns salbt, indem Er sich in unserem Geist bewegt, empfangen wir von der Intuition her ein direktes Empfinden.

Durch die Intuition in unserem Geist erhalten wir kein verstandesmäßiges Verstehen, sondern eine innere Erkenntnis. Dieses innere Wissen befindet sich in unserem Geist, das Verstehen hingegen in unserem Verstand. Das innere Wissen unseres Geistes geht stets dem Verstehen unseres Verstandes voraus. Mit anderen Worten: Wenn der Heilige Geist unseren Geist salbt, nehmen wir in unserer Intuition unmittelbar etwas wahr. Durch die Intuition in unserem Geist besitzen wir ein inneres Wissen, das etwas von Gott wahrnimmt. Allerdings brauchen wir zusätzlich auch den Verstand, den Denksinn, durch den wir das verstehen, was wir im Geist empfinden. Manchmal wissen wir etwas nur im Geist, können es aber nicht mit dem Verstand erfassen. Dies klingt wie eine Sprache vom Himmel, und die Welt weiß nicht, wovon wir hier reden. Die Funktion unseres Verstandes, der die Dinge begreift, dient nur dazu, auszulegen, was unser Geist als inneres Wissen empfindet. Unser erleuchteter und erneuerter Verstand legt das aus, was wir in der Intuition unseres Geistes wahrnehmen.

Lasst uns das folgendermaßen verdeutlichen: Manchmal, während wir morgens das Wort lesen und beten, empfinden wir unwillkürlich tief in unserem Geist eine Last, eine so schwere und tiefe Last, dass wir keine Erklärung dafür finden. Wir müssen zum Herrn aufschauen, dass Er uns erklärt, was es mit dieser Last auf sich hat. Nach und nach beginnen wir dann im Lauf des

Tages die Last in unserem Geist verstandesmäßig zu begreifen. Am Morgen haben wir durch die Intuition in unserem Geist die Last oder das innere Wissen empfunden, im Lauf des Tages empfangen wir dann nach und nach die Erklärung in unserem Verstand.

Fassen wir zusammen: 1. Johannes 1 offenbart, dass die Gemeinschaft aufrechterhalten werden muss, und 1. Johannes 2 (besonders Vers 27) zeigt, dass die Intuition durch den Heiligen Geist erweckt oder gesalbt werden muss. Sowohl die Gemeinschaft als auch die Intuition hängen jedoch ganz von der Behandlung unseres Gewissens ab. Durch diese Behandlung können wir ein durchsichtiges und reines Gewissen erlangen, was eine ungetrübte Gemeinschaft mit dem Herrn ermöglicht. Dann wird die Folge eine wache Intuition sein, denn dann hat der Heilige Geist die Möglichkeit, sich in unserem Geist zu bewegen und ihn zu salben. Wir sagen nochmals, dass all dies Tag für Tag praktisch angewandt werden muss. Es kommt entscheidend darauf an, dass wir uns täglich um unser Herz, unser Gewissen, unsere Gemeinschaft und unsere Intuition kümmern.

KAPITEL NEUN

DER UMGANG MIT DER SEELE

Unsere Behandlung vor dem Herrn hat also eine ganz bestimmte Reihenfolge: Wir müssen mit dem Herzen anfangen, weil es der Eingang und Ausgang unseres ganzen Seins ist. Zweitens haben wir dann das Gewissen zu behandeln, und drittens müssen wir uns um unsere Gemeinschaft mit dem Herrn kümmern. Wenn wir ein reines, unverletztes Gewissen haben, werden wir eine durchsichtige Gemeinschaft mit dem Herrn genießen. Danach kommt als nächstes die Intuition oder Salbung, die immer auf der Besprengung durch das Blut beruht. Selbst an den Bildern des Alten Testamentes wird dieses Prinzip deutlich. Immer kommt zuerst das Blut und dann die Salbung: Die Besprengung mit dem Blut schafft die negativen Dinge weg, und die Salbung des Heiligen Geistes bringt uns das positive Element, indem es uns das Sein, das Wesen, die Substanz Gottes hinzufügt. Das Blut wäscht das Negative ab, und die Salbung bringt alles, was Gott ist, in uns hinein. Gott selbst wird uns durch die Salbung hinzugefügt. Durch diese Salbung in unserem Geist empfangen wir dann mittels der Funktion der Intuition ein direktes Empfinden von Gott. Die Erfahrung unseres Christenlebens bestätigt dies als die richtige Reihenfolge: Herz – Gewissen – Gemeinschaft – Intuition. Alles beginnt bei unserem Herzen und setzt sich dann in unserem Geist fort. Nun müssen wir zur Behandlung unserer Seele weitergehen.

DER UMGANG MIT DEM VERSTAND

Neben der Intuition in unserem Geist brauchen wir auch den Verstand. Die Intuition gibt uns die Empfindung, das innere Wissen. Aber das intuitive Erfassen der geistlichen Dinge ist nicht

dasselbe wie deren klares Verstehen. Wir empfinden die Dinge
Gottes intuitiv in unserem Geist, aber wir verstehen sie im Denksinn, im Verstand. Oft wissen wir in unserem Geist irgendetwas
von Gott, aber wegen unseres gefallenen Verstandes finden wir
die Erklärung nicht. Es kann manchmal zwei oder drei Wochen
oder sogar Monate dauern, bis wir die Empfindung in unserem
Geist verstehen. Wir nehmen etwas wahr, aber wir können es
nicht erklären. Es bedarf eines Erkennens in unserem Verstand,
damit wir die Regung in unserem Geist erklären können. Die
Dinge Gottes werden durch die Fähigkeit der Intuition in unserem
Geist wahrgenommen, aber durch die Fähigkeit des Erkennens in
unserem Verstand definiert. Aus diesem Grund sagt uns Römer
12:2, dass wir die Erneuerung unseres Verstandes, unseres Denksinnes, brauchen. Vorher jedoch erklärt dieser Vers, dass wir
dieser Welt nicht gleichförmig werden dürfen. Das Wort, das hier
mit „Welt" übersetzt ist, bedeutet im Griechischen „Zeitalter" und
entspricht unserem Ausdruck „modern". Das Zeitalter ist der
gegenwärtige oder moderne Lauf dieser Welt. Die Weltgeschichte
teilt sich in aufeinanderfolgende Zeitalter, wie das erste Jahrhundert, das zweite Jahrhundert usw. auf. Wir können sagen, dass
jedes Jahrhundert ein Zeitalter ist. Ohne die Zeitalter könnte es
keine Welt geben. Das jetzige Zeitalter ist der Teil des Weltsys-
tems, der uns heute umgibt; diesem Zeitalter gleichförmig zu sein
bedeutet also, dass wir modern sind und dem gegenwärtigen Lauf
der Welt folgen.

Dann fährt der Vers fort: „... sondern werdet umgewandelt
durch die Erneuerung des Denksinnes." Wenn wir mit den Dingen dieses Zeitalters beschäftigt sind, kann unser Verstand,
unser Denksinn, niemals erneuert werden. Darum vermögen
viele Christen, die doch wirklich gerettet sind, die geistlichen
Dinge nicht zu verstehen. Sie sind zu modern geworden. Wir müssen dieses moderne Zeitalter aufgeben. Werden wir diesem
Zeitalter gleichförmig, so haben wir gar keine Möglichkeit, durch
die Erneuerung des Denksinnes umgewandelt zu werden.

Da der Verstand ein Teil der Seele ist, findet die Umwandlung
in der Seele statt. Wir sind zwar im Geist wiedergeboren, aber
nun geht es um unsere Seele. Dort liegt jetzt die Schwierigkeit.

Es gibt keinen Zweifel über unsere Wiedergeburt, weil der Herr
sich als unser ewiges Leben in uns befindet und der Heilige Geist
in unserem Geist wohnt. Unser Geist ist lebendig gemacht und
durch den Heiligen Geist aus Christus als dem Leben wiedergeboren. Wie aber steht es mit unserer Seele? Wie steht es mit
unserem Verstand, unserem Willen und unserem Gefühl? In
unserem Geist unterscheiden wir uns zwar absolut von den Menschen dieser Welt, aber ich fürchte, dass wir ihnen in unserem
Verstand, unserem Willen und Gefühl noch immer genau gleichen. Die Wiedergeburt ist in unserem Geist geschehen, aber
nach der Wiedergeburt brauchen wir noch die Umwandlung in
der Seele.

Lasst uns dies anhand einiger Beispiele verdeutlichen. Wie
halten wir es mit unserer Kleidung? Viele denken auch nach
ihrer Errettung nicht anders über die Mode als die Menschen der
Welt. In ihrer Kleidung sind sie diesem modernen Zeitalter
gleichförmig. Sie denken sich, alles sei in Ordnung, solange sie
sündige Dinge vermeiden, aber damit folgen sie nur dem menschlichen Denken und der natürlichen Vorstellung. Würden sie
umgewandelt durch die Erneuerung ihres Denksinnes, so ergäbe
sich daraus auch eine große Veränderung in ihrem Denken über
die Kleidung.

Und wie verwenden wir unser Geld? Hat sich in dieser Hinsicht etwas geändert? Ich weiß, wie es bei vielen Christen damit
steht. Nach ihrer Errettung verwenden sie ihr Geld größtenteils
in derselben Weise wie die Menschen der Welt. Erst wenn ihre
Liebe zum Herrn wächst und sie Ihm mehr Raum geben, in ihnen
zu wirken, werden sie in bezug auf ihren Umgang mit dem Geld
umgewandelt werden.

Gleicherweise gibt es viele junge Brüder, die an der Universi-
tät studieren und über ihr Studium und ihre Ausbildungsziele
nicht anders denken als die jungen Leute der Welt. Würden sie
jedoch dem Herrn Raum geben und durch die Erneuerung ihres
Denksinnes in der Seele umgewandelt werden, so bekämen sie zu
alledem eine andere Einstellung. Das bedeutet nicht, dass sie ihr
Studium aufgäben, aber ihr Denken und ihre Vorstellungen über
das Studium wären vollkommen anders. Sie würden ihr Studium

und ihren akademischen Rang von einem ganz anderen Standpunkt her beurteilen.

Unser Denken sollte in fast jeder Hinsicht anders werden.
Was bedeutet dieses Anderswerden unseres Denkens? Es ist
nichts anderes als die Umwandlung unserer Seele durch die
Erneuerung unseres Denksinnes. Christus befindet sich als
Leben in unserem Geist, aber nun kommt es für uns darauf an,
dass Er sich in alle inneren Teile unserer Seele ausbreitet und sie
mit sich selbst durchsättigt. Dies wird unsere Seele in Sein Bild
umwandeln. Dann werden unsere Gedanken Christus widerspiegeln. In allem, was wir denken und uns überlegen, wird unser
erneuerter Verstand das herrliche Bild Christi zum Ausdruck
bringen. Dann wird unser Denksinn ein geistliches Verständnis
haben, und es wird ihm sehr leicht fallen, die Dinge zu deuten,
die wir in unserem Geist wahrnehmen.

Die beste Übersetzung von Römer 8:6 ist (entsprechend der
„Revised Standard Version") folgende: „... den Verstand auf den
Geist zu setzen (ist) Leben und Friede" oder „... den Verstand
auf den Geist auszurichten (bedeutet) Leben und Friede." In
Römer 7 versucht der Verstand, durch seine eigenen unabhängigen Anstrengungen etwas zu vollbringen, und erleidet daher
ständig Niederlagen. In Römer 8 hingegen arbeitet der Verstand
mit dem Geist zusammen und ist auf den Geist ausgerichtet.
Hier hat der Verstand ein anderes Gesetz gefunden, das stärker
und mächtiger ist als das Gesetz der Sünde, von dem Kapitel sieben spricht. Dieses neue Gesetz ist das Gesetz des Lebens, das
Gesetz des in unserem Geist wohnenden Christus. Der Verstand
versucht nun nie mehr, in Unabhängigkeit etwas zu vollbringen,
sondern richtet sich auf den vom Heiligen Geist bewohnten
Geist aus. Der Verstand richtet sich nach dem Geist, nicht nach
dem Fleisch. Dass der Verstand sich auf den Geist ausrichtet
und auf der Seite des Geistes steht und mit ihm zusammenarbeitet, ist etwas anderes als die Erneuerung des Verstandes. Je
mehr unser Verstand auf der Seite unseres Geistes steht, desto
mehr wird er unter die Führung unseres Geistes kommen.

Weil unser Verstand, unser Denksinn, auf der Seite des Geistes steht, wird der Geist über ihn regieren, ihn durchsättigen und

„der Geist unseres Denksinnes (Verstandes)" werden. Römer 8:6 spricht von der „Gesinnung des Geistes", Epheser 4:23 hingegen vom „Geist des Denksinnes" (oder Verstandes). Wenn der Geist den Denksinn regiert und durchsättigt, wird der Geist zum Geist des Denksinnes. Lasst uns den Zusammenhang von Epheser 4:23 betrachten. Vers 22 stellt fest, dass wir den alten Menschen ablegen müssen, und in Vers 24 heißt es, dass wir den neuen Menschen anziehen müssen. Dies ist das Werk des Kreuzes und der Auferstehung. Das Ablegen des alten Menschen bezeichnet das Werk des Kreuzes, und das Anziehen des neuen Menschen bezeichnet das Werk der Auferstehung. Zwischen dem Werk des Kreuzes und dem Werk der Auferstehung finden wir Vers 23: „Werdet erneuert im Geist eures Denksinnes." Die Erneuerung des Denksinnes schließt das Werk des Kreuzes und der Auferstehung ein. Es bedeutet, dass unser natürlicher Verstand ausgekreuzt und in Auferstehung erneuert werden muss. Der Kreuzestod ist nicht das Ende, er ist vielmehr ein Prozess, der zum Ziel der Auferstehung führt. Je mehr wir durch das Kreuz in den Tod gebracht werden, desto mehr werden wir zur Auferstehung gelangen. In diesem Prozess wird nicht nur das Negative zu Ende gebracht, sondern vielmehr wird gleichzeitig auch der Weg für das Positive gebahnt. Der Tod des natürlichen Verstandes führt zum Hervorkommen eines Verstandes in Auferstehung. Dann werden wir einen in Auferstehung erneuerten Verstand haben. Dieser erneuerte Verstand befindet sich im Geist und unter der Herrschaft des Geistes; er ist mit dem Geist gefüllt, er ist voll des Geistes. Folglich wird der Geist zum Geist des Denksinnes, des Verstandes. Nach diesem Prozess ist unser Verstand nicht nur ein erneuerter Verstand, sondern auch ein geistlicher Verstand mit geistlicher Einsicht, mit geistlichem Verständnis. Für solch einen geistlichen Verstand ist es leicht, die geistlichen Dinge zu deuten, die unsere Intuition wahrnimmt.

DER UMGANG MIT DEM WILLEN

Nehmen wir an, unser erneuerter Denksinn versteht, was wir durch die Intuition wahrnehmen. Dann ist es immer noch die Frage, ob wir dem, was wir verstanden haben, gehorchen wollen.

Wir verstehen es vielleicht, aber dann sagen wir möglicherweise:
„Nein!" Der Gehorsam des Willens ist ein weiteres Problem.
Eigentlich fällt es uns sogar schwer, etwas aus dem Bereich der
Intuition zu verstehen, wenn wir keinen gehorsamen Willen
haben. Der Herr ist sehr weise; Er verschwendet nichts. Wenn Er
weiß, dass wir sowieso nicht gehorchen wollen, braucht Er uns
die Angelegenheit auch nicht zu erklären. Er wird uns einfach in
Finsternis lassen. Warum sollte Er uns die Erklärung geben, da
wir doch nicht gehorchen wollen? Das Verstehen braucht als
Grundlage einen gehorsamen Willen, der bereit ist, dem Herrn
zu folgen (Joh. 7:17). Wer gehorchen will, wird auch verstehen
können.

Ich habe es zum Beispiel erlebt, dass Menschen mit Fragen zu
mir kamen, aber gar nicht zum Zuhören und Aufnehmen bereit
waren. Ich merkte, dass es nur Zeitverschwendung sein würde,
mit ihnen zu sprechen. Manchmal fragte ich: „Meinst du es wirklich ernst? Wirst du gehorchen, wenn ich dir deine Frage
beantworte?" Die Antwort lautete gewöhnlich: „Ja – vielleicht
schon, aber vielleicht auch nicht. Ich möchte nur Bescheid wissen
und mir über die Sache im Klaren sein." Der Wille muss völlig
unterworfen sein, ja nicht nur unterworfen, sondern im Einklang, in Harmonie mit dem Willen Gottes (Lk. 22:42; Jak. 4:7;
Phil. 2:13).

Gott hat uns mit einem freien Willen erschaffen. Er zwingt
uns niemals zu irgendetwas, sondern lässt uns immer die freie
Wahl. Obwohl Er so groß und so weise ist, wird Er uns doch niemals zwingen. Wenn Er Gewalt gebrauchen würde, dann hieße
das, dass Er in Wirklichkeit klein ist. Satan hingegen zwingt die
Menschen, und nicht nur das, er verführt sie sogar. Gott würde
das niemals tun. Er sagt vielmehr: „Wenn du das tun willst, dann
tue es; wenn nicht, dann lass es. Tu es, wenn du Mich liebst.
Wenn du Mich nicht liebst, brauchst du es nicht zu machen. Dann
geh deinen eigenen Weg." Unser Wille muss also geübt werden;
sonst ist es für Gott schwierig, irgendetwas zu tun. Die Übung
unseres Willens besteht darin, dass wir ihn gefügig machen, bis
er bereit ist, allezeit zu gehorchen. Und wir sollten nicht nur so

weit gehen, dass wir uns dem Willen Gottes unterwerfen, sondern unseren Willen auch mit dem Seinen in Einklang bringen.

Ist unser Wille in dieser Weise behandelt, dann wird er auch umgewandelt sein. Er wird dadurch, dass der Heilige Geist sich in ihm ausgebreitet hat, mit Christus als unserem Leben durchsättigt sein. Andere werden den Wohlgeruch und das Bild Christi in unserem Willen spüren. Jede Entscheidung, die wir treffen, wird ein Ausdruck Christi sein. Das ist nicht nur eine Vermutung, nicht nur eine Lehre. Manchmal empfinden wir tatsächlich bei der Begegnung mit lieben Geschwistern im Herrn den Wohlgeruch Christi in allem, was sie sagen, wählen oder entscheiden. Das ist der beste Beweis dafür, dass sie durch die Umwandlung ihres Willens und ihres Verstandes mit Christus durchsättigt worden sind.

DER UMGANG MIT DEM GEFÜHL

Zuletzt gilt es, einen Bereich der Seele zu behandeln, der sehr viele Schwierigkeiten verursacht: unser Gefühl. Wie wir alle wissen, gehen unsere Schwierigkeiten fast ausnahmslos auf das Gefühl zurück. Das Gefühl muss unter die Herrschaft des Heiligen Geistes kommen. Aus diesem Grund ermahnt uns Matthäus 10:37-39, den Herrn mehr als alles andere zu lieben. Was der Herr nicht duldet, das sollten wir nicht lieben. Einerseits muss unsere Liebe durch die Kontrolle des Herrn eingegrenzt werden – dies ist der negative Aspekt; andererseits aber müssen wir auch den positiven Aspekt kennen, dass wir nämlich stets bereit sind, unser Gefühl nach dem Wohlgefallen des Herrn einzusetzen. Sehr oft duldet der Herr unsere Gefühle, doch nicht mit Wohlgefallen. Er erlaubt uns, dies und jenes zu lieben, aber Er hat keine Freude daran.

Einmal befand sich eine Schwester in solch einer Lage. Sie wusste, dass der Herr ihrem Gefühl gewisse Dinge erlaubte, und doch merkte sie, dass Er nicht glücklich darüber war. Daher ging sie zum Herrn und sagte: „Herr, obwohl Du das erlaubt hast, werde ich es nicht tun. Ich merke, dass es Dir keine Freude macht." Das ist ausgezeichnet. Sie genoss danach innige Gemeinschaft mit dem Herrn und war voller Frieden und Freude. Sie lernte es, ihr Gefühl ganz und gar vom Herrn und von Seinem Wohlgefallen abhängig zu machen. Manchmal erhalten wir vom Herrn die Erlaubnis, etwas zu lieben, aber Seine freudige Zustimmung fehlt. Je mehr wir diesen Gegenstand lieben, desto mehr schwindet unsere Freude, und schließlich wird der Genuss sogar zum Leiden. Dies beweist, dass mit unserem Gefühl etwas nicht stimmt. Wir alle müssen es lernen, unser Gefühl nach dem Wohlgefallen und der Freude des Herrn auszurichten. Wenn wir bei unserem Trachten nach irgendetwas die Freude des Herrn nicht spüren, sollten wir es nicht lieben.

Viele haben schon Predigten über Matthäus 10:37-39 gehört, wo wir ermahnt werden, die Eltern, die Brüder und Schwestern und uns selbst nicht mehr zu lieben als den Herrn, und trotzdem verstehen sie nicht, was dies bedeutet. Es bedeutet einfach, dass wir alles unter der Kontrolle des Herrn und mit Seiner vollen Zustimmung lieben sollen. Wir dürfen nicht denken, der Herr sei so klein oder so grausam; aber wir müssen lernen, dass unser Hass und unsere Liebe, unser Gefallen oder unser Missfallen sich nach der Erlaubnis des Herrn und nach Seiner Freude richten sollten. Es geht darum, dass wir unser Gefühl nach dem Gefühl des Herrn ausrichten. Wenn unser Gefühl dem Seinen nicht untergeordnet ist, stimmt unsere Haltung nicht, und so kann Er keine Freude an uns haben. Je mehr wir unseren eigenen Weg gehen, desto mehr werden wir unsere Freude verlieren, und wir haben keinen Zugang zu der köstlichen, zarten und tiefen Gemeinschaft mit dem Herrn. Niemand kann uns verurteilen, niemand kann sagen, wir hätten ein Unrecht getan, vielmehr können wir sogar vor anderen behaupten, dass der Herr uns die betreffende Angelegenheit erlaubt hat – aber trotzdem spüren wir, dass die Freude auf Seiner Seite fehlt.

Wenn unser Gefühl unter der Herrschaft des Herrn bleibt, wenn Sein Wohlgefallen und Seine Freude darauf ruhen, wird es vom Geist durchsättigt werden. Dann werden wir in das Bild des Herrn umgewandelt werden, von einer Stufe der Herrlichkeit zur anderen.

Durch die Behandlung des Herzens, des Gewissens, der Gemeinschaft, der Intuition, des Verstandes, des Willens und des

Gefühls werden wir reif und völlig erwachsen werden und das volle Maß des Wuchses des Herrn haben. Dann brauchen wir nichts mehr zu tun als auf Sein Wiederkommen zu warten, damit unser Leib verklärt wird. Ist unsere Seele umgewandelt, so wird auch jetzt schon geistliche Kraft und Stärke unseren schwachen, sterblichen Leib durchdringen, wenn immer wir es brauchen. Dann werden wir nicht nur im Geist wiedergeboren und in der Seele umgewandelt sein, sondern das göttliche Leben wird sogar in Zeiten körperlicher Schwachheit unseren sterblichen Leib durchdringen. Beim Kommen des Herrn schließlich wird der Leib verklärt werden, und unser ganzes Sein – Geist, Seele und Leib – wird dem herrlichen Bild des Herrn gleichen. Damit ist dann auch der letzte Teil der Erlösung vollzogen, die der Herr in drei Stufen ausführt: 1. Wiedergeburt des Geistes, 2. Umwandlung der Seele, 3. Verklärung des Leibes. Heute befinden wir uns im Prozess der Umwandlung.

Die Seele bedarf dieser ganzen Behandlung: Wir müssen den Verstand, den Willen und das Gefühl behandeln. Möge der Herr uns helfen, dies alles praktisch anzuwenden. Genau darauf kommt es heute für die Kinder des Herrn an. Der Herr hat alle Lehren und Gaben nur um dieses einen Zweckes willen gegeben. Wir können durch nichts anderes als durch diesen Prozess zum geeigneten Material für den Bau der Gemeinde werden.

KAPITEL ZEHN

DIE INNEREN UND VERBORGENEN TEILE AUFGRABEN

In diesem Kapitel wollen wir lernen, was wir zu tun haben, damit der Geist in unseren inneren Teilen fließen kann. In 4. Mose 20 floss lebendiges Wasser aus dem geschlagenen Felsen, der ein Bild für den geschlagenen und gespaltenen Christus ist (1.Kor. 10:4). Dann aber kam in Kapitel einundzwanzig Wasser aus dem Brunnen, den Gottes Volk gegraben hatte. In diesen beiden aufeinanderfolgenden Kapiteln musste also zuerst ein Fels geschlagen werden, damit das lebendige Wasser herausfließen konnte, und dann musste ein Brunnen gegraben werden, damit das Wasser emporquellen konnte.

Bei sorgfältigem Lesen der Schrift werden wir merken, dass sowohl der Fels als auch der Brunnen Christus darstellen – sie offenbaren Christus in zwei verschiedenen Aspekten. Der Fels ist ein Bild für Christus am Kreuz; Christus wurde am Kreuz von Gott geschlagen, damit das lebendige Wasser, welches der Geist des Lebens ist, jetzt in uns hineinfließen kann. Der Brunnen zeigt einen anderen Aspekt. Während der Fels Christus am Kreuz darstellt, ist der Brunnen Christus in uns (Joh. 4:14). Für die Erfahrung der Gläubigen besitzt heute nicht der Fels, sondern der Brunnen die entscheidende Bedeutung. Christus als der Fels hat Sein Werk am Kreuz bereits vollbracht, so dass das Wasser des Lebens in uns hineinfließen kann. Jetzt aber ist Er der Brunnen des lebendigen Wassers, das ständig in uns emporquillt; das ist etwas anderes und hat viel mit dem gegenwärtigen Vorgang des Grabens zu tun.

Dieses Kapitel soll uns keinerlei zusätzliche Lehren vermitteln; vielmehr soll es uns ermutigen, zum Herrn zu gehen, damit

in uns gegraben wird. Wir dürfen nicht zuviel über Lehren sprechen, über die äußeren Umstände oder zukünftige Schritte und
Führung nach dem Willen des Herrn. Es kommt darauf an, dass
in uns selbst etwas geschieht, dass in uns gegraben wird. Warum?
Weil nach meinem Eindruck in den meisten unter uns das lebendige Wasser bis jetzt nicht ungehindert fließt. Unsere Gebete sind
nicht so frei, unsere Zeugnisse nicht so stark, und in vieler Hinsicht erleiden wir noch Niederlagen und haben keinen Sieg. Das
liegt nur daran, dass das Fließen des geistlichen Lebens oder die
Quelle des lebendigen Wassers in uns keinen freien Lauf hat. Es
gibt viel Unrat, Staub und Schmutz in uns, der herausgegraben
werden muss. Du magst fragen: „Was für Schmutz oder Unrat gibt
es in mir?" Es ist alles Staub, Schmutz und Unrat in unserem
Gewissen, unserem Gefühl, Willen und Verstand. Es gibt in unserem Herzen vieles, was herausgegraben werden muss, und selbst
in unserem Geist muss Schmutz beseitigt werden.

DAS GEWISSEN AUFGRABEN

Was meine ich mit den Worten „Staub, Schmutz, Unrat"? Ich
meine damit, dass unser Gewissen nicht rein ist. Vielleicht hat
unser Gewissen uns noch in diesem Augenblick wegen einiger
Dinge anzuklagen, die wir dem Herrn nicht bekannt haben. Diese
Anklagen sind der Schmutz, der herausgegraben werden muss.
Der Grund dafür, dass wir zu wenig Freiheit in uns verspüren,
sind die Anklagen in unserem Gewissen. Welche Anklagen? Du
musst dich selbst fragen, nur du weißt es. Du weißt, was in dir
anderen gegenüber nicht stimmt. Wenn deine Beziehung zu
anderen Menschen nicht stimmt, bleiben die Anklagen bestehen.
Wenn du nicht tun willst, was der Herr verlangt, wird das zu
einer Anklage in deinem Gewissen. Dann fragst du dich, warum
du gebunden und ohne Freiheit bist. Warum? Einfach deshalb,
weil eine Forderung des Herrn besteht, die du nicht befolgen
willst, und weil daraus eine unmittelbare Anklage in deinem
Gewissen geworden ist. Dein Gewissen ist nicht rein von Anklagen, nicht unverletzt.

Wollen wir ein freies inneres Fließen des Geistes erfahren,
dann muss zuerst unser Gewissen behandelt und gereinigt

werden. Der Schmutz kann nur herausgegraben werden, wenn wir täglich mehrmals zum Herrn gehen. Ich möchte vorschlagen, dass wir in dieser Woche immer und immer wieder zum Herrn gehen, selbst während wir irgendwo auf der Straße laufen. Wir müssen zu dem Herrn, der in unserem Geist ist, gehen und in Seiner Gegenwart aufgegraben werden. Durch die Hilfe des Heiligen Geistes müssen wir allen Schmutz herausgraben.

DAS HERZ AUFGRABEN

Nachdem wir die Anklagen in unserem Gewissen behandelt haben, müssen wir auch die vielen Dinge in unserem Herzen, die vom Herrn verurteilt werden, herausgraben. Es gibt nicht viele Geschwister, die ein so reines Herz haben, dass sie nur den Herrn allein suchen. Viele suchen zwar einerseits den Herrn und Seinen Weg, aber andererseits doch noch viele Dinge, die nicht der Herr selbst sind. Dadurch wird das Herz kompliziert, es ist nicht mehr frei und rein. Wir müssen daher wiederum zum Herrn gehen, damit alle Dinge, die nicht Christus sind, aus unserem Herzen herausgegraben werden.

Du magst fragen: „Welche Dinge müssen denn herausgegraben werden?" Vielleicht ist eines der ersten Dinge deine Sorge in bezug auf die Zukunft und die Führung des Herrn. Du solltest dich nicht darum bekümmern. Die Zukunft ist nicht in deinen, sondern in des Herrn Händen. Ja, im Grunde solltest du überhaupt keine Zukunft haben – der Herr selbst ist unsere einzige Zukunft! Wir wissen gar nicht, wie „klebrig" unser Herz ist. Früher benutzte man Fliegenfänger als Schutz vor den Fliegen; wie klebrig waren sie! Was auch immer sie berührte, klebte an ihnen fest. Unser Herz ist so klebrig wie ein Fliegenfänger. Was auch immer das Herz berührt, bleibt daran kleben. Alle diese Dinge müssen abgeschnitten werden. Dem äußeren Augenschein nach suchen wir alle den Herrn. Viele von uns leben nur für den Herrn und haben Haus und Beruf aufgegeben, Tag für Tag suchen wir des Herrn Führung, aber dabei wissen wir nicht, wieviele Dinge unser Herz komplizieren machen. Können wir diese Dinge vergessen? Den Schmutz aus dem Gewissen herauszugraben ist leicht, aber den Schmutz und Unrat aus dem Herzen herauszugraben ist nicht so einfach. In vielen Dingen üben wir Nachsicht mit uns selbst; wir graben nicht so gerne ernsthaft in unseren Herzen. Die Anklagen in unserem Gewissen lassen sich leicht herausgraben, nicht aber die Dinge, die wir mit unserem Herzen lieben. Wir kleben an den Dingen, die uns viel bedeuten. Eben aus diesem Grunde sagt uns die Schrift, dass wir ein gutes Gewissen und ein reines Herz brauchen. „Glückselig, die reinen Herzens sind; denn sie werden Gott schauen" (Mt. 5:8).

Ohne Zweifel lieben wir den Herrn und suchen Ihn, aber unser Lieben und Suchen kommt aus einem komplizierten Herzen. Das Sinnen und Trachten unseres Herzens ist nicht rein. Wir ahnen kaum, nach wievielen Dingen unser Herz trachtet. Was ist mit unserer Familie? Mit unserem Beruf? Mit unserem Ausbildungsziel? Was erwarten wir uns von diesem und vom nächsten Jahr? Es gibt noch so viele Dinge in unserem Herzen! Ich sage euch, Geschwister, all dieser Schmutz, dieser Unrat, hemmt das Fließen des lebendigen Wassers in uns und muss herausgegraben werden. An dem Tage, als wir den Herrn Jesus als unseren Retter aufnahmen, kam Er als der quellende Brunnen des lebendigen Wassers in uns hinein. Aber jetzt besteht das Problem, dass es zuviel Unrat in unserem Gewissen und in unserem Herzen gibt.

DEN VERSTAND AUFGRABEN

Wenn man einen tiefen Brunnen gräbt, wird man normalerweise auf verschiedene Erdschichten stoßen. Eine Schicht besteht aus weichem Erdreich, die nächste aus festem Lehm und wieder eine andere aus Stein. Eine Gesteinsschicht kann man nur schwer durchgraben. Dieser Vergleich gibt uns einen Eindruck von den vielen Schichten in uns, die durchgraben werden müssen. Wir haben eine Schicht des Gewissens, eine Schicht des Herzens, und jetzt kommen wir zur Schicht des Verstandes, die viel Unrat enthält. Wir wissen gar nicht, wieviele Einbildungen wir Tag für Tag hegen. Wir träumen nicht nur während der Nacht, wenn wir schlafen, sondern auch tagsüber, wenn wir wach sind. Unsere Einbildungen sind Tagträume verschiedenster Art. Wir haben bereits darüber gesprochen, wie Satan unseren Verstand verblendet. Das erreicht er einfach durch Einbildungen. Manchmal befindet sich dein Verstand, während du einer Botschaft zuhörst, irgendwo in weiter Ferne – vielleicht ist er bis zum Mond gereist! Du nickst zwar mit dem Kopf, aber innerlich bist du weit fort; dein Verstand stellt sich irgendetwas im Weltraum vor. Du hörst zwar während der Botschaft die Stimme, aber du empfängst nichts. Dein Verstand ist durch Einbildungen, durch leere Vorstellungen, verblendet.

Oft reisen die Leute in ihrer Vorstellung um die ganze Welt. Innerhalb von Sekunden vermögen sie die ganze Erde zu umkreisen, sie kommen schneller als das beste Düsenflugzeug in den fernen Osten! Zahllose Einbildungen nehmen den Verstand ein. Wie kann das lebendige Wasser frei in dir fließen, wenn sich so viel Unrat in deinem Verstand befindet? Weil dein Verstand blockiert ist, wird dort das lebendige Wasser aufgehalten. Es gibt in deinem Verstand ganze Haufen von Unrat, von Schmutz, und das sind einfach die zahllosen Gedanken, Einbildungen und Träume; sie alle müssen herausgegraben werden, wenn das lebendige Wasser ungehindert fließen soll.

DEN WILLEN AUFGRABEN

Auch der Wille enthält viel Unrat. Es gibt nicht viele, die dem Herrn absolut und in jeder Hinsicht gehorchen. Wir müssen in unserem Willen mehr untertan werden. Wie oft doch unterwerfen wir uns dem nicht, was der Herr souverän angeordnet hat! Manchmal halten wir uns für recht fügsam, aber wenn der Herr uns dann in gewisse Umstände hineinstellt, kommt unser wahrer Zustand ans Licht. Sich dem unsichtbaren Herrn zu unterstellen ist einfach, aber sich sichtbaren Menschen zu unterstellen, das erweist sich als sehr schwierig. Du sagst: „Dem Herrn selbst bin ich schon untertan, zwischen dem Herrn und mir gibt es keine Schwierigkeit, aber ..." Ja, da gibt es ein großes Aber! „Dem Herrn gegenüber habe ich keine Schwierigkeiten, aber mit der Gemeinde ... ach, ich kann mich den Geschwistern nicht unterordnen!" Der Herr hat dich absichtlich an diesen Ort, in diese Gemeinde gebracht, damit dein Wille gebrochen wird.

„Wäre mein Mann solch ein lieber Bruder wie jener, dann würde ich mich ihm mit Freuden unterordnen!" Wie oft habt ihr

Schwestern so gedacht! Nun aber verhält es sich so, dass dein
Mann kein solcher Mensch sein kann. Der Herr hat dir genau
den passenden Ehemann gegeben; er ist genau der Mann, den
du brauchst. Hättest du den Mann deiner Träume, so würdest
du nie bloßgestellt. Der Herr führt in Seiner Souveränität
gewisse Erfahrungen und Umstände nur herbei, damit wir dem
Licht ausgesetzt werden, damit wir erkennen, wie hartnäckig
unser Wille ist. Vielleicht möchtest du jetzt auf einen bestimmten Bruder hinweisen, der hartnäckig und dickköpfig ist, aber
wir alle sind hartnäckig und dickköpfig. Vielleicht sind wir
sogar der größte Dickkopf. Jeder von uns muss seinen Willen
aufgraben. Wie leicht fällt es uns, immer mehr geistliches Wissen anzusammeln, während unser Leben, unsere Natur und
unsere Veranlagung unverändert bleiben! Dies bedeutet das
allerschlimmste Versagen. Soll das lebendige Wasser in uns fließen, dann müssen wir aufgegraben werden. Um das Fließen
kümmert sich der Herr, das Graben aber ist unsere Sache. Wir
müssen die Dinge selbst herausgraben.

DAS GEFÜHL AUFGRABEN

Nachdem wir den Unrat aus dem Willen herausgegraben
haben, müssen wir auch unser Gefühl behandeln. Ich finde keinen Vergleich, der deutlich genug zeigen kann, wie sehr unser
Gefühl dauernd im Wege steht. Nicht nur die Schwestern haben
das Gefühlsproblem, sondern auch die Brüder. Sobald wir unserem Gefühl Raum geben, sind wir mit uns selbst beschäftigt.
Unsere Gefühle beherrschen und versklaven uns. Wollen wir eine
Zeit mit dem Herrn verbringen und uns Ihm öffnen, dann müssen wir zunächst unser Gewissen, dann unser Herz, danach
unseren Verstand und unseren Willen aufgraben. Schließlich
werden wir dann an den Punkt kommen, wo wir sehen, wie sehr
wir noch in unserem Gefühl stecken. Wie schnell haben wir Vor-
lieben! Wie leicht geschieht es, dass wir heute mit einem Bruder
Freundschaft schließen und ihn am nächsten Morgen wie einen
„Feind" behandeln! An unserem Willen kann man kaum rütteln,
unser Gefühl hingegen unterliegt dauernden Veränderungen, es
wechselt schneller als das Wetter.

Was ich hier sage, sollte auf keinen Fall als eine „Predigt" verstanden werden. Ich habe nur das einzige Anliegen, euch einige Hinweise zu geben, so dass ihr zum Herrn geht. Denkt nicht darüber nach, was ihr braucht, nicht über euren Beruf, eure Zukunft und eure Lebensumstände. Sucht allein die Gegenwart des Herrn und bittet Ihn, euch in Sein Licht zu bringen. Und dann folgt Seinem Licht und grabt allen Unrat aus eurem Gewissen, eurem Herzen, eurem Verstand, eurem Willen und eurem Gefühl heraus. Je mehr ihr den Schmutz und Unrat herausgrabt, desto lebendiger werdet ihr sein. Ihr werdet lebendig, gestärkt und siegreich sein. Dies ist der Schlüssel zur Lösung eurer vielen Probleme. Ihr müsst das Strömen des lebendigen Wassers aufrechterhalten – das heißt die Gemeinschaft des Lebens, das ungehindert in euch fließt. Wenn das lebendige Wasser ungehindert in euch fließt, habt ihr den Sieg. Dann lösen sich alle Probleme wie von selbst, sogar ohne eure bewusste Mitwirkung. Ihr wisst auch dann noch nicht, wie ihr sie lösen sollt, aber sie werden durch den Strom des lebendigen Wassers gelöst, durch die Gemeinschaft des Lebens. Und das Strömen des lebendigen Wassers hängt völlig von eurem Graben ab.

Dieses Graben wird nur durch Gebet vollbracht. Wir müssen immer mehr Zeit mit dem Herrn verbringen und gemäß Seiner inneren Leitung beten. So, wie Er leitet, müssen wir bekennen und allen Unrat aus unserem Inneren herausgraben. Ich glaube, das Gesagte ist klar genug; nun müssen wir es anwenden. Oft brauchen wir das gemeinsame Gebet mit anderen, aber das Graben geschieht besser, wenn wir mit dem Herrn allein sind. Es ist ganz entscheidend wichtig, dass wir mehr Zeit allein mit dem Herrn verbringen. Aller Schmutz und Unrat im Gewissen, im Herzen, im Verstand, im Willen und Gefühl muss durch unsere Gebete herausgegraben werden. Vielleicht sagst du: „Ich habe so viel zu tun." Aber wir können, auch wenn uns die Pflichten des Tages in Beschlag nehmen, dennoch den Herrn berühren und jene Dinge herausgraben. Oft übe ich mich und grabe, während ich arbeite. Wir sollten lernen zu beten, den Herrn zu berühren und allen Schmutz in unserem Inneren herauszugraben.

Brunnen, in mir sprudle,
Grabe, Herr, doch völlig;
Grab' weg alle Hind'rung,
Dass Dein Strom fließt durch mich.

Christ', der Fels, gespalten,
Lebenswasser fließet;
Doch in meinem Herzen
Es sich nicht ergießet.

Betend will ich graben,
Allen Schutt wegräumen,
Lass den Strom frei fließen
Durch den Geist befreien.

Christ', der Fels, wird nimmer
Nocheinmal gespalten,
An das stete Graben
Sollte ich mich halten.

Was tief drin ich brauche,
Ist des Geistes Fülle,
Dass lebend'ges Wasser,
Aus mein'm Herzen quelle.

Grab', solang bis nichts mehr
Halte auf das Fließen;
Grabe bis der Strom
Lebend'gen Wort's kann fließen.

Brunnen in mir sprudle,
Grabe, Herr, doch völlig;
Grab' weg alle Hind'rung,
Dass Dein Strom fließt durch mich.

(Lied 250 nach engl. *Hymns*)

KAPITEL ELF

DEN GEIST VON DER SEELE UNTERSCHEIDEN

„Ein natürlicher Mensch aber nimmt nicht an, was des Geistes Gottes ist, denn es ist ihm eine Torheit, und er kann es nicht erkennen, weil es geistlich beurteilt wird" (1.Kor. 2:14).

Für „natürlich" haben wir hier im Griechischen ein sehr wichtiges Wort, nämlich „psychikos", was in der Grundbedeutung „seelisch" heißt. Mit dem „natürlichen Menschen" ist hier also der seelische Mensch gemeint. Der folgende Vers in diesem Schriftabschnitt zeigt einen Menschen anderer Art: „der geistliche dagegen beurteilt ... alles" (1.Kor. 2:15). In Vers 14 haben wir also den seelischen Menschen und in Vers 15 den geistlichen Menschen. Diese Verse sagen unmissverständlich, dass der seelische Mensch die geistlichen Dinge Gottes nicht aufnehmen kann. Nur der geistliche Mensch vermag sie zu erkennen.

„Dann sprach Jesus zu Seinen Jüngern: Wenn jemand Mir nachkommen will, der verleugne sich selbst und nehme sein Kreuz auf und folge Mir nach. Denn wenn jemand sein Leben erretten will, wird er es verlieren; wenn aber jemand sein Leben verliert um Meinetwillen, wird er es finden. Denn was wird es einem Menschen nutzen, wenn er die ganze Welt gewönne, aber sein Leben einbüßte? Oder was wird ein Mensch als Lösegeld geben für sein Leben?" (Mt. 16:24-26)

Drei Dinge werden in Vers 24 betont, nämlich erstens „der verleugne sich selbst", zweitens „nehme sein Kreuz auf" und schließlich „folge Mir." Das „Mir" ist Christus im Heiligen Geist, der jetzt in uns wohnt. Das griechische Wort „psyche", das in den Versen 25 und 26 mit „Leben" übersetzt ist, kann auch mit „Seele" wiedergegeben werden, und dann lauten die Verse: „Denn wenn jemand seine Seele erretten will, wird er sie verlieren;

wenn aber jemand seine Seele verliert um Meinetwillen, wird er sie finden. Denn was wird es einem Menschen nützen, wenn er die ganze Welt gewönne, aber seine Seele einbüßte? Oder was wird ein Mensch als Lösegeld geben für seine Seele?" Wir müssen unsere Seele verlieren, mit anderen Worten: Wir müssen das Selbst verleugnen.

> „Er sprach aber zu allen: Wenn jemand Mir nachkommen will, verleugne er sich selbst und nehme sein Kreuz auf täglich und folge Mir nach. Denn wer sein Leben retten will, wird es verlieren; wer aber sein Leben verliert um Meinetwillen, der wird es retten. Denn was wird es einem Menschen nutzen, wenn er die ganze Welt gewönne, sich selbst aber verlöre oder einbüßte?" (Lk. 9:23-25).

Hier fügt Lukas ein Wort hinzu, das wir in Matthäus 16:24-26 nicht finden, nämlich das Wort „täglich"; es geht also darum, dass wir unser Kreuz täglich auf uns nehmen. Auch heißt es hier, dass man „sich selbst" verlieren muss, während Matthäus schreibt: „seine Seele." Dies beweist, dass die „Seele" bei Matthäus dasselbe ist wie das „Selbst" bei Lukas.

> „Brüder, wenn auch ein Mensch von einem Fehltritt übereilt wird, so bringt ihr, die Geistlichen, einen solchen im Geist der Sanftmut wieder zurecht" (Gal. 6:1).

> „Die Gnade unseres Herrn Jesus Christus sei mit eurem Geist" (Gal. 6:18).

> „Die Gnade des Herrn Jesus Christus sei mit eurem Geist" (Phlm. 25).

In diesen Versen heißt es „euer Geist", gemeint ist also eindeutig der menschliche Geist.

> „Ist aber Christus in euch, so ist der Leib zwar tot der Sünde wegen, der Geist aber Leben der Gerechtigkeit wegen" (Röm. 8:10).

> „Damit die Rechtsforderung des Gesetzes erfüllt wird in uns, die wir nicht nach dem Fleisch, sondern nach dem Geist wandeln" (Röm. 8:4).

> „Ich sage aber: Wandelt im Geist, und ihr werdet die Begierde

des Fleisches nicht erfüllen. Denn das Fleisch begehrt gegen den Geist auf, der Geist aber gegen das Fleisch; denn diese sind einander entgegengesetzt, damit ihr nicht das tut, was ihr wollt" (Gal. 5:16,17).

Manche englische Übersetzungen schreiben das Wort „Geist" in diesen Versen groß, in der Interlinearübersetzung hingegen wird es klein geschrieben. Immer ist der menschliche Geist gemeint.

RÜCKBLICK AUF GOTTES ÖKONOMIE

Ich möchte euch Gottes Ökonomie und ihren zentralen Punkt noch einmal vor Augen stellen. Wir haben in den vorausgehenden Kapiteln deutlich gesehen, dass es Gott in Seiner Ökonomie darum geht, sich selbst in uns hinein auszuteilen. Und Er bewerkstelligt dies dadurch, dass der Vater im Sohn verkörpert und der Sohn im Geist verwirklicht wird. Mit anderen Worten, der Vater ist im Sohn und der Sohn im Geist. Nicht nur die Person, sondern auch das vollbrachte Werk des Sohnes befindet sich im Heiligen Geist. Daher umfasst der Heilige Geist Gott den Vater, Gott den Sohn, die göttliche und die menschliche Natur, das menschliche Leben Christi mit der Kraft, die irdischen Leiden zu erdulden, die Wirksamkeit des Todes Christi, die Auferstehungskraft, die Auffahrt und den Thron. Alle diese Elemente sind als eine „allumfassende Medizin" im Heiligen Geist zusammengefasst. Und durch diesen allgenügenden Heiligen Geist ist uns die Fülle des Dreieinen Gottes ausgeteilt worden.

Dieser allumfassende Geist befindet sich nun in unserem menschlichen Geist. Im Bild der Stiftshütte oder des Tempels gibt es drei Teile: den äußeren Vorhof, das Heilige und das Allerheiligste. Wir sehen in diesem alttestamentlichen Bild sehr klar, dass die Schekina-Herrlichkeit Gottes und die Bundeslade sich im Allerheiligsten befanden. Demnach haben wir Gottes Gegenwart und Christus weder im äußeren Vorhof noch im Heiligen, sondern im Allerheiligsten. Die drei Teile des Tempels entsprechen den drei Teilen des Menschen, dem Leib, der Seele und dem Geist. Das Neue Testament sagt uns, dass wir der Tempel Gottes

sind und dass Christus sich in unserem Geist befindet: „Der Herr
Jesus Christus sei mit deinem Geist" (2.Tim. 4:22). Zwei Verse
beweisen, dass der Heilige Geist heute mit unserem Geist zusammenarbeitet: „Der Geist selbst bezeugt zusammen mit unserem
Geist, dass wir Kinder Gottes sind" (Röm. 8:16); „Wer aber dem
Herrn anhängt, ist ein Geist mit Ihm" (1.Kor. 6:17). Der Herr
selbst ist der Geist, andererseits aber hat jeder von uns einen
Geist, und diese beiden werden zu einem einzigen Geist vermengt. Dies beweist, dass der Herr heute in unserem Geist
wohnt. Wollen wir Christus völlig genießen, so müssen wir fähig
sein, unseren Geist wahrzunehmen, zu unterscheiden. Eben aus
diesem Grunde sagt uns Hebräer 4:12, dass unser Geist von
unserer Seele geschieden werden muss. Außerdem fordert der
Hebräerbrief uns auf, in das Allerheiligste, welches unser
menschlicher Geist ist, hineinzukommen. Wenn wir Christus als
unseren göttlichen Anteil genießen wollen, müssen wir wissen,
wie wir in das Allerheiligste, unseren menschlichen Geist, hineinkommen.

In den letzten Jahrhunderten sind zahlreiche Bücher über
den Hebräerbrief geschrieben worden, unter denen wir das von
Andrew Murray für das beste halten. Der Autor hat ihm den Titel
„Das Allerheiligste" gegeben; dieser Titel ist zutreffend, denn der
Hebräerbrief offenbart, wie wir in das Allerheiligste, in den
menschlichen Geist, wo Christus wohnt, hineinkommen. Nur im
Geist kann Christus alles für uns sein.

Wollen wir an Christus teilhaben, dann müssen wir wissen,
wo Er sich befindet. Ihr sagt vielleicht: „Im Himmel!" Zweifellos
stimmt das; aber wie könnte Er hier auf der Erde genossen werden, wenn Er nur im Himmel wäre? Lobt den Herrn, Er ist nicht
nur im Himmel, sondern gleichzeitig auch in uns. In gleicher Weise
befindet sich die Elektrizität einerseits in unserer Wohnung und
andererseits auch im Generator, weit von unserer Wohnung entfernt. Römer 8:34 sagt uns, dass Christus im Himmel zur Rechten
Gottes ist, aber dasselbe Kapitel offenbart auch, dass Christus in
uns ist (V. 10). In einem und demselben Kapitel sehen wir Christus sowohl im Himmel als auch in uns. Wäre Er nur im Himmel
und nicht in uns, wie könnten wir Ihn erfahren und genießen?

Preist den Herrn, heute befindet sich Christus nicht nur im Himmel, sondern auch in unserem Geist!

Christus in unserem Geist ist das Zentrum von Gottes Ökonomie. Diese Ökonomie besteht darin, dass Gott sich als der allumfassende Dreieine Gott in den Menschen hinein austeilt, und das Zentrum der göttlichen Ökonomie ist der in unserem Geist wohnende Christus. Immer, wenn wir uns wenden und in unseren Geist hineinkommen, begegnen wir dort Christus. Es verhält sich wie mit der in meinem Haus installierten Elektrizität; was muss ich tun, wenn ich sie benutzen will? Die Antwort lautet natürlich, dass ich einfach den Schalter zu betätigen habe. Unser „Schalter" ist der menschliche Geist. Viele Christen können zwar Johannes 3:16 zitieren, aber Vers 22 in 2. Timotheus 4, einen Vers, der mindestens ebenso wichtig ist, kennen sie nicht. „Der Herr Jesus Christus sei mit deinem Geist." Gott hat uns so sehr geliebt, dass Er Seinen eingeborenen Sohn gab, und wir haben Ihn aufgenommen (Joh. 1:12). Wir haben an Ihn geglaubt und Ihn aufgenommen aber wo befindet Er sich nun? In welchen Teil unseres Seins ist Er gekommen? Jahrelang haben wir diesen Schatz in uns getragen, ohne von der Tatsache zu wissen, dass Er sich in unserem Geist befand. Nun aber, Gott sei Dank, wissen wir es. Christus, der eingeborene Sohn Gottes, ist in unserem Geist.

DIE SEELE VERLEUGNEN

Nun, der Herr lebt zwar in unserem Geist, aber unser Geist klebt sehr fest an unserer Seele. Aus diesem Grund sagt uns der Schreiber des Hebräerbriefes, dass unser Geist durch das Wort Gottes von der Seele geschieden werden muss. Genau wie der Knochen das Mark umschließt und erst zerbrochen werden muss, bevor man das Mark sehen kann, umschließt die Seele unseren Geist, in dem Christus wohnt. Sie umschließt ihn so fest, dass sie erst einmal zerbrochen werden muss, ehe er offenbar werden kann. Daher hat der Herr uns oft gesagt, dass wir unsere Seele verlieren und unser Selbst verleugnen müssen. In allen vier Evangelien ermahnt der Herr Jesus uns, die Seele zu verlieren, die Seele einzubüßen und das Selbst zu verleugnen. Die Seele muss verleugnet werden, weil sie den Geist zudeckt. Wenn man an das Mark herankommen will, gibt es nur einen Weg – man muss die Knochen und die Gelenke zerbrechen. Wir haben den Herrn zwar in unserem Geist, wir haben Seine Gnade in unserem Geist, aber der Zugang zu Ihm steht uns nur offen, wenn die Seele Tag für Tag zerbrochen wird.

Was ist die Seele? Wie wir bereits gezeigt haben, ist die Seele nichts anderes als das Selbst. Das Selbst ist das eigentliche Zentrum des menschlichen Seins, ja, es ist das menschliche Sein; und dieses Selbst muss ausgekreuzt werden. Wir sollen nicht andere auskreuzen, nicht andere ans Kreuz nageln, sondern unsere eigene Seele. Wenn jemand Christus nachfolgen will, muss er sein Seelenleben verleugnen und täglich sein Kreuz aufnehmen. Nicht nur gestern oder heute, sondern Tag für Tag müssen wir das Kreuz auf unsere Seele anwenden. Bei vielen Christen findet man nichts als das Ego, das Ich. Von Anfang bis Ende geht es immer um das eine Wort ich ... ich ... ich. Aber das Christenleben bedeutet: „Nicht mehr ich, sondern Christus lebt in mir." Wie kommt es zu diesem „Nicht mehr ich, sondern Christus"? Dadurch, dass wir unser ich gekreuzigt haben. Ich bin am Kreuz, und das Kreuz liegt jetzt auf mir. Ich bin ausgekreuzt worden, daher gibt es nun kein ich mehr. Als junger Christ pflegte ich in Gesprächen stets das Wort „ich" zu verwenden; heute aber wage ich dieses Wort kaum zu gebrauchen, ich sage lieber „wir." Nicht nur ich, sondern auch viele andere – einschließlich Christus.

Wenn jemand Christus nachfolgen will, muss er drei Dinge tun: Das Ich verleugnen, das Kreuz täglich aufnehmen und Christus nachfolgen, Ihm, der jetzt nicht nur im Himmel, sondern auch in uns ist. Es fällt uns leicht, Ihm nachzufolgen, wenn wir das Selbst verleugnen und das Kreuz anwenden. Die Seele zu verleugnen bedeutet, dass wir uns von unserem Selbst zum Geist wenden. Dann werden wir Christus im Geist begegnen. Warum zeigen uns die Evangelien immer den negativen Aspekt und sagen, dass wir die Seele verleugnen sollen, während uns die Briefe dann positiv dazu auffordern, im Geist zu leben und zu handeln? Weil wir den Herrn Jesus und Seine Gnade heute im Geist haben. Christus nachfolgen bedeutet, mit dem Geist umgehen, und dies ist das Zentrum von Gottes Ökonomie. Wir müssen dieses Zentrum von

Gottes Ökonomie noch einmal betonen. Es muss uns allen klar sein, dass Gottes ewiger Plan darin besteht, sich selbst in unseren Geist hinein auszuteilen. Er hat dies bereits getan, denn Er wohnt in unserem Geist, um unser Leben und unser alles sein zu können. Was immer wir brauchen, besitzen wir in diesem wunderbaren Geist, der sich in unserem Geist befindet.

IM GEIST BLEIBEN

Nach unserer Errettung hat man uns mit zu vielen religiösen Lehren gefüttert. Man hat uns gelehrt, dass Gott der Schöpfer ist und wir die Geschöpfe, dass wir Gott fürchten, Ihm dienen und Ihm gefallen sollen, dass wir uns nach Kräften bemühen sollen, Gutes zu vollbringen, und dass wir etwas tun müssen, um Seinen Namen zu verherrlichen. So etwa wurden wir gelehrt. Diese religiösen Lehren sind an sich nicht falsch, sie sind in gewissem Sinn schon gut. Aber sie haben nichts mit dem Zentrum von Gottes Ökonomie zu tun.

Vielen unter uns wurde auch ethische Unterweisung zuteil; zum Beispiel sagte man uns, dass wir gütig, demütig, geduldig, freundlich und liebevoll sein sollen, dass wir nicht zornig werden dürfen, dass wir unsere Eltern ehren müssen, dass die Männer ihre Frauen lieben, und die Frauen sich ihren Männern unterordnen müssen. All das sind gute ethische Lehren.

Aber hört zu. Der Herr hat uns folgendes geboten: „Bleibt in Mir und Ich in euch. Ich bin der Weinstock, ihr seid die Reben. Als Reben müsst ihr in Mir bleiben." Vergesst die religiösen und ethischen Lehren, denkt vielmehr nur an eines: Ihr seid eine Rebe Christi. Bleibt in Ihm und lasst Ihn in euch bleiben. Wenn wir jedoch in Christus bleiben wollen, so müssen wir wissen, wo Christus ist. Wer in einem Haus bleiben und darin wohnen will, muss zunächst einmal wissen, wo sich dieses Haus befindet. Können wir in Christus bleiben und wohnen, indem wir uns im Verstand oder im Gefühl aufhalten? Nein. In Christus können wir nur bleiben, wenn wir im Geist bleiben. Der Herr selbst und Seine Gnade befinden sich in unserem Geist. Um in Christus zu bleiben, müssen wir daher unseren Geist wahrnehmen und unterscheiden. Bleiben wir im Geist in Ihm, dann wird es Ihm möglich sein, von uns Besitz zu ergreifen. Dann wird Er den Grund haben, uns zu füllen und in Besitz zu nehmen. Sein ganzer Reichtum wird durch unseren Geist zur Auswirkung kommen, und wir werden Frucht bringen und Ihn so verherrlichen. Dies ist keine religiöse oder ethische Lehre, es ist das Leben in Christus.

Der Zweck dieses Buches besteht nicht darin, Lehren weiterzugeben oder unser religiöses oder ethisches Niveau zu erhöhen. Nein! Das Buch soll uns vielmehr helfen, Gottes ewigen Vorsatz zu erfassen, den Vorsatz, dass Er sich als unser einziger Anteil, als unser Leben und unser alles in uns hinein austeilen will. Lasst uns von nun an durch Ihn leben und Ihn als unser alles genießen. Wo ist der Schlüssel, der entscheidende Ansatzpunkt, das Zentrum? In unserem Geist. Der wunderbare, allumfassende, unbegrenzte Gott hat sich begrenzt, um in unserem Geist zu wohnen. Obwohl wir so klein und begrenzt sind, wohnt doch Gott in uns, in unserem Geist. Das bedeutet etwas völlig anderes, als wenn man einem Menschen ein religiöses oder ethisch hochstehendes Benehmen beibringt; es bedeutet, dass der Dreieine Gott, der in unserem Geist ist, zu unserem Alles wird. Deshalb müssen wir lernen, unseren Geist wahrzunehmen, zu unterscheiden, unsere Seele fortwährend zu verleugnen und beständig eine Wendung in unseren Geist hinein zu vollziehen. Wir müssen alles, was um uns ist, vergessen und in Ihm bleiben. Wir müssen alles Äußere vergessen, in Ihm bleiben und Ihn in uns wohnen lassen. Dann wird das innere Leben, welches Christus selbst in unserem Geist ist, Frucht hervorbringen.

Sind wir in unserem Christsein religiös, so werden wir gleich früh am Morgen aufstehen und beten: „Herr, ich danke dir für diesen neuen Tag. Hilf mir heute, das Rechte zu tun und nichts falsch zu machen. Hilf mir heute, Deinen Namen zu verherrlichen und Deinen Willen zu tun. Herr, Du weißt, wie unbeherrscht ich bin. Hilf mir, dass ich nicht zornig werde. Herr, wie schön ist es, wenn man so geduldig und demütig ist. O Herr, hilf mir, geduldig und demütig zu sein." Vielleicht haben wir nicht genau diese Worte gebraucht, aber sinngemäß haben wir doch in dieser Weise gebetet. Dies ist kein geistliches Gebet, sondern ein religiöses, ethisches Gebet. Vielleicht fragst du mich jetzt: „Wie soll ich dann am Morgen beten?" Nun, ich würde vorschlagen, dass du sagst: „Herr, ich lobe Dich. Du bist der Wunderbare, der mit dem Vater im Geist ist. Wie herrlich, dass Dein Geist in meinem Geist lebt! Herr, ich schaue auf Dich, ich schaue Dich an, ich bete Dich an! Ich danke Dir und preise Dich, ich habe Gemeinschaft mit Dir!" Denke nicht mehr an die religiösen Dinge und an die guten Werke. Du wirst den ganzen Tag im Himmel sein! Dann brauchst du gar nicht zu denken: „Sei vorsichtig, übereile nichts, werde nicht ungeduldig." Bete einfach: „Herr, ich weiß nichts von Unbeherrschtheit, von Demut, von Geduld, von diesem und jenem, ich kenne nur Dich, den herrlichen Christus, den allumfassenden Christus!" Habe Gemeinschaft, preise Ihn und singe Halleluja. Dann wirst du den Sieg sehen. Wenn du abends zur Gemeindeversammlung kommst, wirst du im Himmel sein. Es wird dir sehr leicht fallen, deinen Geist zu befreien und den Geist anderer zu befreien. Dies ist der Zielpunkt, das Zentrum von Gottes Ökonomie.

Stelle dich dieser Verantwortung, den Zielpunkt nicht zu verfehlen. Du hast nun eine Landkarte mit klaren Anweisungen. Es gibt keinen Grund, dass du den Weg verfehlst. Warum am Eselskarren festhalten, während du heute ein Düsenflugzeug zur Verfügung hast, ja mehr als ein Düsenflugzeug, sogar eine Rakete! Ich möchte euch so gerne klarmachen, wo die Rakete ist! Ihr habt sie in eurem Geist. Wenn ihr euch zum Geist wendet, bedeutet das viel mehr, als in einem neuen Ford zu fahren – ihr seid dann wie in einem Düsenflugzeug. Und manchmal am Morgen habt ihr den Eindruck, in einer Rakete zu sitzen. Ihr habt das Gefühl, im dritten Himmel zu sein, so hoch über allem! Dies ist kein Scherz. Ein echter Christ sollte so wunderbare Erfahrungen mit Christus haben. Kannst du eine schwierige Situation nicht durchstehen und geht der Druck über deine Kraft, dann wende dich zu deinem Geist und schaue Jesus an. Du wirst hoch über allem stehen und den Sieg erfahren. Alles wird unter deinen Füßen sein.

Oft schon befand ich mich in Schwierigkeiten und wusste nicht, was ich tun und welche Entscheidung ich treffen sollte. Je mehr ich die Situation analysierte, desto verwirrter und komplizierter wurde ich. Dann sagte ich: „Herr, lass mich das alles vergessen Ich will zum Geist zurückkommen und Dich anschauen." Welch eine herrliche Erleuchtung kommt, wenn wir dies tun! Der Allumfassende ist so nahe, in unserem Geist! „Bleibt in Mir und Ich in euch" – dies ist das Geheimnis. Wenn wir den Geist unterscheiden und wahrnehmen, können wir im Herrn bleiben, und dann stellen wir fest, dass Er der allumfassende Dreieine Gott ist. Er ist der wunderbare, allumfassende, allgenügende Geist, der in unserem Geist wohnt. Wenn immer wir zu unserem Geist zurückkehren, um den Herrn zu berühren, befinden wir uns im Licht, im Leben, in der Kraft, in den Himmeln, dann sind wir bei dem Dreieinen Gott, und der Dreieine Gott ist bei uns. Wie herrlich! Dies ist nicht nur eine Lehre, sondern ein wirkliches Zeugnis dessen, was ich allezeit genieße und erfahre. Lernt es, auf den zentralen Punkt von Gottes Ökonomie zu zielen, und weicht nie davon ab. Bleibt immer auf diesen zentralen Punkt ausgerichtet – habt Gemeinschaft mit dem Herrn, seht auf Ihn, schaut Ihn an und spiegelt Ihn wieder, Tag für Tag, indem ihr die Seele verleugnet und den Geist übt.

KAPITEL ZWÖLF

DER MENSCH UND DIE ZWEI BÄUME

Durch alle sechsundsechzig Bücher der Schrift wird uns Gottes ewiger Plan, Seine Ökonomie, offenbart. Ganz am Anfang der Bibel sehen wir, wie Gott als das Zentrum der ganzen Schöpfung den Menschen erschuf, und zwar in der Absicht, sich selbst durch diesen Menschen zum Ausdruck zu bringen. In Seiner Ökonomie beabsichtigte Gott, dass der Mensch Ihn, Gott, als das Zentrum Seines ganzen Universums zum Ausdruck bringen sollte.

DER MENSCH – NEUTRAL ZWISCHEN DEN ZWEI BÄUMEN

Ganz am Anfang werden uns in Gottes Wort zwei Bäume gezeigt, der Baum des Lebens und der Baum der Erkenntnis des Guten und Bösen (1.Mose 2). Wer Gottes Plan in der Schrift verstehen will, muss sich über diese beiden Bäume und über das, was sie darstellen, gründlich im Klaren sein. Nachdem Gott den Menschen erschaffen hatte, stellte Er ihn vor diese zwei Bäume. Das ganze Leben und den ganzen Wandel des Menschen sehen wir hier dargestellt als ein genießendes Essen von einem der beiden Bäume. Gott wies den Menschen an, große Vorsicht walten zu lassen bei der Entscheidung, von welchem der beiden Bäume er essen wollte. Wenn der Mensch in bezug auf sie in richtiger Weise handelte, würde er Leben empfangen, sonst jedoch den Tod. Es ging um Leben oder Tod. Wie der Mensch nach seiner Erschaffung weiterhin leben und wandeln würde, hing völlig von seinem Umgang mit diesen beiden Bäumen ab. Gott sagte dem Menschen unmissverständlich, worum es ging: Wenn er vom zweiten Baum aß, vom Baum der Erkenntnis des Guten und Bösen, dann war der Tod die Folge; aß er hingegen vom ersten Baum, vom Baum des Lebens, so empfing er Leben.

Was bedeuten diese beiden Bäume? Nach der Offenbarung der ganzen Schrift bezeichnet der Baum des Lebens Gott selbst, der in Christus zu unserem Leben wird. Der Baum des Lebens ist ein Bild für das Leben Gottes in Christus. Das Alte und das Neue Testament stellen den Herrn Jesus oft als einen „Baum" oder einen „Zweig" dar. Sowohl bei Jesaja als auch bei Jeremia und Sacharja wird der Herr ausdrücklich als „Zweig" bezeichnet. Außerdem werden viele Bäume in der Schrift als Bild dafür gebraucht, dass Christus unser Anteil und unser Genuss ist. So wird der Herr Jesus zum Beispiel im zweiten Kapitel des Hohenliedes Salomos mit einem Apfelbaum verglichen: „Wie der Apfelbaum unter den Bäumen des Waldes, so ist mein Geliebter unter den Söhnen. Ich setzte mich nieder unter seinem Schatten (dem Schatten des Apfelbaumes) mit großem Entzücken". Wir können unter Christus als dem schattenspendenden Baum sitzen – unter Seiner Bedeckung und Seinem Schatten – und Seinen ganzen Reichtum, die Frucht dieses Baumes, genießen. Ein anderes Beispiel für Christus als Baum ist der Weinstock in Johannes 15: „Ich bin der Weinstock, ihr seid die Reben ..."

Welche Bedeutung hat nun der zweite Baum, der Baum der Erkenntnis des Guten und Bösen? Dieser Baum stellt nichts anderes dar als Satan, die Quelle des Todes. Der zweite Baum bringt uns den Tod, weil er nichts anderes als die Quelle des Todes ist. Der erste Baum stellt die Quelle des Lebens dar, der zweite Baum die Quelle des Todes. Im ganzen Universum ist nur Gott selbst die Quelle des Lebens, und nur Satan ist die Quelle des Todes. In Psalm 36 haben wir einen der Verse, die uns zeigen, dass Gott selbst die eigentliche Quelle des Lebens ist: „Denn bei Dir ist der Quell des Lebens" (V. 10); und im Hebräerbrief haben wir einen der Verse, die uns zeigen, dass Satan die Quelle des Todes ist: „Den ... der die Macht des Todes hat ..." (2:14). Die Macht des Todes liegt in der Hand Satans. Seit Anbeginn der Zeit repräsentieren diese beiden Bäume also zwei Quellen, der eine die Quelle des Lebens und der andere die Quelle des Todes.

Am Anfang gab es drei Parteien – Gott, den Menschen und Satan. Als der von Gott geschaffene Mensch noch in Unschuld war, stand er dem Leben und dem Tod in neutraler Stellung gegenüber. Da der Mensch zwischen Leben und Tod wählen konnte, befand er sich auf neutralem Boden. Gott hingegen nahm die Seite des Lebens ein und Satan die Seite des Todes. Der Mensch war als ein gegen Gott und Satan „neutrales" Wesen geschaffen. Gottes Absicht bestand darin, dass dieser „neutrale", unschuldige Mensch Ihn selbst, Gott, in sich hinein aufnehmen sollte, so dass Gott und Mensch, Mensch und Gott zu einem vermengt würden. Dann sollte der Mensch Gott als sein Leben enthalten und als sein alles zum Ausdruck bringen, und so konnte ein erschaffenes Wesen als das Zentrum des Universums den Vorsatz Gottes erfüllen und Ihn vollkommen zum Ausdruck bringen. Eine andere Möglichkeit aber bestand darin, dass der Mensch sich verführen ließ und den zweiten Baum, die Quelle des Todes, wählte. In diesem Fall würde der Mensch mit dem zweiten Baum vermengt werden. Mögen doch unsere Augen dafür geöffnet werden, dass es in diesem Universum nicht um Ethik oder um gute Werke geht, sondern darum, ob wir Gott als Leben oder Satan als Tod aufnehmen! Wir müssen von der ethischen und moralischen Denkweise befreit werden. Es geht nicht darum, ob wir Gutes oder Böses tun, sondern darum, ob wir Gott als Leben oder Satan als Tod aufnehmen. Wie sehr kommt es darauf an, dass wir diese drei Parteien klar sehen! Auf der einen Seite steht Gott, der Ursprung des Lebens, dargestellt durch den Baum des Lebens, auf der anderen Seite steht Satan, der Ursprung des Todes, dargestellt durch den Baum der Erkenntnis, und in der Mitte zwischen beiden, noch leer, steht Adam mit zwei geöffneten Händen. Er hat die Wahl zwischen Gott zu seiner Rechten und Satan zu seiner Linken.

DER MENSCH WURDE
DURCH DEN BAUM DES TODES VERDORBEN

Nun – wie wir wissen, wurde Adam dazu verleitet, die zweite Quelle, nämlich den Baum der Erkenntnis, in sich aufzunehmen. Dies bedeutet nicht allein, dass er etwas Falsches tat. Adam hatte zwar Gottes Gesetz und Seine Anordnung übertreten, aber es war noch etwas viel Schlimmeres geschehen: Dass Adam die Frucht vom Baum der Erkenntnis aß, bedeutet, dass er Satan in sich hinein aufnahm. Adam nahm nicht einen Zweig von diesem Baum, sondern er aß seine Frucht. Die Frucht enthält die reproduzierende Kraft des Lebens. Wenn man beispielsweise die Frucht von einem Pfirsichbaum in die Erde bringt, wird bald ein weiterer kleiner Pfirsichbaum herauswachsen. Adam war gewissermaßen die „Erde." Als er die Frucht vom Baum der Erkenntnis in sich aufnahm, nahm er Satan auf, der daraufhin in ihm zu wachsen begann. Dies ist keine Kleinigkeit! Nur wenige Christen haben in dieser Weise erfasst, was der Fall des ersten Menschen bedeutete. Die Frucht Satans wurde – wie ein Same in den Boden – in Adam hineingesät, und so wuchs Satan in Adam und wurde ein Teil seiner Person.

Nun müssen wir herausfinden, in welchen Teil Adam den Satan aufnahm. Satan ist ja nicht in Adam allein hineingekommen, als dieser im Garten zu Fall kam, sondern er befindet sich seitdem im ganzen Menschengeschlecht. Wo im Menschen befindet er sich? Wie wir in diesen Kapiteln gesehen haben, sind wir ein Wesen mit drei Teilen: Wir bestehen aus Geist, Seele und Leib. Seht euch das Bild an. Adam nahm die Frucht dieses Baumes. In welchen Teil seines Seins gelangte sie? Sie gelangte natürlich in seinen Leib, da er sie ja aß. Obwohl dies logisch und vernünftig ist, brauchen wir doch die Bestätigung durch die Schrift, dass sich in unserem Leib ein Element Satans befindet. In Römer 7:23 lesen wir: „Aber ich sehe ein anderes Gesetz in meinen Gliedern, das dem Gesetz meines Sinnes widerstreitet." Das griechische Wort, das hier mit „anderes" übersetzt ist, bedeutet „von der anderen Kategorie", „im Unterschied zu einem anderen", „entgegengesetzt." Man könnte drei Gesetze von derselben Kategorie haben, zum Beispiel ein erstes und dann noch zwei „andere". Das Griechische aber spricht hier von einem Gesetz der entgegengesetzten Kategorie. „Aber ich sehe ein Gesetz der anderen Kategorie in meinen Gliedern (d.h. in den Teilen des Leibes), das dem Gesetz in meinem Sinn widerstreitet und mich in Gefangenschaft bringt unter das Gesetz der Sünde, das in meinen Gliedern (d.h. in den Teilen des Leibes) ist."

Was ist das Gesetz der Sünde? Paulus sagte: „... nicht mehr ich ..., sondern die in mir wohnende Sünde" (Röm. 7:20), und: „... nicht mehr lebe ich, sondern Christus lebt in mir" (Gal. 2:20). Hier haben wir den Kontrast zwischen „nicht mehr ich, sondern die Sünde" und „nicht mehr ich, sondern Christus." Christus ist die Verkörperung Gottes, die Sünde hingegen die Verkörperung Satans. Das Wort „Sünde" in Römer 7 sollte im Englischen mit großem Anfangsbuchstaben geschrieben werden, da sie als eine Person angesehen wird. Sie hat die Eigenschaften einer Person, da sie in uns wohnen und uns gegen unseren Willen zu etwas zwingen kann (Röm. 7:17, 20). Sie ist sogar stärker als wir. In Römer 6:14 heißt es: „Denn die Sünde wird nicht über euch herrschen." Besser sollte man so übersetzen: „Denn die Sünde wird keine Herrschaft über euch haben", oder „Denn die Sünde wird nicht Herr über euch sein." Da die Sünde Herr über uns sein kann, muss sie der Böse, nämlich Satan selbst, sein. Als der Mensch fiel, kam Satan als die Sünde in ihn hinein, und nun beherrscht, schädigt, verdirbt und zwingt er ihn. In welchem Teil? Satan befindet sich in den Gliedern unseres Leibes.

Der Leib des Menschen war so, wie Gott ihn ursprünglich geschaffen hatte, etwas sehr Gutes, aber nun ist er zum Fleisch geworden. Der Leib war rein, da er gut erschaffen war, aber als Satan sein Zerstörungswerk in ihm begann, wurde er zum Fleisch. Paulus hat gesagt: „... in mir, das ist in meinem Fleisch, wohnt nichts Gutes" (Röm. 7:18). Dass der Mensch fiel, bedeutete, dass Satan in unseren Leib Einzug hielt und ihn zum Fleisch machte zu einem beschädigten, zerstörten Leib.

Der Römerbrief benützt zwei Ausdrücke, nämlich „der Leib der Sünde" (6:6) und „der Leib des Todes" (7:24). Der Leib wird „der Leib der Sünde" genannt, weil die Sünde sich im Leib befindet. Er ist zum Wohnsitz der Sünde, der Verkörperung Satans, geworden. Was aber ist „der Leib des Todes"? Die Quelle und die Kraft des Todes ist Satan. Während die Sünde die Verkörperung Satans ist, ist der Tod das Endergebnis seines Wirkens. Dieser verdorbene, entartete Leib wird der „Leib der Sünde", der „Leib des Todes" genannt, weil er zum Wohnsitz Satans geworden ist. Sowohl die Sünde als auch der Tod gehören zu Satan. Der Begriff „Leib der Sünde" besagt, dass der Leib sündig, verdorben und von der Sünde versklavt ist; der Begriff „Leib des Todes" besagt, dass der Leib geschwächt und voller Tod ist. Der Leib ist etwas Satanisches und Teuflisches, weil Satan in ihm wohnt. Alle Lüste befinden sich in diesem verdorbenen Leib, der das Fleisch genannt wird. Das Wort der Schrift offenbart, dass die Lust die „Begierde des Fleisches" ist (Gal. 5:16). Das Fleisch ist der verdorbene Leib voller Lüste, in dem Satan wohnt. Nun seht ihr, was der Fall des Menschen bedeutete: Der Mensch hat nicht nur gegen Gott gehandelt, sondern er hat Satan in seinen Leib aufgenommen. Seit diesem Augenblick wohnt der Satan im Menschen. Dies also ist geschehen, als der Mensch von dem zweiten Baum nahm.

Seit Satan und der Mensch durch den zweiten Baum eins wurden, befindet sich Satan nicht mehr nur außerhalb des Menschen sondern im Menschen. Der Fürst der Luft, Satan selbst, wirkt in den Ungehorsamen (Eph. 2:2). Satan freute sich natürlich und rühmte sich damit, dass es ihm gelungen war, den Menschen zu erobern. Gott hingegen, der noch immer außerhalb des Menschen war, sagte gleichsam: „Auch ich will Fleisch werden. Wenn Satan sich in den Menschen hineingewirkt hat, dann will ich selbst in den Menschen hineingehen und den Menschen anziehen." Seht ihr, wie kompliziert die Situation war? Gott zog durch die Fleischwerdung diesen Menschen an, in dem Satan sich befand. Als Gott ins Fleisch kam und ein Mensch wurde, war der Mensch, den er anzog, ein von Satan verdorbener Mensch. Der Mensch war zur Zeit der Fleischwerdung Gottes kein reiner Mensch mehr, sondern ein von Satan zerstörter, verdorbener Mensch. Lasst uns Römer 8:3 lesen: „Gott (sandte) ... Seinen eigenen Sohn in Gleichgestalt des Fleisches der Sünde" – nicht „des sündlichen Fleisches", wie es in der Lutherübersetzung heißt, sondern „des Fleisches der Sünde." Als der Herr Jesus sich selbst in das Fleisch hineinbegab, nahm Er die „Gleichgestalt des Fleisches der Sünde" an. Es war keine Sünde in Ihm, aber Er war in der „Gleichgestalt des Fleisches der Sünde." In dem verdorbenen Menschen befand sich die Sünde, nicht aber in dem Herrn Jesus; Er hatte nur die Gleichgestalt des Fleisches der Sünde. Das Alte Testament veranschaulicht dies durch das Bild von der erhöhten ehernen Schlange. Diese Schlange aus Erz war ein Schatten auf Christus (Joh. 3:14). Als Christus am Kreuz hing, war Er ein

Mensch „in Gleichgestalt" der Schlange. Die Schlange ist Satan, der Teufel, der Feind Gottes; Jesus aber hatte, als Er ins Fleisch kam und ein Mensch wurde, sogar die „Gleichgestalt" des sündigen Fleisches, also die Gleichgestalt Satans. Das kann niemand leicht verstehen. Es ist nicht so einfach. Lasst mich noch einmal wiederholen: Der Mensch wurde rein erschaffen, aber eines Tages drang Satan in ihn ein und nahm ihn in Besitz. Satan freute sich und war überzeugt, den Menschen nun für sich erobert zu haben. Dann aber nahm Gott den Menschen, in dem Satan sich befand, auf sich und zog ihn an.

DER MENSCH WURDE VOM BAUM DES TODES BEFREIT

Nachdem Gott Mensch geworden war und eben den Menschen, in dem Satan sich befand, angezogen hatte, brachte Er diesen Menschen ans Kreuz. Satan hielt sich für erfolgreich, aber in Wirklichkeit hatte er nur dem Herrn den Weg dafür gebahnt, dass Er ihn bequem töten konnte. Wenn eine Maus frei im Hause herumläuft, kann der Hausherr sie nicht so leicht fangen. Stellt er jedoch eine Falle mit einem kleinen Köder auf, so wird die Maus in Versuchung kommen, sich an diesen Köder heranzumachen. Zunächst wird die Maus sich für erfolgreich halten, weil sie den Köder ergattert hat, aber dann, wenn es zu spät ist, wird sie merken, dass sie in der Falle sitzt. Nachdem sie dann gefangen worden ist, kann der Hausbesitzer sie ohne Schwierigkeit töten. Ganz entsprechend war es mit Adam. Er wurde zu einer Falle, in der Satan gefangen wurde. Satan war diese „schlimme" Maus, die frei im Universum herumlief. Als es Satan gelungen war, den Menschen in Besitz zu nehmen, hielt er sich für sehr erfolgreich, aber er merkte nicht, dass er in die Falle gegangen war. Er hielt den Menschen für sein Zuhause, ohne zu wissen, dass der Mensch eine Falle war; Er hielt den Menschen für seine Nahrung, aber der Mensch war nur der Köder. Dadurch, dass Satan den Menschen raubte, wurde er im Menschen gefangen und eingesperrt. Dann kam der Herr, zog sich den Menschen an und brachte ihn ans Kreuz, um so „durch den Tod den zunichte zu machen, der die Macht des Todes hat" (Hebr. 2:14). Der Mensch war die Falle, und Satan wurde in ihm gefangen. Durch die Fleischwerdung zog

Gott den gefallenen Menschen an und brachte ihn am Kreuz in den Tod. Und gleichzeitig mit diesem gefallenen Menschen wurde auch Satan in den Tod gebracht. Auf diese Weise geschah es, dass Christus durch Seinen Tod am Kreuz den Satan vernichtete. Aus diesem Grund fürchtet Satan das Kreuz, und aus diesem Grund hat der Herr uns gesagt, dass wir das Kreuz auf uns nehmen sollen. Das Kreuz ist die einzige Waffe, mit der wir Satan überwinden können.

Wo befindet sich Satan? Er befindet sich in mir – in meinem Fleisch. Aber wo ist jetzt mein Fleisch? In Galater 5:24 lesen wir, dass „das Fleisch samt den Leidenschaften und Begierden gekreuzigt" ist. Mein Fleisch ist samt dem Satan, der in ihm wohnt, am Kreuz; also ist Satan am Kreuz in den Tod gebracht worden. Lobt den Herrn! Aber ist damit alles erledigt? Nein, auf den Tod folgt das Begräbnis. Und selbst das Grab ist nicht das Ende. Nein, nach dem Begräbnis kam die Auferstehung! Israel ging mit Pharao und seinem Heer in das Rote Meer hinein, aber das Volk wurde ohne Pharao und sein Heer wieder aus dem Todeswasser auferweckt. Pharao und sein Heer wurden im Todeswasser begraben. Christus hat den Menschen zusammen mit Satan in den Tod und in das Grab hineingebracht, und Er hat den Menschen ohne Satan aus dem Tod und dem Grab herausgebracht. Er hat den Satan im Grab gelassen. Und nun ist dieser auferweckte Mensch eins mit Christus.

DER MENSCH WURDE
DURCH DEN BAUM DES LEBENS AUFERWECKT

Lasst mich euch fragen: Wann wurdet ihr wiedergeboren? Im Jahr 1958? Viel zu spät! Ihr wurdet durch die Auferstehung Christi wiedergeboren (1.Petr. 1:3). Als Christus auferweckt wurde, wurden auch wir, die wir an Ihn glauben, mit Ihm auferweckt. Dies kann durch Epheser 2:5 und 6 bewiesen werden: Gott hat uns „mit dem Christus lebendig gemacht" und „mitauferweckt". Damals, als Christus auferweckt wurde, wurden wir gleichzeitig mit Ihm auferweckt. Dies muss uns tatsächlich Eindruck machen. Der Mensch wurde durch Satan verdorben, als dieser in ihn hineinkam. Gott aber nahm durch Seine

Fleischwerdung diesen Menschen, in dem sich Satan befand, auf sich, zog ihn an und brachte diesen Menschen ans Kreuz, tötete diesen Menschen mitsamt dem Satan und begrub ihn. Dann brachte Er den Menschen in die Auferstehung, und durch diese Auferstehung wurde der Mensch mit Gott eins. Durch die Fleischwerdung kam Gott in den Menschen hinein, und durch die Auferstehung wurde der Mensch eins mit Gott. Nun befindet Gott sich im Geist des Menschen.

Wir sollten voller Freude sein – aber doch mit einer Einschränkung. Warum? Weil wir allezeit, täglich, das Kreuz tragen müssen. Immer, wenn unser Fleisch vom Kreuz entfernt ist, werden wir Satan wieder lebendig finden. Wir müssen „Halleluja" sagen, weil wir den Herrn Jesus in unserem Geist haben, aber wir müssen auch auf der Hut sein, weil wir immer noch in diesem Fleisch leben. Wenn das Fleisch vom Kreuz herunterkommt, wird der Teufel wieder lebendig. Aus diesem Grund müssen wir allezeit im Geist leben und das Kreuz auf das Fleisch anwenden. Obwohl Satan durch den Fall in den Menschen hineingekommen ist, hat der Herr bereits mit ihm abgerechnet, und nun befindet sich der Herr durch die Auferstehung in uns. Von nun an besteht unsere Verantwortung und Aufgabe nicht darin, irgendetwas Gutes zu tun. Das Gute wird uns nur betrügen und verblenden. Wir sollen einfach dem Herrn im Geist folgen und das Kreuz auf das Fleisch anwenden. Dies wird Satan ganz von selbst in den Tod bringen. Lerne es, dies eine mit seinen beiden Aspekten zu tun: dem Herrn im Geist zu folgen und das Fleisch einschließlich Satan am Kreuz in den Tod zu bringen.

Was wird dann schließlich dabei herauskommen? Was wird das Ergebnis sein? Sehr einfach – auf der einen Seite das Neue Jerusalem und auf der anderen der Feuerpfuhl. Das Neue Jerusalem ist der mit dem auferstandenen Menschen vermengte Dreieine Gott, und der Feuerpfuhl ist die letzte Vernichtung Satans. Der Feuerpfuhl ist der richtige Ort für Satan. Alles, was nicht zu dem Dreieinen Gott und dem auferstandenen Menschen gehört, wird mit Satan in den Feuerpfuhl geworfen. Und im Neuen Jerusalem wird es nur einen einzigen Baum geben – den Baum des Lebens. Der andere Baum wird sich im Feuerpfuhl befinden. Dies ist der letzte Abschluss der ganzen Schrift. Die Schrift begann mit drei Parteien, aber die letzte Vollendung wird das Neue Jerusalem sein, in dessen Mitte es nur noch den ersten Baum gibt und den Menschen in Auferstehung als den Ausdruck des Dreieinen Gottes. Der zweite Baum wird in den Feuerpfuhl geworfen sein. Alle Dinge und alle Menschen, die zum zweiten Baum gehören, werden das Schicksal Satans teilen und in den Feuerpfuhl kommen.

Fassen wir noch einmal zusammen, welche Bedeutung dieses Bild für uns heute hat: Es zeigt uns, dass das normale Christenleben nicht darin besteht, Gutes zu tun. Das normale Christenleben besteht vielmehr darin, dass wir Christus aufnehmen und durch Christus leben und allezeit das Fleisch mitsamt Satan in den Tod bringen. Es bedeutet, dass wir dem Herrn in unserem Geist folgen und unser Fleisch in den Tod bringen. Dann wird der Tag kommen, an dem der Dreieine Gott und der auferstandene Mensch ein einziger Ausdruck sind – das Neue Jerusalem mit dem Baum des Lebens als seinem Mittelpunkt.

KAPITEL DREIZEHN

DAS KREUZ UND DAS SEELENLEBEN

In all diesen Kapiteln geht es um die Grundlagen und das Zentrum von Gottes Ökonomie. Wir behandeln hier nicht irgendwelche zweitrangigen Lehren, sondern die grundlegenden Dinge der Ökonomie Gottes, und es geht dabei überhaupt nicht um bloße Lehre, sondern um die Erfahrung. In Seiner Ökonomie will Gott sich selbst in uns hinein austeilen, und dies hat Er, soweit es unseren Geist betrifft, bereits getan. Der Dreieine Gott ist in uns hinein ausgeteilt worden. Zu diesem Zweck hat Gott uns in drei Teilen erschaffen: Leib, Seele und Geist. Dieses dreigeteilte Wesen ist Gottes Tempel. Gottes Tempel besteht aus drei Teilen: dem äußeren Vorhof, dem Heiligen und dem Allerheiligsten, dem Ort also, wo Gottes Schekina und Gottes Christus wohnten. Die drei Teile unseres Seins entsprechen genau diesen drei Teilen des Tempels der Leib entspricht dem Vorhof, die Seele dem Heiligen und der Geist dem Allerheiligsten. Heute wohnt Gott in Christus in unserem Geist, im Allerheiligsten.

DER DREIEINE GOTT BREITET SICH IM MENSCHEN AUS

Gottes Ökonomie besteht darin, dass Er sich selbst in unseren Geist als Seine Wohnung hinein austeilt und unseren Geist zu Seiner Wohnung macht, um sich von dieser Basis her in unser ganzes Sein auszubreiten. Unser Geist ist Sein Zuhause, Seine Wohnung, er ist der Ort, von dem aus Er sich in unser ganzes Sein ausbreitet. Indem Er sich in uns ausbreitet, durchsättigt Er jeden Teil unseres Seins mit sich selbst. Zunächst vermengt Er sich gründlich mit unserem Geist, dann mit der Seele und zuletzt mit dem Leib. Er kommt in unseren Geist hinein, um durch die Wiedergeburt unseres Geistes mit der Vermengung zu beginnen.

Nach der Wiedergeburt wird Er sich, sofern wir mit Ihm zusammenarbeiten, uns Ihm hingeben und Ihm die Möglichkeit dazu eröffnen, von unserem Geist in unsere Seele ausbreiten, um alle Teile unserer Seele zu erneuern. Dies ist das Umwandlungswerk. Durch die Umwandlung wird die Substanz des Dreieinen Gottes mit unserer Seele, mit unserem Ich, vermengt. Und wenn unsere Seele in das Bild des Herrn umgewandelt ist, werden unsere Gedanken, unsere Wünsche und unsere Entscheidungen immer den Herrn zum Ausdruck bringen.

Gottes erster Schritt mit uns besteht also in der Wiedergeburt unseres Geistes, der zweite in der Umwandlung unserer Seele und der letzte schließlich in der Verklärung, in der Verwandlung unseres Leibes beim zweiten Kommen des Herrn. Dann wird der Herr unseren Leib völlig durchdringen, und Seine Herrlichkeit wird unser ganzes Sein durchsättigen. Dieses Verklärtwerden ist die letzte Vollendung, nachdem Er sich bis zum äußersten mit unserem Sein vermengt hat. Zu dieser Zeit wird Gottes Ökonomie, die Austeilung Seiner selbst in uns hinein, völlig abgeschlossen sein. Vergesst diese drei Schritte nicht, durch welche Gott sich ganz und gar mit uns vermengt. Das folgende Lied bringt die letzte Vollendung zum Ausdruck.

> Christus, der ist mein Leben,
> Hoffnung der Herrlichkeit,
> Er hat mich neu geboren,
> Durchsättigt mich schon heut;
> Bei Seinem Kommen wandelt
> Durch Sein' Macht Er den Leib
> Und macht ihn gleich dem Seinen
> In Herrlichkeit.
>
> *Chorus:*
>
> Er kommt, Er kommt,
> Christ' kommt, verherrlicht mich!
> Mein'n Leib den wird verklären Er,
> Dem Seinen völlig gleich.
> Er kommt, Er kommt, Erlösung Er anwend't.
> Als Hoffnung kommt der Herrlichkeit
> Sein' Heil'gen zu sich nimmt.

Christus ist Gott's Geheimnis,
Hoffnung der Herrlichkeit;
Gibt teil mir an Gott's Fülle,
Gott selbst in mich austeilt.
Er kommt, um mich zu mengen
Mit Gott in jeder Weis',
Dass ich Sein' Herrlichkeit teil'
In Ewigkeit.

Christus, die voll' Erlösung,
Hoffnung der Herrlichkeit;
Erlösung Er mein'm Leibe,
Vom Tod ihn ganz befreit.
Er kommt, dass meinen Leib in
Die Herrlichkeit Er bringt
Und allen Tod für immer
In Sieg verschlingt.

Christus ist mein' Geschichte,
Hoffnung der Herrlichkeit;
Sein Leben schon erfahr' ich,
Eins Er ist mit mir heut'.
Er kommt, und in Sein' Freiheit
Holt Er mich ganz hinein,
Vollkommen eins mit Ihm werd'
Ich ewig sein.

(Lied 949 nach engl. *Hymns*)

DIE ZWEI PARTEIEN, DIE UM DIE SEELE KÄMPFEN

Wir alle kennen die traurige Geschichte. Noch bevor der herr-liche Gott in den Geist hineinkam, drang Satan, der Feind Gottes, zuerst in uns ein, und zwar kam er durch Adam, der die Frucht vom Baum der Erkenntnis aß, in den menschlichen Leib hinein. Daher wohnt jetzt die Sünde als Person in den Gliedern unseres Leibes und regiert dort als ein unrechtmäßiger Herr, der uns dazu zwingt, Dinge zu tun, die wir gar nicht tun wollen. Dies ist die Sünde, von der in Römer 6, 7 und 8 gesprochen wird. Sie ist nichts anderes als der Böse, der Inbegriff der Sünde in diesem

Universum. Er ist der Feind Gottes. Als er in unseren Leib hineinkam, wurde unser Leib umgebildet, in seiner Natur verändert, er wurde zum Fleisch. Das Fleisch ist der entartete, zerstörte und geschädigte Leib, in dem der Böse wohnt. Dieses Fleisch droht nun die Seele zu beherrschen.

Genau wie der menschliche Geist zu einem Stützpunkt wird, von dem aus Gott sich in uns ausbreiten kann, gilt das entsprechende Prinzip auch für diesen verdorbenen Leib: Das von Satan in Besitz genommene Fleisch wird zum Stützpunkt, von dem aus er sein teuflisches Werk ausführen kann. Satan nimmt seinen Platz im Fleisch ein, um die Seele zu beeinflussen und dann durch die Seele den Geist in den Tod zu bringen. Satan arbeitet stets von außen nach innen; er beginnt außen, und seine Arbeit richtet sich nach innen. Im Gegensatz dazu beginnt das göttliche Werk immer im Zentrum und breitet sich von dort in die äußeren Bereiche aus. Wir können das folgendermaßen darstellen:

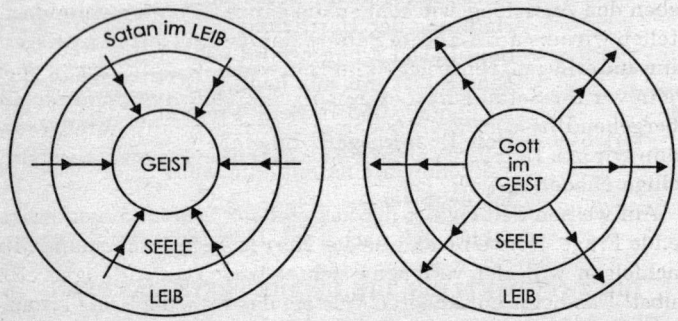

Die menschliche Seele vermag dem Satan, der viel stärker ist als sie, nicht standzuhalten. Vor unserer Errettung befanden wir uns in dem Zustand, dass Satan unsere Seele durch das Fleisch vergiftet hatte. Als wir das Evangelium hörten und im Verstand und im Gewissen erleuchtet wurden, erfuhren wir in unserem Geist ein Zerschlagen- und Zerbrochenwerden, taten Buße und öffneten uns dem Herrn, woraufhin Er herrlich in unserem Geist Einzug hielt, um fortan im Heiligen Geist unser Leben zu sein.

Während Satan, der Feind, unser Fleisch als Stützpunkt eingenommen hat, von dem aus er sich nach innen, zum Geist hin, vorkämpfen möchte, benutzt unser wunderbarer Herr den Geist als Stützpunkt, von dem aus Er sich nach außen, zum Fleisch hin, vorankämpft.

Wir sind deshalb so kompliziert, weil aus uns ein Schlachtfeld geworden ist. Wir sind das universale Schlachtfeld für den universalen Kampf. Tag für Tag kämpfen in uns Satan und Gott, Gott und Satan gegeneinander. Satan kämpft sich gegen das Zentrum vor, Gott hingegen kämpft in Richtung auf den äußeren Bereich. Und was ist dabei unsere Haltung? Wir können nicht neutral bleiben, wir müssen Stellung beziehen. Im äußersten Bereich des Menschen befindet sich der Feind Gottes, und im innersten Teil befindet sich Gott selbst. Zwischen den beiden, in der Mitte, liegt die Seele. Satan ist in dem verdorbenen Leib, Gott in dem wiedergeborenen Geist und wir dazwischen, in der menschlichen Seele. Wir sind eine sehr wichtige Person. Wir geben den Ausschlag, wir können die ganze Situation verändern. Stellen wir uns auf die Seite Satans, dann wird Gott in gewissem Sinn unterliegen. Natürlich kann Gott niemals unterliegen, aber wenn wir für Satan Partei ergreifen, wird Gott anscheinend vorübergehend besiegt. Stellen wir uns dagegen auf Gottes Seite, dann wird es Herrlichkeit zur Folge haben, und Satan wird eine völlige Niederlage erleiden.

Auf wessen Seite willst du dich stellen? Das ist die entscheidende Frage. Höre einmal, was der Herr sagt: „Wenn jemand Mir nachfolgen will, der verleugne sich selbst." Der verleugne sich selbst! Das heißt mit anderen Worten, dass wir die Seele kreuzigen, in den Tod bringen müssen, weil die Seele das Selbst ist. Wir müssen das Selbst allezeit verleugnen, in den Tod bringen, auskreuzen. Was wird geschehen, wenn die Seele ausgekreuzt ist? Sobald die Seele in den Tod gebracht ist, bleiben nur noch Gott und Satan übrig. Dadurch, dass wir die Seele auskreuzen, haben wir dem Feind seine Brücke verbrannt.

Satan befindet sich im Fleisch, weil er die verkörperte Sünde im Fleisch ist, und das Selbst befindet sich in der Seele. Die Sünde und das Selbst sind illegal miteinander verheiratet, und ihr Hochzeitstag liegt sogar schon sehr lange zurück. Das ganze Problem in uns kommt daher, dass das Selbst mit der Sünde verheiratet ist, und dass die beiden eins geworden sind. Als wir aber gerettet wurden, kamen Gott, Christus und der Heilige Geist als das göttliche Leben in unseren Geist hinein. Im Fleisch, in dem verdorbenen Leib, wohnt die Sünde; in der Seele, der bedrohten Seele, befindet sich das Selbst; in dem wiedergeborenen menschlichen Geist aber befindet sich das göttliche Leben, das ewige Leben, das uns bestimmt und unsere Kraft ist. Wenn wir durch das Seelenleben leben und wandeln, bedeutet das, dass wir durch uns selbst leben und wandeln, was uns in einer Ehe mit Satan festhält. Diese Ehe bedeutet, dass wir keine freien Menschen sind, sondern uns unter der Knechtschaft des Bösen, der Sünde, befinden. Der Böse im Fleisch wird aufstehen, uns ergreifen, besiegen und in seine Gefangenschaft bringen, um uns so zu einem überaus elenden Menschen zu machen. Wenn wir hingegen die Seele, das Selbst, verleugnen und durch den Geist leben und wandeln, dann wird Christus als Leben unser ganzes Sein bestimmen und durchsättigen.

DAS KREUZ BEHANDELT DIE SEELE

Nach unserer Wiedergeburt sollten wir nicht mehr in unserem Selbst leben, wandeln und handeln. Immer, wenn wir durch uns selbst leben, werden wir unter der Knechtschaft Satans sein. Vielleicht sagst du: „Ich glaube nicht, dass ich durch mich selbst lebe oder handle." Hier kommt es darauf an, dass der Geist von der Seele unterschieden wird; dann wirst du sehen, wie sehr du dich in der Seele befindest. Du sagst, dass du nicht durch dich selbst lebst oder handelst, aber ich möchte dich fragen: Durch was lebst du? Durch das Fleisch? Wahrscheinlich wirst du antworten: „Nein, nein, ich lebe nicht durch das Fleisch!" Lebst du dann also durch den Geist? Du sagst: „Nun, da habe ich doch einige Zweifel." Wenn du weder durch das Fleisch noch durch den Geist lebst, wodurch lebst du dann? Die Antwort lautet, dass du einfach durch die Seele lebst. Du sagst: „Ach, ich möchte keine Sünde begehen, ich möchte nicht fleischlich sein, ich möchte nicht mit Satan zusammenarbeiten. Ich liebe Gott. Ich möchte dem Herrn folgen und auf dem Weg des Herrn vorangehen. Ich möchte, ich möchte, ich möchte ..." Nach wie vor bist du in der Seele! Sage dem Herrn, wo du bist. Du selbst zweifelst sehr daran, dass du im Geist bist. Wenn du nicht im Fleisch und auch nicht im Geist bist, dann bist du in der Seele. Lobe den Herrn, du bist nicht in Ägypten, denn du hast das Passah erfahren. Du bist aus Ägypten befreit worden, aber du bist noch nicht in das gute Land Kanaan hineingekommen. Du wanderst noch immer in der Wüste der Seele umher.

1. Menschliche Liebe

Nun kommen wir zu dieser entscheidenden Frage: Wie können wir den Geist von der Seele unterscheiden? Wie können wir wissen, wann wir im Geist oder wann wir in der Seele sind, und wie können wir den Geist von der Seele trennen? Schauen wir, was das Wort des Herrn sagt.

"Wer Vater oder Mutter mehr liebt als Mich, ist Meiner nicht würdig; und wer Sohn oder Tochter mehr liebt als Mich, ist Meiner nicht würdig; und wer nicht sein Kreuz aufnimmt und Mir nachfolgt, ist Meiner nicht würdig. Wer sein Leben findet, wird es verlieren, und wer sein Leben verliert um Meinetwillen, wird es finden" (Mt. 10:37-39).

"Leben" ist hier im griechischen Text dasselbe Wort wie "Seele." In diesen Versen bezieht sich das Aufnehmen des Kreuzes auf unsere menschliche Liebe zu unseren Angehörigen. Die menschliche Liebe ist etwas in unserer Seele, und sie muss durch das Kreuz behandelt werden. Wie sehr lieben wir unsere Angehörigen? Möchten wir wissen, wie wir die Seele vom Geist unterscheiden, dann sollten wir unsere Liebe prüfen. Wie lieben wir unsere Eltern, unsere Kinder, unsere Mutter oder unseren Vater? Wie lieben wir unsere Geschwister? Dies ist kein Menschenwort, sondern das Wort des Herrn. Die Unterscheidung des Geistes von der Seele ist erst dann erreicht, wenn wir unsere menschliche und natürliche Liebe überprüft haben. Unsere natürliche Liebe muss durch das Kreuz behandelt werden. In den neutestamentlichen Briefen sagt uns der Heilige Geist, dass die

Männer ihre Frauen lieben müssen, dass die Frauen ihren Männern untertan sein, die Eltern für ihre Kinder sorgen und die
Kinder ihre Eltern achten und ehren sollen. Dies alles aber muss
sich im Auferstehungsleben vollziehen. Natürliche Zuneigung,
natürliche Liebe und natürliche Beziehungen müssen durch das
Kreuz abgeschnitten werden. Nachdem das Kreuz an ihnen
gewirkt hat, werden wir im Geist, das heißt im Auferstehungsleben, sein. Dann werden wir im Auferstehungsleben leben – nicht
im natürlichen Leben, sondern im geistlichen Leben. Ein Prüfstein
dafür, wie sehr unsere Seele zerbrochen worden ist, besteht darin,
wie sehr das Kreuz an unserer natürlichen Liebe und Zuneigung
gewirkt hat. Ist die natürliche Liebe durch das Kreuz abgeschnitten worden, dann werden wir unsere Seele verlieren.

Wollen wir unsere Seele durch die Behandlung der natürlichen Liebe verlieren, so müssen wir darüber hinaus auch lernen
zu hassen.

> „Wenn jemand zu Mir kommt und hasst nicht seinen Vater und
> die Mutter und die Frau und die Kinder und die Brüder und
> Schwestern, dazu aber auch sein eigenes Leben, so kann er
> nicht Mein Jünger sein; und wer nicht sein Kreuz trägt und Mir
> nachkommt, kann nicht Mein Jünger sein" (Lk. 14: 26, 27).

Auch hier ist das Wort „Leben" im Griechischen dasselbe wie
„Seele." Außer der Liebe zu unseren Angehörigen haben wir auch
Selbstliebe, das heißt Liebe zu unserem Selbst und zu unserer
Seele. Das Aufnehmen des Kreuzes steht in enger Beziehung zu
dieser Selbstliebe. „Wenn jemand zu Mir kommt und hasst nicht ..."
Hasst wen? Seine Feinde? Wir müssen unsere Feinde lieben, aber
wir müssen lernen, unsere Seele, unser Selbst, zu hassen. Uns
selbst zu hassen hat etwas mit dem Verlieren unserer Seele zu
tun. Dadurch, dass wir uns selbst hassen, können wir dann auch
das Selbst in unserer Seele auskreuzen.

2. Liebe zur Welt

> „Er sprach aber zu allen: Wenn jemand Mir nachkommen will,
> verleugne er sich selbst und nehme sein Kreuz auf täglich
> und folge Mir nach. Denn wer sein Leben retten will, wird es

verlieren; wer aber sein Leben verliert um Meinetwillen, der wird es retten. Denn was wird es einem Menschen nützen, wenn er die ganze Welt gewönne, sich selbst aber verlöre oder einbüßte?" (Lk. 9:23-25).

„Gedenkt an Lots Frau! Wer sein Leben zu retten sucht, wird es verlieren; und wer es verliert, wird es erhalten" (Lk. 17:32, 33).

In diesen Versen steht im Griechischen für „Leben" wiederum das Wort „psyche", also auch „Seele." Diese Abschnitte zeigen, dass die Seele sehr in die Liebe zur Welt verstrickt ist. Die Liebe zur Welt und zu weltlichen Dingen aufzugeben bedeutet, dass wir gegen unsere Seele vorgehen müssen. Ist die Seele abgeschnitten, dann ist auch die Liebe zur Welt aufgegeben. Folglich hängen die Liebe zur Welt und die Seele zusammen.

„Gedenkt an Lots Frau!" Dies ist eine Ehefrau, kein Ehemann. Es ist die Geschichte einer Frau, welche die Dinge der Welt liebte. Der Herr fordert uns auf, vorsichtig zu sein. Wenn du die Welt liebst, wirst du deine Seele verlieren. Lieben wir die Dinge der Welt, so werden wir unsere Seele im schlechten Sinn verlieren, geben wir jedoch die Liebe zur Welt auf, dann werden wir unsere Seele im guten Sinn verlieren. Geschwister, die Liebe zur Welt ist ein Beweis dafür, wo sich unsere Seele befindet.

3. Das natürliche Leben

„Wahrlich, wahrlich, Ich sage euch: Wenn das Weizenkorn nicht in die Erde fällt und stirbt, bleibt es allein; wenn es aber stirbt, bringt es viel Frucht. Wer sein Leben liebt, verliert es; und wer sein Leben in dieser Welt hasst, wird es zum ewigen Leben bewahren" (Joh. 12:24, 25).

Auch hier bedeutet „Leben" dasselbe wie „Seele." Wenn wir diese beiden Verse sorgfältig lesen, wenn wir sie betrachten und in die Tiefe gehen, werden wir sehen, dass die Seele viel mit dem natürlichen Leben und der natürlichen Kraft zu tun hat. Unser natürliches Leben und unsere natürliche Kraft müssen dadurch ans Ende gebracht werden, dass wir die Seele verlieren. Werden unser natürliches Leben und unsere natürliche Kraft in den Tod gebracht, dann wird unsere Seele zerbrochen sein. Wie unterscheidet man den Geist von der Seele? Einfach dadurch, dass man das Kreuz für das Seelenleben aufnimmt und sich selbst unter den Tod stellt. Die Seele täuscht sich über sich selbst, weil sie äußerlich nicht sündig erscheint. Darum müssen wir es allezeit lernen, die Seele zurückzuweisen, indem wir das Kreuz auf uns nehmen.

Nimm an, wir haben Gemeinschaft mit einem Bruder. Wie können wir unterscheiden, ob unsere Gemeinschaft vom Geist oder von der Seele ist? Indem wir das Kreuz auf uns anwenden, werden wir sehr klar wissen, ob wir im Geist oder in der Seele sind. Ich sollte nicht sagen: „Ich tue nichts Böses. Ich tue etwas Gutes, wenn ich mit einem Bruder Gemeinschaft habe." Gemeinschaft ist zwar gut, aber solch eine Gemeinschaft kann ganz und gar in der Seele sein! Wenn das Kreuz auf uns angewendet wird, werden wir augenblicklich Klarheit darüber haben, ob unsere Gemeinschaft im Geist oder in der Seele ist. Prüfe dich nie nach Seele oder Geist, indem du Gut und Böse unterscheidest. Diese Art von Prüfung wird uns nur in Finsternis bringen. Es gibt nur einen Weg, Geist und Seele auseinanderzuhalten, und das ist das Kreuz. Der einzige Weg, durch den wir unterscheiden können, ob wir uns in der Seele oder im Geist befinden, besteht in der Frage, ob wir jetzt am Kreuz sind. Habe ich irgendein Element von eigenem Interesse, oder bin ich in meinen Tätigkeiten selbstbezogen? Ist das Kreuz auf meine eigenen Interessen und meine Selbstbezogenheit angewendet? Frage dich in dieser Weise. Alle Entscheidungen und alles, was wir tun, muss durch das Kreuz geprüft werden, nicht durch den Maßstab von Gut und Böse. Bei allem, was wir sprechen, ist die Frage: Ist das Selbst ausgekreuzt? Analysiere dich nicht, indem du überlegst: „Bin ich im Geist, oder bin ich in der Seele? Ich will einen Augenblick nachdenken, um zu sehen, wie tief mein Gefühl ist. Ist es nicht so tief, so muss ich in der Seele sein. Erscheint es mir aber tief, dann bin ich vielleicht im Geist." Wenn wir in dieser Weise analysieren, werden wir ganz verwirrt werden. Nur durch eine einzige Probe können wir Klarheit bekommen: Sind wir am Kreuz? Mit anderen Worten: haben wir das Selbst verleugnet, das Kreuz aufgenommen und sind dem Herrn im Geist nachgefolgt? Wenn wir das Selbst verleugnen, indem wir das Kreuz aufnehmen, wird der Herr ungehindert in uns wirken können, und es wird leicht für uns sein, mit Ihm weiterzugehen.

Das Neue Testament räumt zwar der Züchtigung einen gewissen Platz ein, aber einen viel größeren Raum nimmt das Kreuz in Anspruch. Oft wirkt Gottes Züchtigung mit dem Kreuz zusammen. Aber du solltest nicht auf Gottes Züchtigung warten. Allezeit müssen wir lernen, das Kreuz aufzunehmen, da wir ja wissen, dass wir mit Christus gekreuzigt sind. Tag für Tag müssen wir die Lektionen lernen, das Selbst zu verleugnen, das Kreuz aufzunehmen und der Seele keinen Raum zu geben. Wenn wir dies tun, werden wir tatsächlich im Geist mit dem Herrn eins sein, und der Herr wird die Möglichkeit nützen, uns in Besitz zu nehmen und uns mit sich selbst zu durchsättigen.

KAPITEL VIERZEHN

DAS PRINZIP DES KREUZES

Bei vielen Christen verhält es sich so, dass sie zwar etwas über das Kreuz wissen, aber keine Klarheit über das Prinzip des Kreuzes haben. Was ist das Prinzip des Kreuzes? Wie die Schrift uns zeigt, hat Gott in diesem Universum zwei Schöpfungen. Die erste heißt die alte Schöpfung und die zweite die neue. Die neue Schöpfung kam dadurch hervor, dass die alte zum Ende gebracht, und etwas Neues angefangen wurde. Nur dadurch, dass die alte Schöpfung zum Ende gebracht wurde, konnte die neue Schöpfung ins Dasein kommen. Nun hat das Werk des Kreuzes die alte Schöpfung beendet, und durch das Kreuz hat die neue Schöpfung in Auferstehung ihren Anfang genommen.

WAS ZUR ALTEN SCHÖPFUNG GEHÖRT

Woraus besteht die alte Schöpfung? Zur alten Schöpfung gehören zunächst einmal die Engel mit dem Engelleben und zweitens der Mensch mit dem menschlichen Leben. Wir haben es hier also mit zweierlei Wesen und zweierlei Leben zu tun. Der Erzengel, das Haupt der Engel, hat gegen Gott rebelliert und ist zu Satan geworden, was „Feind Gottes" bedeutet. Und Satan hat nicht nur selbst rebelliert, sondern darüber hinaus eine Rebellion gegen Gott angeführt, in die ihm eine große Zahl der Engel folgte. Nach Offenbarung 12 ist ein Drittel der Engel, der himmlischen Sterne, dem Satan gefolgt. Diese rebellischen Engel wurden zu den bösen Mächten den Fürsten, Herrschern, Mächten, und Gewalten, von denen der Epheserbrief in Kapitel eins, zwei und sechs spricht. Die Rebellion des Engellebens brachte den dritten und vierten Bestandteil der alten Schöpfung hervor, nämlich Satan und sein Reich.

Betrachten wir zunächst kurz, woraus die alte Schöpfung noch besteht. Nach der Erschaffung des menschlichen Lebens verleitete der Feind Gottes auch den Menschen dazu, sich gegen Gott zu stellen, Ihm zuwiderzuhandeln. Durch diese Tat wurde jedoch ein anderes Element in das menschliche Leben injiziert, nämlich die Sünde – die Sünde in der Einzahl, die eine Person ist. Satans eigene sündige Natur und sein sündiges Denken wurden in das menschliche Leben hineingebracht. Die Sünde wurde in diesem Universum dadurch erfunden, dass das gefallene Engelleben in das menschliche Leben injiziert wurde. Die Sünde ist nicht von Gott erschaffen, sondern durch die unrechtmäßige Verbindung des satanischen Lebens mit dem menschlichen Leben aufgekommen. Wenn wir die Bestandteile der alten Schöpfung aufzählen, ist die Sünde also Nummer fünf. Und damals entstand nicht nur die Sünde in der Einzahl, sondern diese brachte auch viele Sünden mit sich. Daher sind die Früchte der Sünde, die Sünden, der sechste Punkt auf der Liste, einschließlich Lüge, Mord, Stolz, Unzucht usw. Alle diese Sünden wurden von der Sünde hervorgebracht.

Die Welt ist Nummer sieben. Sie wurde nicht von Gott erschaffen. Gott hat die Erde erschaffen, Satan hingegen hat die Welt erfunden. Die Sünde wurde in 1. Mose 3 erfunden, aber erst in 1. Mose 4 wurde der Sünde etwas hinzugefügt, nämlich die von Satan erfundene Welt. Was ist die Welt? Sie ist das System des gesamten menschlichen Lebens unter der Herrschaft Satans. Das griechische Wort für Welt ist „kosmos", was zunächst „System" bedeutet. Gott hat den Menschen für sich selbst erschaffen, nun aber hat Satan die Menschheit systematisiert. Der Mensch ist nicht mehr für Gott da, sondern er ist völlig durch Satan und für Satan systematisiert.

Weiterhin gehört zur alten Schöpfung auch der Tod als das Ergebnis der Sünde und der Sünden. Ebenso gehört das Fleisch der entartete Leib, den Satan vergiftet und zerstört hat zur alten Schöpfung. Der Leib ist dadurch zum Fleisch geworden, dass Satan als die Sünde ihn verdarb. Einen weiteren Bestandteil der alten Schöpfung bildet der alte Mensch, der nichts weniger als der gesamte durch Satan verdorbene Mensch ist. Der Mensch, der ursprünglich von Gott erschaffen war, ist jetzt durch die Sünde zerstört.

Dann kommt das Selbst. Die Seele wurde zwar von Gott erschaffen, aber sie ist zum Selbst geworden, sie ist durch das Fleisch bedroht und verdorben. Mit der Seele verhält es sich wie mit dem Leib. Gott hat den Leib ursprünglich als etwas Gutes und Reines erschaffen, aber er wurde durch die sündige Natur Satans verdorben und zum Fleisch gemacht. Dasselbe Prinzip gilt für die Seele, die rein und gut erschaffen war, aber später durch das Fleisch beeinflusst wurde. Das Fleisch hat sie zunächst bedroht und dann beherrscht, und so wurde sie zum Selbst. Genau wie die Sünde den Leib verdarb und ihn zum Fleisch machte, so beeinflusste und beherrschte das Fleisch die Seele, so dass diese zum Selbst wurde.

Punkt zwölf schließlich ist die gesamte Schöpfung. Die gesamte Schöpfung ist durch die Rebellion des Engellebens und durch die Übertretung, welche das menschliche Leben beging, geschädigt und verdorben worden. Dies hat die ganze Schöpfung unter ein Seufzen über die Knechtschaft der Verderbnis gebracht (Röm. 8).

DAS ZENTRUM DER ALTEN SCHÖPFUNG

Diese zwölf Bestandteile machen zusammen die alte Schöpfung aus. Die alte Schöpfung umfasst sehr viele Dinge, aber es muss uns angesichts alles dessen klar sein, dass der gefallene Mensch zum Zentrum und Mittelpunkt der alten Schöpfung geworden ist. Er steht in unmittelbarer Beziehung zu allem, was die alte Schöpfung ausmacht. Erst einmal kam Satan in den Menschen hinein und wurde eins mit ihm. Zu Satan gehört auch immer sein Reich, und so befindet sich, da Satan im Menschen ist, auch das Reich Satans im Menschen. Satan ist der Fürst der Welt, und daher hat der Mensch samt Satan auch die Welt in sich. Zudem sind auch die Sünde und die Sünden im Menschen verkörpert, und diese führen zum Tod. Ebenso befinden sich das Fleisch, der alte Mensch und das Selbst im Menschen. Und schließlich war und ist der Mensch das Haupt der ganzen Schöpfung. (Nach 1. Mose wurde der Mensch zum Haupt der ganzen

Schöpfung bestimmt.) Demnach steht der Mensch also in Beziehung zur ganzen Schöpfung, und die ganze Schöpfung steht in Beziehung zum Menschen und hat ihr Zentrum im Menschen. Der Mensch ist in jeder Hinsicht der Mittelpunkt und das Zentrum der alten Schöpfung. Und er ist im Begriff, allumfassend zu werden – allerdings nicht im guten Sinn. Wenn man Satan begegnen möchte, braucht man nicht an irgendeinen besonderen Ort zu gehen: Es genügt, zum Menschen zu gehen, so wird man Satan begegnen. Oder wenn man das Reich Satans finden will, braucht man nicht zum Mond zu fliegen: Es genügt, zum Menschen zu gehen, um dem Reich Satans zu begegnen. Ebenso ist es mit der Welt. Im Menschen, der die alte Schöpfung repräsentiert, befinden sich Satan, das Reich Satans, die Welt, die Sünde, die Sünden, der Tod, das Fleisch, der alte Mensch usw. Wir sind kein kleiner Mensch! Im Gegenteil, wir sind im bösen Sinne ein allumfassender Mensch. Die ganze Schöpfung ist jetzt im Menschen als ihrem Zentrum zusammengefasst.

DAS ENDE DER ALTEN SCHÖPFUNG

Preis dem Herrn, eines Tages geschah etwas: Gott selbst wurde Fleisch, und zwar eben in diesem Menschen! Das heißt, dass Gott die ganze Schöpfung auf sich nahm und anzog. Als Gott den Menschen anzog, zog Er alle Dinge der alten Schöpfung an. Es heißt zum Beispiel in der Schrift, dass Gott Christus zur Sünde gemacht hat – nicht zu Sünden, sondern zur „Sünde" in der Einzahl (2.Kor. 5:21). Gott hat auch alle unsere Ungerechtigkeiten auf Christus gelegt (Jes. 53:6), der „unsere Sünden an Seinem Leib selbst an das Holz hinaufgetragen hat" (1.Petr. 2:24). Er befand sich in der „Gleichgestalt des Fleisches der Sünde" (Röm. 8:3). Die Gleichgestalt ist die Gleichgestalt des Fleisches, und dieses menschliche Fleisch ist das Fleisch der Sünde. Johannes 1:14 sagt uns, dass das Wort Fleisch wurde, das heißt: Gott wurde ein Mensch. Und als Er ein Mensch im Fleisch wurde, ist Er zu einem Menschen im Fleisch der Sünde geworden, da sich damals die Sünde bereits im Fleisch des Menschen befand. Das Fleisch war zum Fleisch der Sünde geworden, und dieses zog der Herr an. Allerdings müssen wir hier vorsichtig sein; denn wenn wir sagen, dass Er genau zu dem Fleisch wurde, das auch wir haben, einschließlich unserer sündigen Natur, dann haben wir nicht recht. Deshalb sagt uns Römer 8:3, dass der Herr nur zur Gleichgestalt des Fleisches der Sünde wurde, dass Er also nicht die sündige Natur des Fleisches der Sünde besaß.

In Johannes 3:14 hat der Herr Jesus uns selbst gesagt, dass Er die Wirklichkeit der ehernen Schlange ist, die an dem Pfahl, das heißt am Kreuz, hing. Die eherne Schlange besaß nur die Gleichgestalt der Schlange, nicht die giftige Natur der Schlange. Der Herr Jesus wurde von einer Jungfrau geboren, um die Gleichgestalt des Fleisches der Sünde zu erhalten, aber Er hatte, was die sündige Natur des Fleisches betraf, nichts mit dem Menschen zu tun. Wir müssen dies sehr sorgfältig beachten. Als der Herr zur Sünde gemacht wurde, wurde Er zur Gleichgestalt der Sünde gemacht.

Er hat jedoch nicht nur den Menschen angezogen, sondern auch Satan, das Reich Satans, die Welt, die Sünde, die Sünden, das Fleisch usw. Auch hier müssen wir wieder sorgfältig unterscheiden. Der Herr kam ins Fleisch als ein Mensch, nicht als eine Schlange; als Er aber gekreuzigt wurde, wurde Er als ein Mensch in der Gestalt der Schlange gekreuzigt. Warum? Weil der Mensch damals bereits eins war mit Satan, mit der Schlange. Demgemäß haben der Herr Jesus und sogar Johannes der Täufer die Pharisäer als den Samen der Schlange und eine Otternbrut bezeichnet. Sie waren deshalb der Same, die Nachkommen der Schlange, weil sie das Leben der Schlange besaßen; die giftige Natur der Schlange befand sich in ihnen. In Gottes Augen waren sie als sündige Menschen selbst zur Schlange geworden. Der Herr jedoch besaß, als Er ins Fleisch kam und ein Mensch wurde, nur die Gleichgestalt des Fleisches der Sünde, nicht die sündige Natur, welche die sündigen Menschen haben. Gleich der ehernen Schlange am Pfahl besaß der Herr nur die Gestalt der Schlange, nicht ihre Natur und ihr Gift.

Nun kommen wir zum Kreuz. Erst hat Christus diesen Menschen, der die ganze alte Schöpfung in sich einschloss, angezogen, und dann hat Er ihn ans Kreuz gebracht. Dort am Kreuz wurde dieser alles einschließende, allumfassende Mensch gekreuzigt.

Das bedeutet, dass alle Dinge zum Ende gebracht wurden. Dies ist das Prinzip des Kreuzes. Durch diesen Tod hat Christus den Menschen ans Kreuz und dadurch alle Dinge ans Ende gebracht. Nicht nur Christus wurde dort gekreuzigt, sondern auch der Mensch, die Welt, Satan und sein Reich, die Sünde, die Sünden, der alte Mensch usw. Alles, was zur alten Schöpfung gehört, wurde durch das Kreuz Christi beendet. Wir müssen diesen umfassenden Tod erfahren. Die folgenden Verse offenbaren das Prinzip des Kreuzes, das alle Dinge der alten Schöpfung ans Ende gebracht hat:

1.) das Engelleben: Kolosser 1:20
2.) das menschliche Leben: Galater 2:20
3.) Satan: Hebräer 2:14; Johannes 12:31
4.) das Reich Satans: Kolosser 2:15; Johannes 12:31
5.) die Sünde: 2. Korinther 5:21; Römer 8:3
6.) die Sünden: 1. Petrus 2:24; Jesaja 53:6
7.) die Welt: Galater 6:14; Johannes 12:31
8.) der Tod: Hebräer 2:14
9.) das Fleisch: Galater 5:24
10.) der alte Mensch: Römer 6:6
11.) das Selbst: Galater 2:20
12.) alle Dinge, die ganze Schöpfung: Kolosser 1:20

In Johannes 12:31 heißt es, dass die Welt und der Fürst dieser Welt, nämlich Satan, gerichtet und hinausgeworfen werden sollten. Wann geschah dies? Gemäß Vers 24 geschah es beim Tod Christi am Kreuz. Durch Seinen Tod wurde die Welt gerichtet und der Fürst der Welt hinausgeworfen. Hebräer 2:14 erklärt, dass Christus unseres Fleisches und Blutes teilhaftig wurde, um durch den Tod den zunichte zu machen, der die Macht des Todes hatte, das ist den Teufel. Dieser Vers offenbart, dass Christus durch Seinen Tod in Fleisch und Blut den Satan, der die Gewalt des Todes hatte, zunichte gemacht oder vernichtet hat. In Kolosser 1:20 heißt es, dass Er alle Dinge mit sich selbst versöhnt hat. Dies beweist, dass nicht nur die Beziehung des Menschen zu Gott, sondern auch die Beziehung aller Dinge zu Gott gestört war; sonst hätte es keiner Versöhnung bedurft. Aus dem Zusammenhang dieses Verses geht hervor, dass die ganze Schöpfung durch das Kreuz beendet wurde.

Wir müssen einen tiefen Eindruck empfangen von dem Tod, den Christus am Kreuz gestorben ist. Dies war ein allumfassender Tod, und deshalb müssen auch wir ihn erfahren. Alles, was wir haben, was wir sind, was wir tun und womit wir in Verbindung stehen, ist ans Kreuz geschlagen worden. Das Kreuz bedeutet das Ende aller Dinge, zu denen wir in Beziehung stehen. Alles ist bereits erledigt und gekreuzigt. Das Kreuz ist die einzige Basis für alles, was wir sind und haben. Wir müssen alles ans Kreuz bringen, unser Wissen, unsere Weisheit, unsere Fähigkeit usw. Dies ist das Prinzip des Kreuzes. Es gibt keine andere Basis. Wir denken vielleicht, wir seien so „gut." Besonders die jungen Leute halten sich immer für sehr gut: „Wir sind jung, wir sind gut, wir sind nicht wie die Alten ..." Es spielt keine Rolle, wie gut wir sind – auf jeden Fall müssen wir zum Kreuz kommen. Wir müssen gekreuzigt und ausgekreuzt werden. Je besser wir sind, desto nötiger ist es, dass wir ausgekreuzt werden. Sei nie stolz darauf, dass du so gut bist. Ob gut oder schlecht, auf jeden Fall müssen wir durch das Kreuz hindurchgehen. Wir sollten uns nicht falsch einschätzen. Es gibt nur einen einzigen Maßstab für jede Einschätzung, nämlich den, dass wir uns selbst in den Tod zu geben haben.

Nichts von der alten Schöpfung gehört zur Gemeinde. Die Gemeinde ist der neue Mensch, die neue Schöpfung. Alle Dinge sind vergangen, und alles ist neu geworden. Das bedeutet, dass alles ans Ende gebracht, in den Tod gebracht worden ist, und dass alles neu ist in Auferstehung. Nun haben wir das Prinzip des Kreuzes gesehen, und im nächsten Kapitel werden wir das Prinzip der Auferstehung sehen. Wir haben das Vertrauen, dass unser aller Verstand offen ist und dass wir dies sehen: Alle Dinge, mit denen wir zu tun haben, seien sie gut oder schlecht, müssen völlig in den Tod gebracht werden. Dann erst können wir in die Auferstehung und in die neue Schöpfung hineinkommen.

Kapitel Fünfzehn

DAS PRINZIP DER AUFERSTEHUNG

Im letzten Kapitel haben wir die zwölf Bestandteile der alten Schöpfung betrachtet, deren erster das Engelleben war. Hier müssen wir jedoch darauf hinweisen, dass jene Engel, die nicht fielen, auch kein Teil der alten Schöpfung geworden sind. Zwar hatten sie sich einst unter der Führung Satans, des Hauptes aller Engel, befunden, aber sie waren ihm nicht in seine Rebellion gefolgt. Darum stehen sie außerhalb der alten Schöpfung. Nur die rebellischen Engel, die Satan folgten, wurden ein Teil der alten Schöpfung. Daher schließt das Engelleben als der erste der zwölf negativen Bestandteile der alten Schöpfung die guten Engel nicht ein. Die gefallenen Engel wurden nach ihrer Rebellion zu den Fürsten, Mächten, Herrschern und Gewalten in den Himmeln (Eph. 1, 2, 6; Kol. 2). Die bösen Geister, von denen Epheser 6 spricht, sind die gefallenen Engel. Der größere Teil der Engel rebellierte nicht und gehört somit nicht zu der alten Schöpfung, welche durch die Kreuzigung Christi beendet worden ist.

Im Menschengeschlecht hingegen gibt es keine solche Ausnahme, denn die ganze Menschheit ist in die Rebellion Satans verfallen. Die Rebellion des Menschengeschlechtes begann mit dem ersten Menschen, Adam, und schließt jeden seiner Nachkommen ein. Es gibt zwei Gruppen von Engeln – welche, die nie rebellierten, und solche, die rebellierten – aber bei der Menschheit gibt es nur eine einzige Gruppe. Die gefallene Menschheit wird durch Adam repräsentiert und hat Adam zum Haupt; daher ist die ganze Menschheit durch Adam in die gefallene alte Schöpfung eingeschlossen.

Satan, der Anführer der rebellischen Engel, gehört zur alten Schöpfung. Er hat die Autorität, die ihm gegeben war, missbraucht und dazu benützt, sein eigenes Reich zu bilden (Mt. 12:26). Nach Jesaja 14:12-14, Hesekiel 28:13,14 und Lukas 4:57 war Satan ganz am Anfang von Gott zum Haupt der Engel eingesetzt worden und hatte als dieses von Gott eine gewisse Autorität empfangen. Der Herr Jesus erkannte bei Seiner Versuchung in der Wüste die Autorität an, die dem Satan gegeben ist. Mit einer Gruppe von Engeln, die ihre Macht und Autorität ebenfalls missbrauchten, hat Satan ein von ihm beherrschtes Reich errichtet.

Nachdem dann der Mensch geschaffen war, machte Satan sich an ihn heran und verleitete ihn zur Sünde; und kaum befand sich die Sünde im Menschen, so wurden viele Früchte hervorgebracht, nämlich die Sünden. Nach dem Fall des Menschen machte Satan sich alles, was der Mensch für seine Existenz brauchte – das Essen, die Kleidung, die Ehe, die Wohnung – für seine Zwecke zunutze. Alle diese Dinge waren zwar von Gott geschaffen und für die Existenz der Menschen bestimmt, aber Satan benützte sie, um die gesamte Menschheit zu systematisieren. Dieses satanische System heißt die Welt.

Aufgrund der Sünde, der Sünden und der Welt kam dann der Tod in das Menschengeschlecht hinein; und außerdem injizierte Satan, als der Mensch fiel, etwas von seiner eigenen Natur in den menschlichen Leib, um diesen zu verderben und zum Fleisch entarten zu lassen. Ein weiteres Ergebnis des Falles besteht darin, dass der Mensch insgesamt entartete und zum alten Menschen wurde. Außerdem veränderte sich unter der Bedrohung und dem Einfluss des Fleisches auch die Seele des Menschen und wurde zum Selbst. Die Seele war ursprünglich zwar gut erschaffen, aber sie wurde durch den Fall des Menschen zum Selbst.

Satan war das Haupt der Engel und Adam das Haupt der übrigen Schöpfung, aber beide Repräsentanten haben rebelliert. Dadurch war die gesamte Schöpfung beeinflusst und beschädigt (Röm. 8:20-22 und Kol. 1:20) und musste durch das Erlösungswerk Christi versöhnt werden.

DER ALLUMFASSENDE TOD IN DEM EWIGEN GEIST

Die genannten Bestandteile machen zusammen die alte Schöpfung aus, und wie wir gesehen haben, bildet der Mensch das eigentliche Zentrum dieser Schöpfung. Alle negativen Dinge dieses ganzen Universums wurden im Menschen zusammengefasst und konzentriert. Satan samt seinem Reich und dem weltlichen System befand sich im Menschen, außerdem die Sünde, die Sünden, der Tod, das Selbst, das Fleisch und der alte Mensch. Was immer zur alten Schöpfung gehört, einschließlich aller negativen Dinge des Universums, war in diesem gefallenen Menschen als seinem Zentrum zusammengefasst.

Dann kam Christus ins Fleisch und wurde ein Mensch. Christus nahm den Menschen auf sich und zog ihn an – nicht einen kleinen, einfachen Menschen, sondern einen Menschen, der die ganze alte Schöpfung umfasste. Aus diesem Grund kam Christus als ein Mensch ins Fleisch und wurde als ein Mensch in Gestalt der Schlange gekreuzigt. Bevor Er am Kreuz hing, war Christus ein Mensch, aber am Kreuz war Er ein Mensch in Gestalt einer Schlange. Darüber hinaus wurde Christus am Kreuz sogar zur Sünde gemacht (2.Kor. 5:21). Als Er am Kreuz hing, legte Gott nicht nur alle unsere Sünden auf Ihn, sondern machte Ihn sogar zur Sünde. Gott legte alle Ungerechtigkeiten und alle Sünden der Menschheit auf Christus, und damals am Kreuz machte Er Christus auch zur Sünde in der Gestalt Satans. Da alle negativen Dinge des Universums im gefallenen Menschen konzentriert und zusammengefasst waren, begab sich Christus in eben diesen Menschen hinein und brachte ihn ans Kreuz. Als Er diesen Menschen ans Kreuz brachte, wurde alles Negative, was es im Universum gibt, ans Kreuz gebracht. Als Er mit diesem Menschen ein Ende machte, setzte Er auch der ganzen alten Schöpfung ein Ende. Alle zwölf Bestandteile der alten Schöpfung wurden durch den allumfassenden Tod Christi am Kreuz beendet. Wenn wir die himmlische Perspektive und geistliche Einsicht besitzen, werden wir aufspringen und „Halleluja!" rufen.

Die letzten Kapitel des Buches Hesekiel zeigen uns den Aufbau von Gottes Haus, von Gottes Tempel. Wenn man das ganze Bild zu Papier bringt, so entdeckt man, dass der Altar, ein Bild auf das Kreuz, sich genau im Zentrum des ganzen Bauwerkes befindet. Sowohl die senkrechten als auch die waagerechten Abmessungen des Gebäudes legen den Altar im Zentrum von

Gottes Tempel fest. Dies ist sehr interessant, denn hier sehen wir den allumfassenden Tod Christi dargestellt, der die gesamte alte Schöpfung durch das Kreuz beendet hat.

Dieser allumfassende Tod wurde durch den ewigen Geist vollbracht. In Hebräer 9:14 lesen wir, dass Christus sich „durch den ewigen Geist (als Opfer) ohne Fehler Gott dargebracht hat." Der allumfassende Tod Christi ereignete sich in dem ewigen Geist. Diesen Ausdruck „der ewige Geist" gebraucht die Schrift nur ein einziges Mal. Als Christus Mensch wurde und ins Fleisch kam, wurde Er zum eigentlichen Zentrum der gesamten Schöpfung, die alle negativen Dinge des Universums einschloss; und als Christus diesen gefallenen Menschen am Kreuz in den Tod brachte, geschah das in dem ewigen Geist. Christus beendete diesen allumfassenden Menschen in einem Geist, der ewig ist, in einem solchen, der keinen Anfang hat und dem man niemals ein Ende machen kann. Mit anderen Worten, der Tod Christi hat alles außer dem ewigen Geist beendet. Christus hat alles Negative mit sich ans Kreuz gebracht und beendet, aber Er bleibt derselbe, weil Er in dem ewigen Geist ist. Alle Dinge wurden am Kreuz beendet, aber dieser Geist konnte nicht beendet werden. Darum wurde Christus durch diesen Geist auferweckt. Christus hat als Mensch alle negativen Dinge in den Tod gebracht. Alle Dinge sind in den Tod hineingegangen und wurden dort beendet; nur der ewige Geist ging durch den Tod hindurch und blieb. Und in diesem Geist, durch diesen Geist wurde Christus auferweckt.

In Römer 1:4 heißt es, dass Christus „der Sohn Gottes in Kraft eingesetzt (ist) dem Geiste der Heiligkeit nach auf Grund der Toten-Auferstehung." Was bedeutet Heiligkeit? Und warum heißt es „der Geist der Heiligkeit" und nicht „der Heilige Geist"? Heiligkeit bedeutet einfach Trennung, Absonderung. Obgleich dieser ewige Geist in den Tod hineinging, war Er und ist Er immer noch ein Geist der Absonderung. Der Tod konnte alles andere beenden, aber den ewigen Geist vermochte er nicht zu beenden; dieser unterscheidet sich von allen Dingen und ist von allen Dingen getrennt. Er ist der Geist der Heiligkeit, der sich durch die Auferstehung von den Toten bewiesen hat. Ich kann zwar Bücher und andere Dinge in den Mülleimer werfen, um sie wegzuschaffen, aber wenn ich einen Menschen in den Mülleimer stecke, wird er herausspringen! Er wird sich dagegen wehren, dass man mit ihm ein Ende macht; er ist ganz anders als die Bücher. Indem er herausspringt, sondert er sich von den anderen Dingen ab; er wird zu einem Menschen der Absonderung. Gleicherweise gingen alle Dinge ans Kreuz – der Mensch, Satan, alles – und wurden beendet; nur der ewige Geist, der gleichfalls mit Christus ans Kreuz und in den Tod hineinging, konnte nicht beendet werden. Er ist der Geist der Absonderung. Wahrscheinlich hat der Tod alles nur Mögliche versucht, aber diesen Geist konnte er nicht festhalten. Durch diesen anderen Geist, diesen Geist der Absonderung, wurde Christus auferweckt.

DIE WIRKLICHKEIT DER AUFERSTEHUNG IN DEM EWIGEN GEIST

In Römer 8:11 heißt es: „Wenn aber der Geist dessen, der Jesus aus den Toten auferweckt hat, in euch wohnt, so wird Er, der Christus Jesus aus den Toten auferweckt hat, auch eure sterblichen Leiber lebendig machen durch Seinen Geist, der in euch wohnt." Wer hat Jesus von den Toten auferweckt? Dieser Geist der Absonderung. Welcher Geist wird unsere sterblichen Leiber lebendig machen? Der Geist der Auferstehung, der in uns wohnt. Dies bedeutet, dass die Wirklichkeit der Auferstehung und das Prinzip der Auferstehung in uns wohnen. Das Prinzip der Auferstehung ist die Absonderung, die durch diesen ewigen Geist bewirkt wird, durch den einen, der niemals durch den Tod beendet werden konnte.

Wenn wir nun sehen, dass das Prinzip der Auferstehung in dem ewigen Geist der Absonderung besteht, müssen wir fragen, wo dieser Geist sich heute befindet. Die Antwort lautet: „Halleluja, Er ist in mir!" Darum befindet sich auch dieses Prinzip der Auferstehung in uns. Möge der Herr unsere Augen öffnen, so dass wir das Prinzip des Kreuzes und das Prinzip der Auferstehung sehen – dass nämlich alles durch den Tod beendet wurde und dass der ewige Geist nun in uns wohnt. Wenn wir dies sehen, werden wir hoch über allem sein. Wir werden sagen: „Halleluja!"

Wir brauchen nicht zu betteln, nicht zu bitten, nicht zu weinen. Wir können nur noch allezeit den Herrn loben.

In Johannes 11:25 wird uns gesagt, dass Christus selbst die Auferstehung ist. Martha, die Schwester des verstorbenen Lazarus, klagte darüber, dass der Herr zu spät gekommen sei. Ihrem Verständnis nach waren die Auferstehung und das Leben eine Sache der Zeit. Wäre der Herr früher gekommen, so meinte sie, dann wäre ihr Bruder nicht gestorben. Dem gegenüber erklärte ihr aber der Herr, dass es in Wirklichkeit nicht um Zeit oder Raum ging, sondern allein um Christus. Er sagte: „Ich bin die Auferstehung." Bleiben wir nicht bei Zeit und Raum stehen! Wo immer und wann immer Christus ist, haben wir Auferstehung.

Als Christus am Tag Seiner Auferstehung zu Seinen Jüngern kam, blies Er sie an und sprach: „Empfangt den heiligen Geist." Eben dieser Geist, den sie empfingen, enthielt das Prinzip und die Wirklichkeit Seiner Auferstehung. Ohne diesen Geist hätten die Jünger gar nichts mit Seiner Auferstehung zu tun gehabt. Die Auferstehung Christi befindet sich in diesem Geist. Haben wir diesen Geist, so haben wir die Wirklichkeit der Auferstehung; haben wir diesen Geist nicht, so befinden wir uns völlig außerhalb der Auferstehung. Die Auferstehung ist nichts anderes als Christus selbst, und das Prinzip und die Wirklichkeit der Auferstehung Christi ist der ewige Geist, der kein Ende hat. Dieser ewige Geist, der ohne Anfang und Ende ist, ist das eigentliche Prinzip und die Wirklichkeit der Auferstehung. Alles sonst, was in den Tod gebracht wird, findet dort sein Ende; nur der ewige Geist kann vom Tod nicht festgehalten oder beendet werden. Aus diesem Grund kam Christus nach der Auferstehung als Auferstehung zu Seinen Jüngern und blies sie an, wobei Er ihnen sagte, sie sollten Seinen Atem als den ewigen Geist, den Geist der Absonderung, empfangen. Dieser ewige Geist kam als das Prinzip und die Wirklichkeit der Auferstehung in die Jünger hinein, und dieses Prinzip und diese Wirklichkeit haben wir jetzt in uns.

Noch zwei weitere Verse werden uns helfen, dies zu verstehen. In Philipper 1:19 spricht Paulus von der „reichen Versorgung durch den Geist Jesu Christi." Damit wollte er offenbar folgendes sagen: „Ich befinde mich zwar im Gefängnis, aber ich fürchte mich nicht, denn in mir ist das Prinzip und die Wirklichkeit der Auferstehung. Was ist diese Auferstehung in mir? Es ist der Geist Jesu mit der reichlichen, allumfassenden, in jeder Hinsicht genügenden Versorgung." Dann sagte er in Philipper 3:10, dass es ihm darum gehe, „Ihn und die Kraft Seiner Auferstehung ... zu erkennen." Was ist die Kraft Seiner Auferstehung? Es ist die Versorgung mit dem Geist Jesu und durch den Geist Jesu. Die reichliche, allumfassende, in jeder Hinsicht genügende Versorgung des Geistes Jesu ist die Kraft Seiner Auferstehung. Diese Kraft und diese Versorgung sind nichts Geringeres als der ewige Geist, der Geist der Absonderung. Doch diesen Geist haben wir heute in uns! Genügt das nicht? Was bleibt uns noch zu wünschen übrig? Wir sollten Halleluja sagen! Wir müssen Ihm für Sein Kreuz danken, und wir müssen Ihn auch für Seinen Geist loben. Sein Kreuz hat alles Negative beendet, und nun wohnt Sein ewiger Geist als die Kraft der Auferstehung in uns.

Um es zusammenzufassen: Wir können niemals eine wirkliche Erfahrung des Kreuzes haben, wenn wir uns nicht in dem ewigen Geist befinden. Ganz gleich, wieviel wir darüber wissen und darüber sprechen – wenn wir nicht in dem ewigen Geist sind, können wir die Kraft des Kreuzes niemals erfahren. Je mehr wir in dem ewigen Geist der Absonderung leben und wandeln, desto mehr werden wir die tötende Kraft des Kreuzes als Wirklichkeit erfahren. Wir brauchen uns nicht mehr selbst für tot zu halten; dies bedeutet geistlichen Selbstmord. Viele Christen versuchen täglich, geistlichen Selbstmord zu begehen, aber sie haben damit niemals Erfolg, Preis dem Herrn! Wenn wir einfach im Geist leben und wandeln, im Wirkungsbereich der in uns hineingekommenen allumfassenden Medizin, werden wir die tötende Kraft des Kreuzes erfahren. Da das Prinzip und die Wirklichkeit Seiner Auferstehung und Seines Todes beide in dem ewigen Geist sind, schließt die Auferstehung auch die Wirksamkeit Seines Todes ein. In diesem ewigen Geist der Auferstehung befindet sich der tötende Faktor, die tötende Kraft des Kreuzes.

Daher sagen wir nochmals: Preis sei dem Herrn! Vorausgesetzt, wir befinden uns in dem allumfassenden Geist, so erfahren wir mit Sicherheit das Kreuz und haben wir die Wirklichkeit der

Auferstehung in uns. Wir brauchen gar nichts zu tun, wir brauchen es nur durch einen lebendigen Glauben zu ergreifen. Wenn wir dies sehen, werden wir sagen: „Halleluja, Preis sei dem Herrn!" Wir besitzen den lebendigen Glauben, und wir nehmen es und beanspruchen es durch den Glauben. Dann werden das Prinzip des Kreuzes und das Prinzip der Auferstehung in dem innewohnenden Geist unsere Wirklichkeit sein. Wir haben Ihn bereits in uns. Wir brauchen nicht mehr darum zu bitten, wir brauchen Ihn nur zu ergreifen, zu erfahren und zu genießen. Dann werden wir ein wirkliches Wachstum im Leben erfahren. Das kann ich euch versichern. Wir haben es hier mit einer Vision zu tun, die wir vor Augen haben und durch den Glauben in Anspruch nehmen müssen.

KAPITEL SECHZEHN

DER REICHTUM DER AUFERSTEHUNG

„Denn das ist der Bund, den Ich machen werde mit dem Hause Israel nach diesen Tagen, spricht der Herr: Ich werde geben Meine Gesetze in ihren Sinn, und auf ihr Herz werde ich sie schreiben und werde ihnen Gott sein, und sie werden Mir Volk sein. Und wird keiner lehren seinen Nächsten noch jemand seinen Bruder und sagen: Erkenne den Herrn! Denn sie werden alle mit Mir vertraut sein von dem Kleinsten an bis zu dem Größten" (Hebr. 8:10, 11).

„Und die Salbung, die ihr von Ihm empfangen habt, bleibt in euch, und ihr bedürfet nicht, dass euch jemand belehre; sondern wie euch Seine Salbung über alles belehrt, so ist's wahr und ist keine Lüge. Und wie sie euch belehrt hat, so bleibt in Ihm" (1.Joh. 2:27).

Sowohl Hebräer 8 als auch 1. Johannes 2 machen deutlich, dass wir heute, unter dem Neuen Testament, keine äußere, menschliche Lehre brauchen. Hebräer 8:10 sagt uns, dass das Gesetz in uns hineingeschrieben ist; daher brauchen wir keinen Bruder, der uns lehrt, wie wir den Herrn erkennen. 1. Johannes 2:27 sagt uns, dass die Salbung in uns bleibt, so dass wir keiner menschlichen Belehrung bedürfen. In dem einen Abschnitt heißt es, dass das „Gesetz" in uns hineingeschrieben ist, in dem anderen, dass die „Salbung" in uns bleibt. Was sind diese beiden Dinge? Man kann schon jahrelang Christ sein und doch nicht wissen, dass wir diese beiden wunderbaren Dinge in uns haben. Ein wunderbares Gesetz ist in uns hineingeschrieben, und eine geheimnisvolle Salbung bleibt in uns. Wie unbegreiflich und beklagenswert ist es, wenn wir dies nicht wahrnehmen! Dank

dem inneren Gesetz und der inneren Salbung brauchen wir keinerlei äußere, menschliche Belehrung.

DAS KREUZ UND DIE AUFERSTEHUNG

Das innere Gesetz und die innere Salbung sind eine Sache
der Auferstehung. Wir haben das Prinzip des Kreuzes gesehen – die umfassende Beendigung aller negativen Dinge im
Universum –, und wir haben auch das Prinzip und die Wirklichkeit der Auferstehung gesehen. Das Kreuz beendigt die alte
Schöpfung, während die Auferstehung den Reichtum der neuen
Schöpfung hervorbringt. Durch das Kreuz hat die alte Schöpfung
ihr Ende gefunden, durch den Tod des Herrn sind alle zwölf
Bestandteile der alten Schöpfung ans Kreuz gebracht und völlig
ausgekreuzt worden. Aber damit ist keineswegs alles zu Ende,
denn nach dem Tod kam die Auferstehung. Was gelangte in die
Auferstehung? Satan? Das Reich Satans? Die Sünde? Das
Fleisch? Tausendmal nein! Der ewige Geist hat nur den Inhalt
dessen in die Auferstehung hinübergebracht, was Gott ursprünglich für Seinen Vorsatz geschaffen hatte.

Die menschliche Natur war ein Teil von Gottes ursprünglicher
Schöpfung. Gott hatte die menschliche Natur für Seinen Vorsatz
geschaffen, aber durch Satan wurde sie verdorben. Deshalb hat
der Herr durch Seinen Tod die von Satan verdorbene Natur in
den Tod geführt, aber durch Seine Auferstehung hat Er die von
Gott geschaffene Natur in die Auferstehung hineingebracht. Und
der Herr hat die menschliche Natur nicht nur erlöst, sondern sie
zu einem noch höheren Standard erhoben. So besteht die neue
Schöpfung aus Christus in dem ewigen Geist und aus der wieder-
hergestellten und erhöhten menschlichen Natur in Auferstehung.

Was ist nun der Reichtum der Auferstehung im einzelnen?
Erstens haben wir darin den Dreieinen Gott – nicht im Sinn des
Alten Testamentes, sondern im Sinn des Neuen Testamentes.
Zweitens gehört zu diesem Reichtum das göttliche, ewige Leben,
welches Gott selbst als unser Leben ist. (Der Unterschied zwischen Gott und dem göttlichen Leben ist derselbe wie der
zwischen Elektrizität und Licht. Genau genommen ist die Elektrizität selbst das Licht, und das Licht ist die Elektrizität, aber

trotzdem gibt es zwischen beiden eine Unterscheidung. Die Elektrizität wird beispielsweise nicht nur als Licht gebraucht,
sondern auch als Kraft und zur Wärmeerzeugung usw. In gleicher Weise ist Gott selbst unser Leben und außerdem noch viele
andere Dinge.) Das dritte ist die göttliche Natur (2.Petr. 1:4), das
vierte das Gesetz des Lebens (Röm. 8:2; Hebr. 8:10) und das
fünfte die Salbung (1.Joh. 2:27). In diesen fünf Begriffen ist der
allumfassende Reichtum der Auferstehung enthalten; alle anderen Dinge, die man noch nennen kann, sind in diesen inbegriffen.
Die neue Schöpfung erbt all dies in der Auferstehung.

Wir können sagen, dass der ganze Reichtum der Auferstehung
einfach Gott selbst ist. Ganz gewiss ist die göttliche Natur Gott
selbst, und ebenso sind das Gesetz des Lebens und die Salbung
etwas von Gott selbst und von Seinem Vorangehen. Der Mensch
hingegen ist kein Teil des Reichtums der Auferstehung, er ist
vielmehr derjenige, der durch diesen Reichtum wiederhergestellt
und erhöht wird. Wir wissen zwar einiges über den Dreieinen
Gott, das göttliche Leben und die göttliche Natur, aber die meisten Christen kennen das Gesetz des Lebens und die innere
Salbung nur wenig. Im heutigen Christentum hat man beides
vernachlässigt. Doch gerade das innere Gesetz und die innere
Salbung stellen in unserer praktischen Erfahrung den Reichtum
der Auferstehung dar. Kennen wir sie nicht, so gibt es für uns
auch keine Möglichkeit, die Auferstehung erfahrungsgemäß kennenzulernen. Wir werden die Auferstehung nur in objektiver
Weise kennen, wenn wir nicht mit dem Gesetz des Lebens und
der inneren Salbung vertraut sind; nur durch sie können wir die
Auferstehung in subjektiver Weise erfahren.

DAS GESETZ UND DIE PROPHETEN

Lasst uns das Alte Testament mit dem Gesetz und den Propheten betrachten. In gewissem Sinn hat man das ganze Alte
Testament „das Gesetz und die Propheten" genannt (Mt. 7:12;
22:40). Worin besteht der Unterschied zwischen beiden? Das
Gesetz ist eine Aufstellung von festen Regeln, die nicht geändert
werden können. Zum Beispiel fordert eines der Gesetze, dass
jeder seine Eltern ehren soll. Dies ist eine unveränderliche Regel,

und jeder muss sich daran halten. Wir brauchen keine Führung
darüber zu suchen, ob wir unsere Eltern ehren sollen; dieses
Gesetz ist festgelegt. Eine andere Anordnung ist: „Du sollst nicht
stehlen." Auch hier haben wir es mit einem festgelegten, unum-
stößlichen Gebot zu tun. Wir brauchen nicht zu beten: „Herr,
sage mir, ob es in Deinem Sinn ist, wenn ich stehle. Leite mich in
bezug auf das Stehlen." Nach solcher Leitung und Führung brauchen wir nicht zu suchen. Und dasselbe Prinzip gilt für jedes
andere der Zehn Gebote. Das Gesetz also ist eine Aufstellung
festgelegter Gebote, die jeder halten muss. Es verändert sich
nicht nach dem individuellen Fall. Mann oder Frau, jung oder
alt, reich oder arm – jedermann ist aufgerufen, diese Gebote zu
halten.

　　Wie steht es dagegen mit den Propheten? Die Propheten sprechen zu der einzelnen Situation. Nehmen wir an, jemand kam zu
Jeremia und fragte ihn: „Ist es recht, wenn ich nach Jerusalem
gehe?" Der Prophet sagte vielleicht diesmal: „Du kannst gehen."
Ein anderes Mal hingegen sagte er vielleicht: „Du sollst nicht
gehen." Die Propheten vermitteln die lebendige Führung des
Herrn je nach der besonderen persönlichen Lage. Das Gesetz
ändert sich nie, die Propheten jedoch haben je nach der Situation
des Betroffenen oft etwas anderes zu sagen. Das Gesetz besitzen
wir ein für allemal, denn die Gebote bleiben für immer bestehen;
die Leitung der Propheten jedoch gilt immer nur für eine einzelne
Situation. Man muss also immer wieder zum Propheten kommen.
Nachdem man Jeremia einmal aufgesucht hatte, konnte man
nicht sagen: „Vor einem Monat hat der Prophet gesagt, dass es
richtig ist, wenn ich nach Jerusalem gehe; deshalb kann ich jetzt
gehen, ohne bei ihm nachzufragen." Wollte man wieder nach
Jerusalem gehen, so musste man von neuem die Leitung durch
die Propheten suchen. Ob wir unsere Eltern ehren sollen oder
nicht, das bedarf keiner Führung, weil dies ein festes Prinzip des
Gesetzes ist; wie wir jedoch unsere Eltern ehren sollen, ist ent-
schieden eine Angelegenheit der Führung. Soll ich meine Eltern
bei einer bestimmten Gelegenheit auf diese oder auf jene Weise
ehren? Dazu bedarf es der Führung; dazu müssen wir uns mit
dem Propheten in Verbindung setzen.

Das Alte Testament verbietet, dass Frauen Männerkleidung und Männer Frauenkleidung tragen. Dies hat der Herr eindeutig festgelegt, hier haben wir ein bleibendes Gebot und ein unveränderliches Gesetz. Wenn wir aber ein Kleidungsstück einkaufen wollen, so kostet vielleicht das eine 400 Mark und das andere 40 Mark. Dies wird zu einer Angelegenheit, in der wir die Führung des Herrn suchen müssen, nicht Sein Gesetz. Hier sehen wir den Unterschied zwischen dem Gesetz und den Propheten. Das festgelegte Prinzip des Gesetzes ändert sich bei niemandem, die Leitung durch die Propheten jedoch ist bei jedem einzelnen anders. Manchmal ändert sie sich sogar bei demselben Menschen von einem zum andern Fall.

DAS INNERE GESETZ UND DIE INNERE SALBUNG

Gibt es im Neuen Testament irgendein Gesetz? Jawohl, aber nicht das Gesetz des Buchstabens; im Neuen Testament gibt es nur das Gesetz des Lebens. Dies ist kein äußeres, sondern ein inneres Gesetz – nicht das Gesetz, das auf steinerne Tafeln geschrieben war, sondern das in das Herz geschriebene Gesetz. Wie steht es mit den Propheten im Neuen Testament? Wie das Gesetz des Lebens das Gesetz des Buchstabens ersetzt, so tritt die innere Salbung an die Stelle der Propheten. Muss ich beispielsweise mein Haar schneiden lassen, so brauche ich die Führung des Herrn nicht in der Weise zu suchen, dass ich bete: „Herr, zeige mir, ob ich mir das Haar wie ein Cowboy oder wie ein Filmstar schneiden lassen soll." In solchen Fragen brauche ich die Führung des Herrn nicht zu suchen, denn ich habe in meinem Inneren ein Gesetz, das mir den Haarschnitt eines Filmstars oder eines Cowboys verbietet. Das innere Gesetz des Lebens bestimmt mich in solchen Dingen. Angenommen, du möchtest als Schwester im Herrn eine Frisur wie ein Filmstar tragen. Dann wird dich tief in deinem Innern etwas zurechtweisen und dir Einhalt gebieten. Das ist die Zurechtweisung durch das Gesetz des Lebens. Die Schrift besteht aus über tausend Kapiteln, aber mit keinem einzigen Wort wird darin etwas gegen Filmstarfrisuren gesagt. Filmstars sind in der Schrift nicht einmal erwähnt! Trotzdem

aber gibt es ein inneres Gesetz, das dich davon abhält, dir Filmstars zum Vorbild zu nehmen.

Nehmen wir an, ein Bruder soll das Wort des Herrn austeilen.
Er braucht in diesem Fall nicht zu fragen: „Herr, soll ich Cowboy-
hosen anziehen?" Sobald er sich daranmacht, diese Hosen
anzuziehen, wird das innere zurechtweisende Gesetz ihm Einhalt
gebieten. Dies ist ein festes Prinzip des Gesetzes, das sich in ihm
befindet. Er braucht auch keine Führung in der Frage zu suchen,
ob er sein Haar wie die Cowboys schneiden lassen soll. Hingegen
bedarf er der Führung des Herrn, wenn es darum geht, wann und
wo er sein Haar schneiden lassen soll. Deshalb muss er beten:
„Herr, willst du, dass ich heute zum Haarschneiden gehe? Soll ich
mir das Haar beim Friseur oder im Haus eines Bruders schneiden lassen?" Dies ist keine Angelegenheit des inneren Gesetzes,
sondern der inneren Salbung. Die Salbung ist der in ihm wohnende „Prophet", der ihn leitet. Wenn er nachlässig wird und die
Führung des „Propheten" in seinem Innern nicht sucht, geht er
vielleicht schnell zu einem Bruder, um sich das Haar schneiden
zu lassen, und dann gerät er in Schwierigkeiten. Weil er sich
nicht um die Salbung gekümmert hat, muss er leiden. Seht ihr,
worum es hier geht?

Die meisten Damen kaufen gerne ein. Wenn sie ein Kaufhaus
betreten, gibt es für sie keine Grenzen und keine Einschränkung
mehr außer ihrem Bankkonto. Aber jene Schwestern, die den
Herrn lieben und es lernen, durch Ihn zu leben und zu wandeln,
haben eine andere Geschichte. Wenn sie in das Kaufhaus hineinkommen und einen Artikel in die Hand nehmen, erleben sie, dass
etwas in ihnen Einhalt gebietet und sagt: „Leg das wieder hin."
Und sie legen es wieder hin. Wenn sie etwas anderes in die Hand
nehmen, heißt es wieder: „Rühre das nicht an; leg es wieder hin."
Was ist das für ein innerer Einspruch? Es ist das innere Gesetz,
das Gesetz des Lebens. Die weltlichen Schwestern können alles
kaufen, was sie wollen, in jedem Muster, in jeder Farbe und jeder
Form. Wenn es ihnen gefällt, nehmen sie es. Die Schwestern hingegen, die den Herrn lieben, haben innerlich ein negatives
Empfinden, wenn sie dies oder jenes in Erwägung ziehen. Dies
ist die Begrenzung durch das innere Gesetz.

Andererseits musst du, wenn irgendein Einkauf nötig wird, die Leitung der inneren Salbung suchen, um zu erkennen, wieviel du ausgeben kannst. Du musst mit dem Herrn Gemeinschaft haben und Seine Führung durch die innere Salbung suchen. Niemand anders kann es dir sagen. Wenn du mit der Frage zu mir kommst, muss ich dir sagen: „Frage nicht mich; frage den, der in dir ist. Durch die Salbung in deinem Innern weißt du, wieviel du ausgeben sollst." Sage einfach: „Herr, 300 Mark?" Die innere Salbung sagt vielleicht: „Nein." „180 Mark?" „Nein." „130 Mark?" „Vielleicht." „100 Mark?" „Gut!" Etwas in dir wird das Empfinden haben, dass es so gut und in Ordnung ist.

Nicht einmal der Ehemann kann seiner Frau sagen, was sie tun soll. Wenn die Frau ihren Mann fragt, was er von einem Hut für 60 Mark hält, so sollte er besser sagen: „Liebling, du musst zum Herrn gehen und Seine Führung durch die innere Salbung suchen." Die innere Salbung wird es ihr sagen, aber sie braucht Zeit, um zu beten und den Herrn zu berühren: „Herr, ich bete Dich an. Du bist mein Leben! Du bist mein Herr! Und Du wohnst in mir. Herr, gib mir einen klaren Eindruck darüber, wieviel ich für einen Hut ausgeben soll." Dann wird sie ein Empfinden für den Herrn und Sein inneres Sprechen haben: „60 Mark?" „Nein." „50 Mark?" „Nein." „40?" „Nein." „30?" „Nein." „24?" „In Ordnung." Am Ende wird die innere Salbung ihr ein gutes und positives inneres Empfinden geben.

Wenn du solche Erfahrungen nicht kennst, fürchte ich, dass du vielleicht gar kein Kind Gottes bist. „... so viele ... durch den Geist Gottes geleitet werden, die sind Söhne Gottes" (Röm. 8:14). Wie leitet uns der Geist Gottes? Durch die innere Salbung. Lobt den Herrn, dass wir die neue Schöpfung in Auferstehung sind. In der Auferstehung haben wir den Dreieinen Gott selbst, wir haben Ihn als unser Leben und unsere Natur, und außerdem haben wir auch das innere Gesetz des Lebens und Seinen Geist, der als die Salbung in uns wirkt, sich beständig bewegt und uns mit Gott selbst salbt. Je mehr wir auf dem Weg dieser praktischen Erfahrungen gesalbt werden, desto mehr wird das Wesen, die Substanz Gottes in uns hineinkommen. Es verhält sich so wie bei einem Maler, der einen Tisch anstreicht. Je mehr er den Tisch anstreicht, desto

mehr Farbe wird diesem Tisch hinzugefügt. Je mehr der Heilige
Geist uns in unserem Innern salbt, desto mehr gewinnen wir die
Substanz Gottes. Sind wir willig, uns beständig durch den Heiligen Geist in unserm Innern salben zu lassen, dann werden wir
nach einer gewissen Zeit mehr von Gottes Wesen oder Substanz
haben. Gott selbst ist die Farbe, der Heilige Geist der Maler und
die Salbung der Vorgang des Anstreichens. Der Heilige Geist
streicht uns innerlich mit Gott als der Farbe an. Dieses Anstrei-
chen wird uns das innere Empfinden für den Willen des Herrn
geben.

Wir brauchen die innere Weisung und die innere Salbung. Das
innere Gesetz reguliert und bestimmt uns, damit wir auf dem
Weg des Herrn gehalten werden, und die innere Salbung salbt
uns, damit wir in allen Dingen den Willen des Herrn erkennen.
Auf diese Weise nimmt Gottes eigenes Wesen beständig in uns zu.
Je mehr der Heilige Geist uns mit Gott als der Farbe anstreicht,
desto mehr wird uns Gottes eigene Substanz innerlich hinzugefügt. Dies ist der Reichtum der Auferstehung als unsere innere,
praktische Erfahrung.

KAPITEL SIEBZEHN

DIE GEMEINSCHAFT DES LEBENS UND DIE EMPFINDUNG DES LEBENS

„Das da von Anfang war, das wir gehört haben, das wir gesehen haben mit unseren Augen, das wir beschaut haben und unsere Hände betastet haben, vom Wort des Lebens – und das Leben ist erschienen, und wir haben gesehen und bezeugen und verkündigen euch das Leben, das ewig ist, welches war bei dem Vater und ist uns erschienen – was wir gesehen und gehört haben, das verkündigen wir euch, auf dass auch ihr mit uns Gemeinschaft habt; und unsere Gemeinschaft ist mit dem Vater und mit Seinem Sohn Jesus Christus. Und solches schreiben wir, auf dass unsere Freude vollkommen sei. Und das ist die Botschaft, die wir von Ihm gehört haben und euch verkündigen, dass Gott Licht ist und in Ihm ist gar keine Finsternis. Wenn wir sagen, dass wir Gemeinschaft mit Ihm haben, und wandeln in der Finsternis, so lügen wir und tun nicht die Wahrheit. Wenn wir aber im Licht wandeln, wie Er im Licht ist, so haben wir Gemeinschaft untereinander, und das Blut Jesu Christi, Seines Sohnes, macht uns rein von aller Sünde" (1.Joh. 1:1-7).

In diesem kurzen Abschnitt finden wir zunächst das ewige Leben, dann aus diesem ewigen Leben die göttliche Gemeinschaft, und diese göttliche Gemeinschaft bringt das Licht mit sich, welches Gott selbst ist. Wir haben hier also das Leben, die Gemeinschaft und das Licht.

Römer 8:6 sagt uns: „Denn die Gesinnung des Fleisches ist Tod, aber die Gesinnung des Geistes ist Leben und Friede." Dieser Vers spricht sowohl vom Tod als auch von Leben und Frieden. Wir müssen wissen, dass wir den Tod und andererseits das Leben und den Frieden, von denen hier gesprochen wird, tief in unserem Innern empfinden. Wie könnten wir sonst wissen, dass wir diesen Tod haben oder das Leben und den Frieden? Durch die innere Empfindung wissen wir, dass wir den Tod oder das Leben und den Frieden haben. Das Wort „empfinden" kommt in diesem Vers zwar nicht vor, aber ganz ohne Frage erkennen wir den Tod durch unsere Empfindung, wenn wir unsere Gesinnung auf das Fleisch setzen, und andererseits erkennen wir auch das Leben und den Frieden durch unsere Empfindung, wenn wir unsere Gesinnung auf den Geist setzen. Demnach geht es in diesem Vers unausgesprochen auch um die Empfindung des Lebens. Bei oberflächlicher Betrachtung scheint es so, als habe dieser Vers nichts mit 1. Johannes 1 zu tun, aber die Wirklichkeit des Geistes steht in sehr engem Zusammenhang mit diesem Kapitel. In 1. Johannes 1 haben wir die Gemeinschaft des Lebens und in Römer 8:6 die Empfindung des Lebens.

Im letzten Kapitel haben wir gesehen, dass das Gesetz des Lebens und die Salbung zum Reichtum der Auferstehung gehören. Außerdem haben wir auch Gott selbst, das göttliche Leben, das Christus im Geist ist, und die göttliche Natur als unseren Reichtum. Diese fünf Begriffe umschreiben im wesentlichen den Reichtum in der Auferstehung, und als Menschen in der neuen Schöpfung haben wir die Stellung und das volle Recht, all dies zu genießen. Auf der Basis der neuen Schöpfung können wir die Auferstehung erfahren, die Gott als unseren Anteil, Christus als unser Leben, die göttliche Natur, das Gesetz des Lebens und die innere Salbung einschließt. Betrachtet nur einmal, was für ein herrlicher Reichtum dies ist! Tag für Tag genießen wir diesen fünffachen Reichtum in der Auferstehung, ob wir uns dessen bewusst sind oder nicht. Selbst als neugeborenes Kind Gottes genießen wir diesen Reichtum und leben täglich durch ihn.

DIE GEMEINSCHAFT DES LEBENS

Der Reichtum, der aus Gott selbst, dem göttlichen Leben, der göttlichen Natur, dem Gesetz des Lebens und der inneren Salbung besteht, bringt zwei weitere kostbare Dinge mit sich: die Gemeinschaft des Lebens und die Empfindung des Lebens. Beide werden durch den Reichtum der Auferstehung hervorgebracht.

Das ewige Leben bringt eine göttliche Gemeinschaft mit sich. Besitzen wir Christus als Leben im Geist, dann erfahren wir zugleich mit diesem Leben auch Gemeinschaft. Man kann die Gemeinschaft des Lebens mit dem Blutkreislauf vergleichen. Das Blut in unserem Leib ist das Leben unseres Leibes; wenn unser Leib kein Blut enthält, hat er kein Leben, denn das Leben ist im Blut. Wir haben auch den Blutstrom in unserem Leib, und durch den Blutstrom werden alle negativen Elemente aus dem Leib herausgeschafft und wird andererseits jedem Teil des Leibes Nahrung zugeführt. Tag für Tag trägt der Blutstrom die Abfallprodukte fort und bringt die Versorgung, die Nahrung, zu allen Teilen des Leibes. Der Blutstrom erfüllt unaufhörlich diese beiden Funktionen. Einerseits beseitigt er das Negative, indem er die Glieder des Leibes wäscht und den Abfall fortträgt, und andererseits bringt er etwas Positives, indem er dem ganzen Leib Gesundheit gibt.

Was ist nun die Gemeinschaft des Lebens? Wie das Blut das Leben ist, so ist unser geistliches Blut niemand anders als Christus im Geist als unser Leben. Mit Christus, unserem geistlichen Blut, als unserem Leben haben wir auch den Strom des Lebens. Christus fließt beständig als unser Leben in uns, genau wie der Blutstrom unaufhörlich im Leib fließt, und dieses Fließen des Lebens ist die Gemeinschaft des Lebens. Durch dieses Fließen des Lebens, diese Gemeinschaft des Lebens, wird der ganze Reichtum Christi zu uns gebracht. Das beständige Fließen des Reichtums Christi versorgt uns in positiver Hinsicht mit Nahrung und sorgt in negativer Hinsicht für unsere Reinigung und die Beseitigung von Abfall. Nur ein Arzt kann uns sagen, welchen Nahrungs- und Abfalltransport der Blutstrom täglich leistet. Gemeinschaft des Lebens bedeutet also nichts anderes als den fließenden Strom des ewigen Lebens, welches Christus selbst ist.

Betrachtet zum Beispiel eine Glühbirne. Der elektrische Strom, der in die Birne hineinfließt, wird am Zähler gemessen. Wird der Strom am Zähler aufgehalten, so wird in der Birne kein Licht erscheinen. Alle Funktionen der Elektrizität hängen vom Strom ab, vom Fließen der Elektrizität. Wird der Strom abgeschaltet, so funktioniert die Birne nicht mehr, das heißt, sie gibt kein Licht mehr.

Bevor wir gerettet wurden, als Ungläubige, erfuhren wir diesen fließenden Strom niemals. Ich erinnere mich noch sehr gut an meine eigene Erfahrung. Vor meiner Rettung strömte dieses lebendige Gefühl niemals durch mich. Von jenem Tag an jedoch habe ich in wachsendem Maß – je mehr ich den Herrn liebte, Ihn berührte und für Ihn lebte – etwas in mir erfahren, was strömte und strömte und strömte. Dies ist der Strom des Lebens oder die Gemeinschaft des Lebens. Das ewige Leben, das heißt der Sohn Gottes, ist so wirklich und konkret! Man kann es sogar hören, sehen, berühren und betasten, proklamieren und verkündigen (1.Joh. 1:1)! Da wir dieses Leben empfangen haben, besitzen wir die Gemeinschaft des Lebens, den Strom des Lebens. Durch diese Gemeinschaft des Lebens können wir sehr leicht in die Gegenwart Gottes gebracht werden.

DIE EMPFINDUNG DES LEBENS

Wie können wir wissen, wann wir uns in der Gegenwart Gottes befinden? – Gott ist Licht, und wenn wir in der Gegenwart Gottes sind, nehmen wir das Licht wahr. Wir empfinden nicht nur das innere Fließen, sondern auch das innere Scheinen, das nur durch die Gemeinschaft des Lebens zu uns kommt. Dies ist keine Lehre, sondern eine Erklärung dessen, was wir erfahren. Können wir zu diesen Erfahrungen nicht Amen sagen, so fürchte ich, dass etwas mit uns nicht in Ordnung ist. Genau dies sollten wir seit dem Tag unserer Errettung erfahren haben, wenn wir es auch vielleicht nicht erklären konnten. Lasst mich noch einmal wiederholen: Etwas in uns bewegt sich und fließt, und wenn wir uns in dem Strom befinden, stehen wir in der Gegenwart Gottes. Dann erfahren wir ein Scheinen in unserem Innern, und alles ist im Licht. Alle Dinge sind uns sehr klar – ob dies recht oder unrecht ist, ob dies der Wille Gottes ist oder nicht, ob dies zum Bereich des Todes oder des Lebens gehört. Alles wird durch die innere Empfindung klargemacht.

Die Empfindung des Lebens hat daher sehr viel mit der Gemeinschaft des Lebens zu tun. Die Gemeinschaft des Lebens hilft uns, die Empfindung des Lebens wahrzunehmen, indem sie uns in die Gegenwart Gottes bringt, und dort können wir es genießen, dass Gott als Licht auf uns scheint. Dieses Scheinen gibt uns über alles Klarheit. Es dringt in jeden Winkel und in alle Wege unseres Seins ein und bringt ein sehr feines und scharfes Empfinden in uns hervor. Bereits ein geringer Fehler wird sofort von diesem Empfinden entdeckt. Je mehr das Leben in uns fließt, desto mehr befinden wir uns in der Gegenwart Gottes und desto mehr Scheinen werden wir erfahren. Je mehr wir dieses Leuchten, dieses Scheinen erfahren, desto mehr werden wir ein scharfes und feines Empfinden in uns wahrnehmen. Durch dieses Empfinden können wir Gott, Seinen Willen und Seinen Weg erkennen. Dieses Empfinden erforscht und prüft alles.

Außerdem hängt diese innere Empfindung des Lebens immer von dem Maß unserer inneren Beziehung zum Herrn ab. Wenn wir unser Denken auf das Fleisch setzen, wenn wir eine Gesinnung des Fleisches haben, wie sie anhand von Römer 8:6 beschrieben wurde, dann setzen wir einfach das Selbst auf das Fleisch. Den Verstand auf das Fleisch zu setzen bedeutet, dass unser Selbst mit dem Fleisch zusammenarbeitet, und wenn wir mit dem Fleisch zusammenarbeiten, stimmt natürlich unsere Beziehung zu Gott nicht. Denkt an die drei konzentrischen Kreise, welche die drei Teile des Menschen darstellen. Das Fleisch ist der Leib (äußerer Kreis), der durch das Zerstörungswerk Satans in seiner Natur verändert worden ist. Der Verstand befindet sich in der Seele (mittlerer Kreis), und er repräsentiert unser menschliches Sein, das Selbst. Der Dreieine Gott wohnt im Geist (innerster Kreis). Der Verstand, der sich zwischen dem Fleisch und dem Geist befindet, hat die Möglichkeit, sich entweder in der einen oder in der anderen Richtung zu bewegen. Vergesst Römer 8:6 niemals – dies ist einer der wichtigsten Verse in der Schrift. In gewissem Sinn ist dieser Vers sogar wichtiger als Johannes 3:16. Wenn wir allein Johannes 3:16 im Gedächtnis behalten und Römer 8:6 vergessen, sind wir nur ein in armseliger Weise geretteter Christ und können niemals ein siegreicher Christ sein. Mit Hilfe von Johannes 3:16 können wir das ewige

Leben empfangen, aber Römer 8:6 zeigt uns, wie wir ein siegreicher Christ sein können.

Unseren Verstand – das heißt unser Selbst – auf das Fleisch zu setzen bedeutet den Tod. Unseren Verstand, unser Selbst, auf den Geist zu setzen bedeutet Leben und Frieden. Hier haben wir den Schlüssel zum Tod oder zum Leben. Der Verstand ist gewissermaßen neutral, er steht genau in der Mitte. Er kann sich dem Fleisch zuwenden oder dem Geist. Wiederum müssen wir an die Geschichte im Garten Eden erinnern. Der freie Wille kann zwischen zwei Dingen wählen. Den Baum der Erkenntnis zu wählen bedeutet den Tod, aber den Baum des Lebens zu wählen bedeutet das Leben. Wir stehen zwischen diesen beiden Bäumen, wir können entweder Leben oder Tod aufnehmen. Das Ergebnis hängt von unserer Wahl ab, davon, wie wir Stellung beziehen. Die Sünde, von der als einer Person gesprochen wird und die Satan darstellt, befindet sich im Fleisch, der Dreieine Gott befindet sich nach unserer Errettung in unserem Geist, und das Selbst befindet sich im Verstand. Wir besitzen das Geheimnis von Leben und Tod – es hängt davon ab, ob wir mit dem Geist oder mit dem Fleisch zusammenarbeiten. Sooft wir mit dem Fleisch zusammenarbeiten, empfangen wir den Tod; sooft wir jedoch mit dem Geist zusammenarbeiten, haben wir Anteil an Gott, der das Leben ist.

1. Den Geschmack des Todes empfinden

Woran erkennen wir den Tod in uns? Am Geschmack des Todes. Auch der Tod gibt uns ein bestimmtes inneres Empfinden. Ein solches Empfinden ist beispielsweise das Gefühl der Leere. Wir empfinden den Tod, wenn wir uns innerlich leer fühlen. Ein anderes Empfinden, das vom Tod kommt, ist ein Gefühl der Dunkelheit. Wenn wir Dunkelheit in uns empfinden, ist Tod da. Auch ein Gefühl des Unbehagens, das Ruhelosigkeit und Verstörtsein einschließt, stammt vom Tod. In einem solchen Zustand haben wir das Empfinden, dass uns etwas Linderndes, Beschwichtigendes fehlt; alles in unserm Innern befindet sich in einem Zustand der Reibung, wir haben keinen Frieden, keine Ruhe, keinen Trost und keine Stille. Eine weitere Empfindung des Todes ist Schwachheit.

Oft sagen wir: „Ich kann es nicht mehr ertragen." Dies lässt erkennen, dass wir ganz schwach sind. Wir besitzen keine Kraft, keine Stärke, kein Gegengewicht zu unseren Bedrückungen. Schließlich bewirkt der Tod auch, dass wir uns bedrückt, niedergedrückt oder unterdrückt fühlen, „gedrückt" in jeder Form. Weil wir schwach sind, kann leicht Bedrückung aufkommen. Und warum das alles? Weil unser Verstand auf das Fleisch gesetzt ist, was zum Tod führt. Leere, Dunkelheit, Unbehagen, Schwachheit und Bedrücktsein – all dies ist die Empfindung des Todes in verschiedener Ausprägung. Wir können den Tod in uns erkennen, wenn wir Leere, Dunkelheit, Unbehagen, Schwachheit und Bedrücktsein empfinden. Ein solches Gefühl beweist, dass wir im Fleisch sind und auf der Seite des Fleisches stehen.

In Wirklichkeit aber kommt dieses Empfinden des Todes bereits vom Empfinden des Lebens her. Nehmt einmal an, ein Mensch ist wirklich tot, er ist ein Leichnam. Ein solcher würde niemals Leere, Dunkelheit, Unbehagen usw. empfinden, weil er kein Leben besitzt. Wenn aber jemand Leben in sich hat, kann er ein Gefühl der Leere oder der Dunkelheit wahrnehmen, selbst wenn das Leben kränklich und schwach ist. Er vermag all diese Dinge zu spüren, weil er noch ein lebendiger Mensch ist. Er berührt als lebendiger Mensch den Tod, und das Leben in ihm gibt ihm dieses Empfinden des Todes. Es ist eine Funktion und eine Aufgabe der Empfindung des Lebens, uns den Geschmack des Todes wahrnehmen zu lassen.

2. Den Geschmack des Lebens und des Friedens wahrnehmen

Die Empfindung des Todes ist jedoch nur etwas Negatives. Auf der anderen Seite gibt es die Empfindung des Lebens und des Friedens. Was ist diese Empfindung, der Geschmack des Lebens und des Friedens? Erstens einmal haben wir im Gegensatz zur Leere Zufriedenheit und Fülle. Wir empfinden, dass der Herr uns zufriedengestellt hat. Wir sind in Seiner Gegenwart ganz gesättigt, weder durstig noch hungrig. Zweitens empfinden wir Licht im Gegensatz zur Dunkelheit. Unsere innere Zufriedenstellung ist begleitet von dem Licht, das in uns scheint. Dieses

Licht erfüllt jeden Winkel und jeden Zugang unseres Seins. Jeder
Teil ist durchscheinend, und nichts ist undurchsichtig. Im
Gegensatz zum Unbehagen haben wir außerdem Frieden, der
alles in uns lindert und beschwichtigt. Wir empfinden Frieden
und Ruhe, Frieden und Trost, Frieden und Wohlsein in uns. Es
ist kein Gefühl der Reibung oder Spannung in uns. Ein weiterer
Geschmack, durch den wir das Leben empfinden, ist Kraft im
Gegensatz zur Schwachheit. Wir fühlen die ganze Kraft und
Stärke des Lebens. Wir haben einen lebendigen Dynamo in uns,
es kommt uns vor, als gäbe es nicht nur einen, sondern vier Moto-
ren in uns. Manchmal spüren wir Millionen von Pferdestärken!
Was für eine Stärkung erfahren wir, die all unsere Schwachheit
überwindet! Das lange Gesicht unserer Frau macht uns nichts
aus, und selbst wenn sie auf uns losgeht, werden wir nur sagen:
„Halleluja!" Sie wird uns nicht ungeduldig machen oder aus der
Fassung bringen, denn wir sind stark. Wir sind nicht leicht und
schwach, sondern voller Gewicht und Kraft. Nichts kann uns aus
der Fassung bringen. Preist den Herrn! Dies ist das innere Empfinden des Lebens und Friedens. Im Gegensatz zur Bedrückung
erfahren wir schließlich Freiheit. Wir werden durch das Fließen
des Lebens nicht nur befreit, sondern auch hoch über alle
Bedrückung erhoben. Nichts kann uns unterdrücken. Je mehr
Bedrückung auf uns zukommt, desto mehr befinden wir uns im
Himmel.

Auf diese Weise nehmen wir Leben und Frieden wahr. Wir
erkennen sie einfach daran, dass wir sie spüren, und wir spüren
sie, weil wir Leben besitzen. Dieses Leben in uns ist ein fließen-
des Leben. Durch das Fließen des Lebens sind wir lebendig und
befinden uns in der Gegenwart Gottes. Darum haben wir das
tiefe, innere Empfinden, dass wir zufriedengestellt, erleuchtet,
gestärkt, getröstet, erhöht, befreit und über allem hoch erhoben
sind. Je mehr wir uns in der Gemeinschaft des Lebens befinden,
desto mehr werden wir das Leben spüren; und je mehr wir das
Leben spüren, desto mehr werden wir die zunehmende Gemeinschaft des Lebens genießen. Diese beiden Erfahrungen bedingen
sich gegenseitig – je mehr Gemeinschaft des Lebens, desto mehr
Empfindung des Lebens; je mehr Empfindung des Lebens, desto

mehr Gemeinschaft des Lebens. Dies ist wunderbar! Preist den Herrn!

Die Gemeinschaft und die Empfindung des Lebens sind Nebenprodukte der Auferstehung. Der eigentliche und hauptsächliche Reichtum der Auferstehung besteht in Gott selbst, Christus als dem Leben, der göttlichen Natur, dem Gesetz des Lebens und der Salbung durch den Heiligen Geist. Diesem Reichtum entspringen an zweiter Stelle, aber praktisch erfahrbar, die Gemeinschaft des Lebens und die Empfindung des Lebens.

KAPITEL ACHTZEHN

DIE ÜBUNG DES GEISTES UND DAS HINEINKOMMEN IN DEN GEIST

In Kapitel siebzehn haben wir gesehen, dass das göttliche Leben, welches wir empfangen haben, die Gemeinschaft des Lebens oder den Strom des Lebens hervorbringt, und dass aus diesem Strom des Lebens das innere Empfinden, das tiefere Bewusstsein des Lebens kommt. Lasst uns nun den Unterschied zwischen der Seele und dem Geist betrachten.

Behaltet im Auge, dass die Stiftshütte oder der Tempel drei Teile hat – den Vorhof, das Heilige und das Allerheiligste. Und vergesst nicht: Das Neue Testament erklärt ausdrücklich, dass wir der Tempel Gottes sind. Daher ist die Stiftshütte oder der Tempel nicht nur ein Bild für Christus, sondern auch ein Bild für die Christen. Das menschliche Sein besteht aus drei Teilen, aus dem Leib, der Seele und dem Geist (1.Thess. 5:23). Diese drei Teile entsprechen den drei Teilen der Stiftshütte: der Leib dem Vorhof, die Seele dem Heiligen und der Geist dem Allerheiligsten. In dem Bild der Stiftshütte befanden sich die Gegenwart Gottes oder die Schekina-Herrlichkeit Gottes und die Bundeslade, das Bild für Christus, im Allerheiligsten. Christus, den wir in unserem Geist haben, ist die neutestamentliche Anwendung oder Erfüllung dieses Bildes. Heute befindet sich der Herr im innersten Teil unseres Seins, welches jetzt das Allerheiligste ist.

Eben deshalb spricht der Hebräerbrief von diesen Dingen. Wie wir gesehen haben, zeigt Kapitel vier Vers 12 die Notwendigkeit auf, den Geist von der Seele zu scheiden. Mit anderen Worten: Wir müssen den Geist von der Seele unterscheiden, um den lebendigen Christus, der in unserem Geist wohnt, zu erfahren und wahrzunehmen. Dies stimmt mit den Lehren des gesamten

Neuen Testamentes überein. Die vier Evangelien ermahnen uns, die Seele zu verleugnen und zurückzuweisen, und die neutestamentlichen Briefe ermutigen uns, nach dem Geist zu wandeln und im menschlichen Geist zu leben. In diesem Geist wohnt der Herr Jesus als der göttliche Geist (2.Tim. 4:22). Daher müssen wir den menschlichen Geist von der Seele unterscheiden, indem wir die Seele verleugnen und dem Herrn in unserem Geist folgen.

DIE ERFAHRUNG DES ALTARS

Lasst uns ein Problem betrachten, das sich bei der Anwendung dieses Prinzips erhebt. Einmal kam eine Schwester zu mir und sagte: „Wenn wir nicht im Allerheiligsten sind, bedeutet das, dass wir uns noch im Leib oder in der Seele aufhalten. Wie aber können wir dann trotzdem den Geist üben?" Das hört sich recht logisch an. Wie können wir den Geist in Funktion setzen, wenn wir uns noch im Leib oder in der Seele befinden und nicht in den Geist hineingekommen sind? Diese Frage lässt sich nicht durch logische Erklärungen beantworten. Wir müssen jedoch eines bedenken: Auch wenn wir immer noch im Leib oder in der Seele leben, bedeutet das nicht, dass wir unbedingt ganz vom Geist abgeschnitten sein müssen. Wenn wir unsere Hände oder Füße gebrauchen, bedeutet das nicht unbedingt, dass unsere Hände oder Füße vom Kopf abgeschnitten sind. Wir sind ein Ganzes – Leib, Seele und Geist. Dieses Wesen kann man nicht in drei Teile zerlegen. Ich habe jener Schwester gesagt, dass selbst ihre Umkehr, als sie Buße tat und an den Herrn Jesus glaubte, eine Funktion des Geistes war. Wahre Umkehr und Buße erfordert einen zerschlagenen Geist. Wenn sich die Buße nur in unserem Verstand abspielt, ist es keine tiefe und wirkliche Buße. Sie muss tief in unserem Geist empfunden werden. Als wir den Herrn Jesus aufnahmen, gebrauchten wir unseren Geist und übten ihn, auch wenn wir den Begriff „Geist" nicht bewusst kannten, denn jede Stufe in unserer Erfahrung mit dem Herrn ist eine Sache unseres Geistes.

Als wir den Herrn Jesus als unseren Retter aufnahmen, kamen wir zum Kreuz und wurden erlöst. Im Bild der Stiftshütte finden wir das Kreuz durch den Altar dargestellt, der im Vorhof stand. Am Kreuz taten wir Buße und nahmen den Herrn Jesus auf. In dem Augenblick, als wir gerettet wurden, übten wir tatsächlich unseren Geist. Weil wir ihn gebrauchten und in Funktion setzten, berührten wir Gott, nahmen Ihn wahr und hatten eine lebendige Berührung mit Ihm.

Später jedoch lebten wir vielleicht nicht durch den Geist, ja vielleicht nicht einmal durch die Seele, sondern so wie die Welt. Wir waren zwar am Kreuz gerettet worden, was bedeutet, dass wir am Altar im Vorhof vorbeigegangen waren; aber in der Folgezeit lebten wir nicht durch den Geist, auch nicht durch die Seele, sondern nach der Weise der Welt, auf den Wegen der Welt.

Du fragst vielleicht, was die Wege der Welt sind. Um das zu veranschaulichen, möchte ich von einem Bruder namens Sun erzählen, der früher Richter an einem Gerichtshof war. Eines Tages wurde er zu einer Evangeliumsversammlung mitgenommen, in der ich predigte. Nach der Versammlung kam dieser Ungläubige mit einer weltlichen Frage zu mir: „Herr Lee, sagen Sie mir bitte, ist Gott männlich oder weiblich?" Nun, ich sagte ihm nur ein paar Dinge über Gott und Christus. Dann antwortete er, er sei wirklich „beeindruckt" von meiner Predigt, aber er wisse nicht, wie man zum Glauben komme. Ich entgegnete, er solle sich einfach öffnen und Christus aufnehmen, weil Christus der Geist ist und uns überall umgibt. Ich sagte: „Gehen sie nach Hause und schließen sie einfach die Tür, knien sie nieder, bekennen sie Ihre Sünden und öffnen sie sich Christus. Sagen sie Ihm: Ich glaube, dass Du für mich gestorben bist, und ich nehme Dich als meinen Retter auf." Er versprach es.

An diesem Abend zog er sich aus dem Kreis seiner Familie, die nichts vom christlichen Glauben wusste, zurück, ging in sein Zimmer und schloss die Tür. Seine Frau und sein Sohn fragten ihn, was er denn vorhabe, worauf er antwortete, es gebe für ihn etwas ganz Bestimmtes zu tun und er müsse dafür die Tür schließen. Dann kniete er nieder und betete. Seine Frau und sein Sohn schauten heimlich durch das Fenster herein, sahen mit Staunen, dass er niederkniete, und lachten über ihn. Nach seinem Gebet erwartete er, dass plötzlich etwas mit ihm geschehen würde, aber dem war nicht so. Am nächsten Morgen nach dem Frühstück musste er zum Gericht gehen und sich mit einem Prozess befassen, und auf dem Weg dorthin geschah plötzlich etwas. Er hat mir später erzählt, dass sich das ganze Universum veränderte. Wie wunderbar waren der Himmel und die Erde! Selbst der kleine Hund und die Katze, die er früher keines Blickes gewürdigt hatte, erfreuten ihn. Er empfand eine solche Freude in sich, dass er zu lachen begann. Er fragte sich: „Was ist denn das?" Als er zum Gericht kam und die Verhandlung begann, vermochte er sein Lachen kaum zu unterdrücken, und nach der Verhandlung kehrte er nach Hause zurück und lachte immer noch mehr. Seine Frau fragte: „Was ist denn mit dir los? Hast du einen Schatz gefunden? Was macht dich so glücklich und so froh?" Er antwortete: „Ich weiß nicht. Ich bin einfach so froh. Die ganze Welt ist anders geworden." Am nächsten Tag traf er einen jungen Bruder, mit dessen Hilfe er begriff, dass er wirklich gerettet war.

Danach jedoch setzte er sein Leben wie bisher fort, handelte und lebte in weltlicher Weise und betrachtete die Dinge so wie die weltlichen Menschen. Er befand sich noch immer im Vorhof, unter der Sonne; sein ganzes Sinnen blieb unverändert. Am dritten Tag jedoch nahm man ihn wieder zur Gemeindeversammlung mit. Ich freute mich, ihn dort zu sehen. Nach der Versammlung sagte er: „Herr Lee, Sie sind ein guter Redner und können sich gut ausdrücken. Auf welcher Schule sind Sie gewesen?" Seine Bemerkungen offenbarten, in wie weltlicher Weise er die Dinge betrachtete. Dann schnitt er viele Fragen in bezug auf die Gemeinde an. Er sagte: „Wie haben Sie denn so viele Menschen zusammengebracht? Welche Mittel haben Sie dafür benützt? Haben Sie in der Zeitung annonciert oder eine Werbung wie eine politische Partei veranstaltet?" Dies ist eine vollkommen weltliche Betrachtungsweise. Dann fragte er mich: „Herr Lee, ich wäre gern ein Christ. Sagen Sie mir, wie ich dazu komme. Muss ich irgendwelche Formulare ausfüllen oder Papiere unterschreiben?" Natürlich erklärte ich ihm, wie sich die Dinge in Wirklichkeit verhalten. Dann aber fragte er mich: „Angenommen, ich werde ein Glied Ihrer Gemeinde – wieviel Geld muss ich jährlich aufbringen? Und was soll ich mit meiner Familie machen? Wird Ihre Gemeinde über meine ganze Familie bestimmen? Werden Sie

meiner Frau und meinem Kind eine Menge Vorschriften
machen?" Was ist das? Das ist die Weise der Welt, der Weg der
Welt. Dieser Mann war tatsächlich gerettet, aber all diese Dinge
bewiesen, dass er sich noch im äußeren Vorhof, in Ägypten,
befand. Er hatte das Passah erfahren, aber er war noch nicht
durch das Rote Meer hindurchgegangen. Er befand sich noch in
der äußeren Welt.

DIE ERFAHRUNGEN DES ERSTEN VORHANGS

Lasst uns diesen Bruder weiter als Veranschaulichung benutzen. Er wurde im Jahr 1938 gerettet. Das nächste Jahr über
geschah nichts. Er war tatsächlich gerettet, befand sich aber noch
völlig in der Welt. Drei Jahre lang geschah nichts. Dann im Jahr
1941, wurde er erweckt – in seinem Inneren kam es zu einer
Revolution. Eines Tages, während er betete, legte er alle weltlichen Dinge ab. Er sagte: "Herr, ich gebe mein Wissen auf, meinen
Richterberuf, meine Familie und alle Dinge dieser Welt. Herr, von
nun an will ich Dich lieben! Ich bin vor drei Jahren gerettet worden, aber jetzt weiß ich, dass ich alle weltlichen Dinge hinter mir
lassen muss." Er gab die Welt auf.

Als der Bruder diesen Schritt tat, ging er durch den ersten
Vorhang, vom Vorhof hinein in das Heilige. Von diesem Tag an
entdeckte er, wie er mit Christus Gemeinschaft haben und Christus durch das Lesen der Bibel als sein tägliches Manna
aufnehmen konnte. Seine Bibel wurde ihm sehr kostbar und lieb.
Jeden Tag genoss er es, etwas aus der Bibel als Nahrung aufzunehmen. Seit diesem Tage genoss er nicht nur das Schaubrot auf
dem Tisch, sondern er wurde auch durch das innere Licht
erleuchtet. Dann kam auch die Freude am Gebet. Er sagte mir:
"Bruder Lee (jetzt sagte er nicht mehr Herr Lee), immer wenn ich
die Augen schließe und bete, kommt es mir vor, als sei ich im
Himmel." Was ist das? Es ist der liebliche Geruch des Räucherwerks. Er empfand die Gegenwart Gottes, weil er Christus als
sein tägliches Manna, als das innere Licht und den lieblichen
Geruch der Auferstehung erfuhr.

Hier nun müssen wir sehr klar sehen, wo diese Erfahrung
stattfand. Jener Bruder war vom Vorhof in das Heilige gekommen,

indem er den ersten Vorhang durchschritt. Er war noch nicht
durch den zweiten Vorhang gegangen. Zunächst einmal waren
ihm am Altar des Kreuzes seine Sünden abgenommen worden,
aber die Welt und die weltlichen Dinge trug er noch mit sich
herum. Drei Jahre später ließ er dann die Welt und die weltlichen
Dinge fallen, indem er durch den ersten Vorhang hindurch ins
Heilige hineinging. Tag für Tag begann er nun, Christus als sein
Leben, seine Nahrung, sein Licht und den lieblichen Geruch der
Auferstehung zu erfahren.

DIE ERFAHRUNG DES ZWEITEN VORHANGS

Trotzdem war jener Bruder noch nicht im Allerheiligsten. Die
Sünden und die weltlichen Dinge waren vergangen, aber eines
war noch geblieben – das Fleisch. Es gab also immer noch einen
trennenden Vorhang. Durch Briefe, die ich kürzlich aus dem Fernen Osten bekam, habe ich erfahren, dass dieser Bruder in den
letzten ein oder zwei Jahren erlebt hat, wie sein äußerer Mensch
zerbrochen wurde. Das Zerbrochenwerden des äußeren Menschen
bedeutet, dass der zweite Vorhang zerrissen wird. Es bedeutet,
dass das Fleisch zerrissen oder zerbrochen wird. Jene Briefe
offenbaren, dass er durch diese Erfahrung zu der wirklichen
Unterscheidung des Geistes kommt. Er vermag nicht nur seinen
eigenen Geist, sondern auch den Geist der anderen zu unterscheiden, weil er sich jetzt mehr im Geist befindet.

Als wir durch die Errettung in den äußeren Vorhof hineinkamen, wurden unsere Sünden vergeben. Als wir in das Heilige
hineinkamen, wurde die Welt in den Tod gebracht. Aber nun bleibt
doch noch, wenn wir nicht ins Allerheiligste hineingegangen sind,
das Selbst übrig. Wir können Christus Tag für Tag als das wunderbare Manna, das himmlische Licht und den Wohlgeruch der
Auferstehung erfahren, aber dies alles ist noch ziemlich oberflächlich, da im Heiligen alles offen vor Augen liegt. Das
Schaubrot ist nicht das *verborgene* Manna, das Licht nicht das *verborgene* Gesetz und der Weihrauch nicht der *verborgene* Stab der
Auferstehung. Wenn wir zur Versammlung kommen, kann jeder
erkennen, dass wir das Manna ausstellen, das Licht ausstrahlen
und den Wohlgeruch der Auferstehung verbreiten. Ist dies der

Fall, so sollten wir trotzdem noch nicht meinen, wir hätten viel Tiefe. Oft, wenn wir mit dem Wohlgeruch des Räucherwerks zur Versammlung kommen, sagt man vielleicht von uns: „Was für ein netter Bruder! Solch eine liebenswerte Schwester! Wenn sie nur den Mund öffnen, spürt jeder den Wohlgeruch Christi!"

Das aber ist nicht das verborgene Manna, das verborgene Gesetz und der verborgene grünende Stab. Wir sollen zwar diese guten Erfahrungen im Heiligtum keineswegs als wertlos betrachten, im Gegenteil, wir sollen sie schätzen. Der Herr sei gelobt, dass viele Geschwister Christus als ihr tägliches Manna genießen, dass sie Christus Tag für Tag auch als ihr Licht und als den lieblichen Geruch in Auferstehung genießen. Aber trotzdem müssen wir wissen, dass dies nicht das Ziel ist. Dies ist nicht das Land Kanaan, sondern nur die Wüste, wo das lebendige Wasser aus dem lebendigen Felsen fließt, und wo Christus uns mit dem täglichen Manna versorgt. Wenn wir Anteil am Manna vom Himmel und an dem lebendigen Wasser aus dem Felsen haben, beweist das noch nicht, dass wir uns an dem Ziel befinden, das Gott mit uns vorhat. Es beweist nur, dass wir nicht mehr in Ägypten, das heißt nicht mehr in der Welt sind. Mit anderen Worten, wir sind zwar im Heiligen, aber nicht im Allerheiligsten. Der Ort ist zwar heilig, aber er ist nicht das Allerheiligste. Daher müssen wir vorangehen, um in den Genuss des Besten zu kommen. Dass wir nur aus Ägypten herausgekommen sind, dies sollte uns nicht genügen – es betrifft nur den negativen Aspekt. Es gibt noch etwas anderes auf der positiven Seite, denn es geht darum, dass wir in das gute Land eintreten, welches ein Bild für den allumfassenden Christus in unserem Geist ist. Weder das Passahlamm in Ägypten noch das tägliche Manna in der Wüste lassen sich mit dem guten Land Kanaan vergleichen. Kanaan, das gute Land, enthält nicht nur einen einzelnen Aspekt oder einen Teil Christi, sondern stellt den allumfassenden Christus dar.

Noch einmal müssen wir festhalten, dass wir bei unserer Errettung unbewusst unseren Geist übten und in Funktion gesetzt haben. Darüber kann es keinen Zweifel geben. Und jetzt, im Heiligen, lesen wir jeden Tag die Schrift, berühren Christus und erfahren das Scheinen des Lichtes. Auch dies alles kann nur dadurch erfahren werden, dass wir unseren Geist üben, gebrauchen und in Funktion setzen, selbst wenn wir ein Mensch sind, der eher in der Seele als im Geist lebt. Vielleicht lesen wir morgens in der Bibel, indem wir unseren Geist üben, und ernähren uns dadurch von Christus als unserem täglichen Manna; und doch befinden wir uns als Person noch nicht im Geist, sondern noch in der Seele. Schließlich werden wir dann eines Tages erkennen, dass mit unserem Selbst Schluss gemacht werden muss, dass es zerbrochen werden muss. Wenn wir begreifen, dass wir schon gekreuzigt sind, werden wir das Kreuz auf uns anwenden; und wenn wir durch Erfahrung begreifen, dass das Selbst begraben worden ist, werden wir als ganze Person in den Geist hineinversetzt werden. Dann werden wir nicht nur unseren Geist üben, um den Herrn zu berühren, sondern unser ganzes Sein wird sich im Geist befinden. Demnach gibt es also auf unserem Weg drei strategische Punkte: Wir müssen zum Altar kommen, dann durch den ersten und dann durch den zweiten Vorhang hindurchgehen. Am Altar wird mit unseren Sünden abgerechnet, am ersten Vorhang mit der Welt und am zweiten Vorhang mit uns selbst, mit dem seelischen Leben, dem natürlichen Menschen, dem äußeren Menschen, dem Fleisch, dem Selbst. Dann werden wir zu einer Person im Geist. Dies übertrifft bei weitem die bloße Übung unseres Geistes, durch die wir etwas vom Herrn erfahren.

DIE ERFAHRUNG DES ROTEN MEERES UND DES JORDAN

Schauen wir uns die Landkarte und die Geschichte des Volkes Israel noch etwas näher an. In Ägypten genossen die Kinder Israel das Passah, das ihre Sünden beseitigte. Sie wurden gerettet, als ihre Sünden durch das Passahlamm beseitigt wurden, aber die Macht Ägyptens, Pharao samt seinem Heer, hielt sie weiterhin in Sklaverei. Daher mussten sie durch das Rote Meer hindurchgehen. Im Wasser des Roten Meeres wurde die Macht der Welt begraben. Das Heer Pharaos umfasst sehr viele Menschen und alle weltlichen Dinge. Für manche kann schon eine Brille einen Soldaten der ägyptischen Armee darstellen, weil sie für ihn etwas Weltliches ist. Für andere kann der Bereich der

Kleidung nicht nur einen einzelnen Soldaten, sondern eine ganze Division in der ägyptischen Armee darstellen! Viele weltliche Dinge binden uns, beherrschen uns und lassen uns nicht frei. Als Israel jedoch durch das Rote Meer hindurchging, wurde die gesamte Welt abgetan. Die ganze ägyptische Armee wurde im Wasser des Roten Meeres begraben. Das Wasser des Roten Meeres stellt den ersten Aspekt der Wirksamkeit des Todes Christi dar. Alle weltlichen Dinge werden im Tod Christi abgetan und begraben.

Später, nachdem die Israeliten Ägypten verlassen hatten, begannen sie in der Wüste umherzuwandern und genossen täglich das Manna, etwas Himmlisches, etwas aus Christus. Stets konnten sie anderen bezeugen, wie sie Christus genossen, aber damals wanderten sie dennoch in der Wüste umher. Eines Tages durchquerten sie dann den Jordan, und im Wasser des Jordanflusses wurden zwölf Steine, die das alte Israel darstellten, begraben. Im Wasser des Roten Meeres war die ägyptische Heeresmacht begraben worden, im Wasser des Jordan hingegen wurden das Selbst und der alte Mensch der Israeliten begraben. Danach zogen sie an den dritten Ort, nämlich in das Land Kanaan, und genossen dessen allumfassenden Reichtum.

Solange sich das Volk Israel in Ägypten aufhielt, befand es sich im Vorhof. Als es in die Wüste hinauskam, befand es sich im Heiligen. Schließlich, als es nach Kanaan gelangte, befand es sich im Allerheiligsten. Das Rote Meer entspricht dem ersten Vorhang und der Jordan dem zweiten. Offensichtlich entsprechen diese beiden Wasser den zwei Aspekten des Kreuzes Christi. Der erste Aspekt des Kreuzes macht Schluss mit den weltlichen Dingen in unserem Leben und der zweite mit dem Selbst in unserer Seele. Mit anderen Worten, das Kreuz zerreißt die beiden Vorhänge. So, wie die Israeliten die zwei Wasser durchqueren mussten, müssen auch wir durch die zwei Vorhänge hindurchgehen.

Nun müssen wir uns selbst fragen, wo wir sind. Darüber sollten wir uns im Klaren sein. Befinden wir uns noch in Ägypten, in der Wüste oder in Kanaan? Anders gesagt: Sind wir im Vorhof, im Heiligen oder im Allerheiligsten? Sind wir in der Atmosphäre der Welt, in der alles offen unter der Sonne liegt? Wer sich im Vorhof befindet, hat kein Licht aus dem Heiligen – er hat nur die Sonne. Alle weltlichen Dinge befinden sich unter der Sonne. Sind wir solche Christen, die an den Herrn Jesus glauben, Ihn als Retter annehmen und glauben, dass Er am Kreuz für unsere Sünden starb, und die doch noch die weltlichen Anschauungen haben und in der weltlichen Atmosphäre leben? Oder befinden wir uns im Heiligen und genießen dort Christus täglich als unser Manna, unser himmlisches Licht und unseren Wohlgeruch der Auferstehung?

Oder aber geht es bei uns tiefer? Im Allerheiligsten können wir Christus als den Verborgenen erfahren – nicht als den Aaron im Vorhof, sondern als den Melchisedek an diesem himmlischen Ort, im Allerheiligsten. Hier können wir Christus als das verborgene Manna, das verborgene Gesetz und als die verborgene Vollmacht der Auferstehung genießen, so dass wir über alle Dinge herrschen. Alles ist hier verborgen, weil Christus nun auf die tiefste Weise im Innern erfahren wird. Möge der Herr uns gnädig sein, so dass wir wissen, wo wir sind und wo wir hinzugehen haben.

KAPITEL NEUNZEHN

DER VERBORGENE CHRISTUS
IN UNSEREM GEIST

Wie wir gesehen haben, bestehen die Stiftshütte und der Tempel aus drei Teilen, aus dem Vorhof, dem Heiligen und dem Allerheiligsten. Die eigentliche Hütte, die sich im Vorhof befindet, ist in zwei Räume geteilt: das Heilige und das Allerheiligste. Bevor wir die Dinge des Allerheiligsten näher betrachten, müssen wir uns noch den Vorhof und das Heilige anschauen.

DER VORHOF

Im Vorhof befindet sich zweierlei: der Altar und das Waschbecken. Alle Bibelkenner stimmen darin überein, dass der Altar ein Bild auf das Kreuz Christi, und das Waschbecken ein Bild auf das Werk des Heiligen Geistes ist. Haben wir den Altar und das Waschbecken erfahren? Am Kreuz wurde Christus als unser Sündopfer geopfert. Er starb für unsere Sünden und wurde sogar am Kreuz um unsertwillen zur Sünde gemacht; so ist Er unser Passah. Die Bedeutung des Passah ist, dass Er, das wahre Lamm Gottes, unsere Sünden trug und am Kreuz starb. 1. Korinther 5:7 stellt eindeutig fest, dass Christus unser Passah ist. Der Tag, an dem wir an Seinen Tod um unserer Sünden willen glaubten, war der Tag unseres Passah. An jenem Tag haben wir Christus als unser Passahlamm genossen.

Unmittelbar nachdem wir den Altar des Kreuzes erfahren hatten, begann der Heilige Geist, der durch das Waschbecken dargestellt wird, zu arbeiten. Am Waschbecken werden die Menschen gewaschen und gereinigt. Nachdem wir Christus als unser Passah aufgenommen haben, beginnt der Heilige Geist mit Seinem inneren und äußeren Reinigungswerk. Wenn die Israeliten

in die Stiftshütte eintreten wollten, mussen sie zunächst am
Altar vorbeigehen, wo das Sünd- und Übertretungsopfer dargebracht wurde, und sie mussten außerdem im Waschbecken allen
irdischen Schmutz von ihren Händen und Füßen waschen. Seit
unserer Errettung reinigt uns der Heilige Geist von allem irdischen Staub unseres täglichen Wandels. Haben wir diese
Erfahrungen, so bedeutet das, dass wir gerettet worden sind und
uns nicht mehr außerhalb des Vorhofs befinden. Innerhalb des
Vorhofs befinden wir uns in dem Bezirk und Bereich, der Gott
gehört. Mit anderen Worten, wir befinden uns im Reich Gottes,
weil wir wiedergeboren, erlöst und unter der Vergebung sind und
nun durch das Werk des Heiligen Geistes gereinigt werden.
Haben wir den Altar und das Waschbecken nicht erfahren, so
können wir niemals ein wahres Kind Gottes sein. Selbst wenn
wir äußerlich Christen geworden sind, befinden wir uns ohne die
Erfahrung dieser beiden Dinge nach wie vor außerhalb von Gottes Reich.

DAS HEILIGE

Dies aber ist nicht alles; es ist lediglich das ABC des Christenlebens. Wir müssen von dort aus weitergehen. Jetzt sind wir zwar
durch das Haupttor der Stiftshütte eingetreten, aber es gibt noch
ein weiteres Tor, einen Vorhang, den wir durchschreiten müssen.
Aus dem Vorhof, zu dem wir kamen, als wir an den Herrn gläubig
wurden, müssen wir in das Heilige hinein weitergehen.

Das erste im Heiligen ist der Schaubrottisch, ein Tisch, auf
dem das Brot gezeigt wird. Das Brot ist ein Bild für Christus als
unsere Speise, denn Er ist das Brot des Lebens (Joh. 6:35). Christus ist unsere Lebensversorgung. Er ist unser tägliches Manna,
das uns nährt, damit wir vor Gott leben können. Auf dem Schaubrottisch liegt nicht nur ein einziges Stück Brot; es ist ein Tisch,
auf dem viel Brot liegt. Das bedeutet, dass wir eine reiche Nahrung und Versorgung des Lebens erfahren sollen, wie auch das
Manna reichlich vom Himmel fiel. Jeden Morgen gab es Manna
in Hülle und Fülle. Sind wir weitergegangen, nachdem wir Christus als unser Passah und nachdem wir das Reinigungswerk des
Heiligen Geistes erfahren hatten? Sind wir zur Erfahrung Christi

als unseren täglichen Manna weitergegangen? Wenn ja, dann kennen wir den Schaubrottisch in lebendiger Weise.

Nach dem Schaubrottisch kommt als zweites der Leuchter. Er zeigt uns, dass Christus nicht allein das Leben, sondern auch das Licht ist. In Johannes 1:4 heißt es, dass das Leben in Christus ist, und dass dieses Leben das wahre Licht der Menschen ist. Und Johannes 8:12 bestätigt, dass dieses Licht das Licht des Lebens ist. Wenn wir Christus als Leben genießen und erfahren können, wird Er ganz gewiss auch zu unserem Licht werden. Nähren wir uns mit Christus, so können wir das innere Scheinen wahrnehmen, das uns erleuchtet. Nachdem wir Christus als unser Passah empfangen haben, durch das Wirken des Heiligen Geistes gereinigt worden sind und gelernt haben, uns von Christus als unserem täglichen Manna des Lebens zu ernähren, können wir das innere Scheinen wahrnehmen.

Nach dem Schaubrottisch und dem Leuchter kommt als drittes der Räucheraltar. Diesen erfahren wir, wenn wir einen Duft, einen lieblichen Wohlgeruch, wahrnehmen. Dieser liebliche Geruch, welcher Christus in Auferstehung ist, breitet sich aus und steigt zu Gott auf. Genießen wir Christus als unsere Nahrung und sind wir in Seinem Licht des Lebens, dann befinden wir uns in der Auferstehung. Dann breitet sich in unserem Innern etwas Liebliches und Köstliches aus und steigt auf zu Gott. Dies kann niemand bestätigen, der nur Wissen oder Lehre besitzt; wir müssen von unserer Erfahrung ausgehen. Haben wir solche Erfahrungen? Wahrscheinlich brauchen wir noch sehr viel mehr von diesen Erfahrungen, aber hier geht es in erster Linie darum, dass wir dies überhaupt schon erlebt haben. Ich kann bezeugen, dass es herrlich ist! Vor 33 Jahren befand ich mich täglich und sogar Stunde um Stunde an diesem heiligen Ort. Christus war mein tägliches Manna, und ich war gefüllt mit Ihm und gefüllt mit Licht. Ich hatte große Freude an Gott und Er an mir, und etwas, das aus Christus war, breitete sich in mir aus und stieg als ein lieblicher Geruch zu Gott auf.

DIE BUNDESLADE IM ALLERHEILIGSTEN

Aber ist dies schon das Ende? Es ist zwar etwas Heiliges, aber nicht das Allerheiligste. Es ist zwar gut, aber noch nicht das

Beste. Darum müssen wir wiederum vorwärtsdrängen, um in das Allerheiligste hineinzukommen. Durch den ersten Vorhang muss man hindurchgehen, der zweite jedoch muss zerrissen werden. Dieser Vorhang ist das Fleisch (Hebr. 10:20), das gebrochen werden muss, bevor wir in das Allerheiligste hineinkommen können.

Im Allerheiligsten gibt es nur einen einzigen Gegenstand – die Bundeslade. Alle Schriftkenner stimmen darin überein, dass die Bundeslade ein Bild für Christus ist. Wir können Christus zwar als unsere Nahrung, als unser Licht und als unseren lieblichen Geruch für Gott genießen, aber doch befindet sich Christus selbst im Allerheiligsten. Christus als die Nahrung, als das Licht und als der liebliche Geruch, diese drei Erfahrungen haben wir im Heiligen, aber nun müssen wir Christus selbst berühren. Es geht darum, dass wir Christus nicht nur als dies oder das berühren, sondern, dass wir Christus selbst berühren. Dies ist noch tiefer. Wir müssen mit Christus selbst in Verbindung treten. Zuerst haben wir Christus als unser Passah und in der Reinigung durch den Heiligen Geist erfahren, dann haben wir Ihn als Leben, als Licht und als den lieblichen Geruch erfahren, aber nun müssen wir Christus selbst berühren. Sehr wenige Christen sind je ins Allerheiligste hineingegangen, um die Bundeslade, welche Christus selbst ist, zu berühren.

Lasst uns jetzt den Inhalt der Bundeslade betrachten. Es hat sehr viel zu bedeuten, dass wir in der Bundeslade Manna finden. Dies ist nicht das offene, sondern das verborgene Manna, nicht das öffentlich ausgestellte, sondern das an verborgenem Ort aufbewahrte Manna. Das verborgene Manna entspricht zweifellos dem Schaubrot. Der Unterschied jedoch besteht darin, dass das Schaubrot offen gezeigt wird, während das Manna in der Bundeslade verborgen bleibt. Das Schaubrot wird auf dem Tisch ausgestellt, das Manna in der Lade jedoch ist in dem goldenen Krug verborgen. Und nicht nur das, sondern der goldene Krug ist seinerseits in der Lade verborgen. Das Manna ist also doppelt verborgen! In der Wüste hatte das Volk Israel zwar Manna genossen, aber das war offen herumliegendes Manna gewesen – es war auf die Erde gefallen im Gegensatz zu dem im Himmel verborgenen Manna. Das verborgene Manna ist Christus selbst.

Wir müssen solch einen tieferen Christus erfahren, einen Christus im Verborgenen, einen Christus in den Himmeln. Dies ist der Christus, von dem Hebräer 7 spricht – der Christus nach der Ordnung Melchisedeks, nicht nach der Ordnung Aarons. Aaron befindet sich im Vorhof und bringt auf dem Altar Opfer dar, Melchisedek hingegen sitzt auf dem Thron der Gnade im Himmel. Wir können Christus als unsere Nahrung genießen, wobei dieser Genuss nur im Heiligen ist und alles, was wir erfahren, sofort vielen Menschen bekannt wird. Manchmal breitet sich die Nachricht von unserer „wunderbaren" Erfahrung über die ganze Nation aus. Dies ist nichts als die Erfahrung des offenen Schaubrotes. Wir müssen vorwärtsdrängen, um etwas Tieferes zu erreichen, nämlich den Ort, wo der Allmächtige verborgen ist, um den himmlischen Christus selbst zu berühren.

In der Bundeslade befindet sich auch das Gesetz, das uns regiert und erleuchtet. Das Gesetz entspricht dem Leuchter im Heiligen. Es ist das Zeugnis Gottes, und ebenso ist sowohl im Alten als auch im Neuen Testament der Leuchter das Zeugnis Gottes. Obgleich das Gesetz dem Leuchter entspricht, haben wir hier wiederum dasselbe Prinzip: der Leuchter strahlt offen heraus, das Gesetz hingegen ist ein verborgenes, inneres, tieferes Licht. Oft besitzen die Geschwister nur das Licht des Leuchters. Wie hell scheint ihr Licht! Einerseits ist dies gut, andererseits jedoch fehlt ihnen noch die Tiefe; alles zeigt sich an der Oberfläche. Für sie geht es nun darum, dass Christus ihr inneres Gesetz wird. Diejenigen Geschwister, die Christus als ihr lebendiges, im Innern verborgenes Gesetz erfahren, zeigen nicht sehr viel nach außen, aber sie kennen Christus innerlich in einer tieferen Weise.

Drittens befindet sich in der Bundeslade der grünende Stab. Der Stab, der Knospen getrieben hat, stellt den auferstandenen Christus dar. Dies entspricht dem Geruch des Weihrauchs, denn auch dieser bezeichnet den auferstandenen Christus; wiederum aber gibt es hier den Unterschied, dass das Räucherwerk, der Weihrauch, offen zum Ausdruck kommt, während der grünende Stab in einer verborgenen und tieferen Weise erfahren wird.

Im Heiligen waren drei Dinge zu sehen: Christus als die Nahrung, Christus als das Leben und Christus als der liebliche

Geruch. Die drei Dinge in der Bundeslade hingegen, im Allerheiligsten, sind tiefer. Das Schaubrot stellt etwas aus, der Leuchter strahlt etwas aus und das Räucherwerk breitet etwas aus, alles wird offen nach außen gezeigt; die drei Gegenstände in der Bundeslade hingegen sind tief und innerlich verborgen.

VORWÄRTSKOMMEN – TIEFER IN CHRISTUS HINEIN

Nun sehen wir deutlich, dass das Heilige einerseits die Wüste und andererseits die Seele darstellt. Die Israeliten befanden sich ursprünglich in Ägypten. Da sie das Passah in Ägypten erfuhren, war Ägypten für sie der Vorhof. Nach dem Passah wurden sie aus Ägypten heraus und in die Wüste gebracht. Mit anderen Worten, sie gingen vom Vorhof weiter in das Heilige.

Während das Heilige damals für die Israeliten der Wüste entsprach, entspricht es später der menschlichen Seele der Korinther und der Hebräer. Die Gläubigen in Korinth beispielsweise hatten Christus als ihr Passah erfahren (1.Kor. 5:7), und dann waren sie in ihrer Erfahrung zur Wüste gekommen, wo sie Christus als ihr Manna und ihr lebendiges Wasser genossen (1.Kor. 10:15). Sie befanden sich genau wie die alten Israeliten in der Wüste, aber für die Korinther bedeutete die Wüste nichts anderes als die Seele. Wenn wir den ersten Korintherbrief sorgfältig lesen, sehen wir, dass jene Gläubigen seelisch und fleischlich waren. Zweifellos genossen sie Christus als ihre Nahrung und als ihr Licht und hatten wunderbare Erfahrungen Christi, aber sie genossen Christus im Bereich ihrer Seele. Ihr Fleisch, der Vorhang, welcher das Allerheiligste vom Heiligen trennt, war noch nicht zerrissen, noch nicht zerbrochen. Es war noch nichts mit ihrer Seele geschehen, und deshalb befanden sie sich nicht im Geist, welcher das Allerheiligste ist. Sie genossen zwar etwas von Christus, aber sie genossen nicht Christus selbst.

Auch den hebräischen Christen entsprach das Bild der Israeliten in der Wüste (Hebr. 3:6-8). Der Apostel Paulus machte den hebräischen Christen genau wie den Korinthern klar, dass die Kinder Israel das passende Bild für ihren eigenen Zustand waren. Im vierten Kapitel des Hebräerbriefes wird darauf hingewiesen, was es bedeutet, in die Ruhe einzugehen: Es bedeutet, in das Allerheiligste hineinzugehen und zum Thron der Gnade zu kommen, wo Christus sich heute als unser Hoherpriester befindet. Die hebräischen Christen genossen zwar etwas von Christus, aber nur anhand der Lehren. Der erste Korintherbrief befasst sich mit der Frage der Gaben, während der Hebräerbrief das Problem der Lehren behandelt. Die Gläubigen in Korinth befanden sich in der Seele, indem sie die Gaben genossen, und die hebräischen Christen befanden sich in der Seele, indem sie die Lehren genossen. Aus diesem Grund vermochten sie die tieferen Dinge nicht zu erfassen. Da die Korinther und die Hebräer so sehr von den Gaben und anfänglichen Lehren abhängig waren, mussten sie in ihrer Seele die Wüste erdulden.

Eben aus diesem Grund ermahnte der Apostel Paulus die korinthischen Gläubigen, den Geist kennenzulernen und keine seelischen, sondern geistliche Menschen zu sein (1.Kor. 2:11-15). Und in Hebräer 4:12 sagte er dasselbe – dass es darauf ankommt, den Geist von der Seele zu trennen oder zu unterscheiden. Das Prinzip ist in diesen beiden Briefen dasselbe. Unter allen Briefen des Neuen Testamentes beziehen sich nur diese beiden auf die Geschichte Israels in der Wüste. Der Grund dafür ist, dass die Korinther und die Hebräer seelisch waren – die einen waren seelisch in ihrem Trachten nach Gaben, und die anderen waren seelisch in ihrem Trachten nach Lehren. Bei vielen Christen verhält es sich heute ebenso: sie sind seelisch in ihrem Trachten nach Gaben oder Lehren. Ohne Zweifel haben die Lehren den hebräischen Gläubigen und die Gaben den Korinthern geholfen. Aber doch befanden sich alle in der Seele, im Heiligen – nicht im Geist, im Allerheiligsten, wo sie Christus selbst hätten berühren und erfahren können. Wollen wir mit Christus in unserem Geist Verbindung aufnehmen, so müssen wir unsere Seele verlassen. Wir sollten nicht in der Seele bleiben, denn solange wir in ihr bleiben, wandern wir in der Wüste umher.

Nun sagst du vielleicht: „Nun, warum ist das so wichtig? Ich genieße doch auch hier etwas von Christus. Warum sagst du, dass diese Lehren nur anfängliche Lehren seien? Durch sie weiß ich doch etwas über Christus und genieße etwas von Ihm. Du sagst, diese Gaben werden zu sehr betont. Warum aber genieße ich

dann trotzdem etwas von Christus durch die Gaben?" Sieh dir
das Bild in der Wüste an. Über achtunddreißig Jahre lang
wanderten die Israeliten in der Wüste umher und aßen die ganze
Zeit hindurch Tag für Tag das Manna. Gott ist so barmherzig! Er
ist kein kleinlicher Gott, Er ist vielmehr über alle Maßen großzü-
gig. Selbst dann noch, als sie verkehrte Wege gingen, schenkte Er
ihnen etwas. Aber das Manna, das täglich vom Himmel fiel,
rechtfertigte das Wandern des Volkes Israel in der Wüste keineswegs. Im Gegenteil, es bewies, wie kindisch und fleischlich sie
waren, indem sie achtunddreißig Jahre lang nichts anderes als
das Manna genossen. Das Manna war gut und recht für eine
kurze Zeit; aber sie hätten bald davon wegkommen sollen, um die
Früchte Kanaans zu genießen.

Wir haben daran folgendes zu lernen: Die Gaben sind zwar für
eine kurze Zeit statthaft, aber wenn man darauf besteht, nur
immerzu bei den Gaben zu bleiben, beweist man eine kindische
Haltung. Wir müssen daher weitergehen, wir müssen vorwärtskommen, sogar vorwärtsdrängen. Nicht die Gaben sind unser
Anteil, sondern Christus ist der Anteil, den Gott für uns
bestimmt hat. Bevor der Apostel Paulus im ersten Korintherbrief
von den Gaben sprach, wies er auf Christus selbst als unseren
Anteil hin. Wir sind nicht in die Gemeinschaft der Gaben hinein-
berufen worden, sondern in die Gemeinschaft Christi (1.Kor. 1:9).
Gott hat nicht die Gaben zu unserer Weisheit gemacht, sondern
Er hat Christus zu unserer Weisheit gemacht. Durch Christus
werden wir gerechtfertigt, geheiligt und erlöst (1.Kor. 1:30). Wir
müssen Gott für Seine Gaben danken, aber sie sind nur für eine
kurze Zeit als Hilfe gedacht. Gewiss konnte Israel Gott für das
tägliche Manna danken; aber das Manna war nur als vorüberge-
hende Versorgung gedacht, bis sie im Land ankamen. Sie hätten
aber nicht achtunddreißig Jahre lang in der Wüste bleiben und
jeden Tag Manna essen sollen. Lobt den Herrn für Seine Weisheit
und für Seine Barmherzigkeit, und dankt Gott für Seine Gaben,
denn wenn wir in der Wüste umherwandern, brauchen wir tatsächlich Manna und die Hilfe der Gaben. Das rechtfertigt aber
nicht, dass wir diese Wanderschaft lange Zeit fortsetzen. Ganz im
Gegenteil scheint es zu beweisen, dass wir noch jung und sogar

kindisch sind. Würden wir vorwärtsdrängen, so hätten wir es nicht mehr nötig, das Manna zu genießen; wir könnten unmittelbar in den Genuss der Früchte des guten Landes Kanaan kommen. Genießen wir die Früchte des guten Landes, so beweist dies, dass wir uns in der Ruhe und im Geist befinden. Sonst aber gleichen wir dem Volk Israel und bleiben in der Wüste unserer Seele. Befinden wir uns nicht im Geist, dann muss das Kreuz sein Werk an unserem Fleisch und an unserer Seele tun.

Der Hebräerbrief ermahnt uns in den Kapiteln vier bis sechs, vorwärtszudrängen, vorwärtszukommen, und 1. Korinther 9 ermahnt uns, den Wettlauf zu laufen. Wir müssen daher vorwärtsdrängen, um in den Geist hineinzukommen, um Christus selbst zu berühren und den tieferen Christus als das verborgene Manna, das innere Gesetz und den verborgenen grünenden Stab zu erfahren. Der Schreiber des ersten Korintherbriefes wies die korinthischen Gläubigen an, hinsichtlich der Gaben das rechte Maß zu finden und sich zu beschränken. Sie mussten lernen, die Gaben in rechter Weise zu gebrauchen (1.Kor. 14). Wenn wir den ersten Korintherbrief sorgfältig und in einer objektiven Haltung lesen, werden wir einen klaren Eindruck von der Absicht des Schreibers bekommen: Er wollte nämlich die Gläubigen nicht zum Gebrauch der Gaben ermutigen, sondern sie vielmehr in bezug auf die Gaben zurechtbringen. Wollen wir den Wettlauf in rechter Weise laufen, so müssen wir die tieferen Dinge Christi im Geist kennen.

Nun haben wir alle zu prüfen, wo wir stehen. Befinden wir uns am Altar oder am Waschbecken? Vielleicht sind wir sogar noch außerhalb des Haupttores! Haben wir diese beiden Dinge im Vorhof erfahren und sind wir weitergegangen zum Schaubrottisch, zum Licht und zum lieblichen Geruch? Oder sind wir bereits durch das Heilige hindurchgegangen und befinden uns nun im Allerheiligsten? In diesem Fall sind wir im Geist und berühren und erfahren Christus selbst in der tiefsten Weise. Möge der Herr uns gnädig sein, so dass wir erkennen, wo wir stehen.

KAPITEL ZWANZIG

DER MENSCH IN DREI TEILEN
UND DIE GEMEINDE

Wir dürfen nie vergessen, worin Gottes Ökonomie und das Zentrum dieser Ökonomie besteht: Gott möchte sich selbst in uns hinein austeilen. Wir Menschen wurden in drei Teilen erschaffen, wir haben äußerlich den Leib, im Innersten den Geist und dazwischen die Seele; und Gottes Absicht besteht darin, sich in den Geist des Menschen hinein auszuteilen und sich dann in seine Seele einzuwirken.

DREI VERSCHIEDENE PERSONEN
IN DEN DREI TEILEN DES MENSCHEN

Noch bevor Gott Seine Absicht ausführen konnte, drang Satan, der Feind Gottes, in den Leib des Menschen ein. Daher wohnt in den Gliedern unseres Leibes jetzt die Sünde – die personifizierte Sünde. Als ein illegaler König kann sie uns beherrschen und uns sogar zwingen, gegen unseren eigenen Willen zu handeln. Satan selbst wohnt als die böse Natur und als das Gesetz der Sünde in uns und will unseren Leib völlig verderben. Das Fleisch ist der von Satan vergiftete Leib, und in uns, das ist in unserem Fleisch, wohnt nichts Gutes (Röm. 7:18). Unser Fleisch dient entgegen unserem Verstand, unserem Denksinn, und gegen unseren Willen dem Gesetz der Sünde (Röm. 7:5, 20).

Satan ist als das Gesetz der Sünde in unseren Leib hineingelangt; aber lobt den Herrn, als wir gerettet wurden, kam der Dreieine Gott in unseren Geist hinein, um dort als unser Leben zu wohnen. Christus wohnt als unser Leben in unserem Geist. Was aber haben wir in unserer Seele? Das Selbst. Unser Selbst befindet sich in unserer Seele. Beeindruckt es uns, dass alle drei

Wesen – Adam, Satan und Gott sich heute in uns befinden? Das
macht uns ziemlich kompliziert: Wir haben den Menschen,
Adam, in uns, außerdem den Teufel, Satan, und drittens den
Herrn des Lebens, Gott selbst! So sind wir zu einem kleinen Garten Eden geworden. Die drei verschiedenen Parteien im Garten
Eden – Adam, welcher die Menschheit repräsentiert, der Baum
des Lebens, welcher Gott repräsentiert, und der Baum der
Erkenntnis, welcher Satan repräsentiert, befinden sich heute in
uns. Adam, das Selbst, hat seinen Sitz in unserer Seele, Satan,
der Teufel, verbirgt sich in unserem Leib, und Gott, der Dreieine
Gott, wohnt in unserem Geist. Aber wir sind doch noch mehr als
ein kleiner Garten; wir sind sogar ein großes Schlachtfeld. In uns
nämlich kämpft Satan gegen Gott, und Gott kämpft gegen Satan.
Satan benützt unseren Leib, welcher das Fleisch ist, als Basis für
seine Angriffe, und Gott nimmt den Geist als Basis für Seine
Kriegführung.

In Galater 5:17 heißt es: „das Fleisch begehrt gegen den Geist."
In der englisch-griechischen Interlinearübersetzung wird der
„Geist" hier mit kleinem Anfangsbuchstaben geschrieben. Unser
Fleisch gelüstet gegen unseren Geist und unser Geist gegen das
Fleisch. Diese beiden sind gegeneinander, so dass wir nicht tun
können, was wir wollen. Das verdorbene Fleisch kämpft gegen den
Geist, und der Geist kämpft gegen das Fleisch. Diese beiden Parteien führen unaufhörlich Krieg gegeneinander. Satan wohnt als
die Sünde in unserem Fleisch, und der Dreieine Gott wohnt als
das Leben in unserem Geist, und Tag für Tag tobt zwischen ihnen
auf dem Schlachtfeld unserer Seele ein geistlicher Kampf.

DER VERSTAND REPRÄSENTIERT
DEN MENSCHEN MIT SEINEN DREI TEILEN

Wie wir gesehen haben, besteht unsere Seele aus drei Teilen,
nämlich aus dem Verstand (dem Denksinn), dem Gefühl und dem
Willen. Der Verstand als das „Denkorgan" unserer Seele repräsentiert das Selbst. Immer geht unser Denken und Überlegen
unserem Tun voraus; daran erkennt man, dass unser Verstand
unser „Selbst", unser Ich repräsentiert.

Aus diesem Grund sprechen das siebte, das achte und das

zwölfte Kapitel des Römerbriefes vom Verstand. In Römer 7 wird uns gesagt, dass der Verstand auf der Seite von Gottes Gesetz steht. Mein Verstand verlangt danach, das Gesetz Gottes zu halten, und möchte Gott dienen (Röm. 7:25); doch dieser Verstand, der mich selbst repräsentiert, ist zu schwach. Ich selbst bin zu schwach. Wenn immer ich mir in meinem Verstand vornehme, das Gute zu tun, erhebt sich etwas anderes, was stärker ist als ich, stärker noch als mein Verstand – nämlich der Böse im Fleisch. Jedesmal, wenn ich meinen Verstand einsetze und übe, um den Willen Gottes zu tun und das Gesetz zu halten, steht der Böse in meinen Gliedern gegen mich auf, besiegt mich und nimmt mich gefangen (Röm. 7:23). Mein Verstand, der mein Ich repräsentiert, vermag das Gesetz Gottes nicht zu halten; wenn immer er versucht, von sich aus den Willen Gottes zu tun, unterliegt er.

Der Verstand oder Denksinn in Römer 7 ist unabhängig; er versucht von sich aus, das Gute zu tun. Daher führt der Apostel uns weiter zu Kapitel acht und beschreibt, wie abhängig der Verstand werden muss. Der unabhängige Verstand, der aus eigener Kraft etwas zu tun versucht, wird besiegt werden. Doch wovon muss der Verstand abhängen? In Römer 8:6 heißt es: „Denn die Gesinnung des Fleisches ist Tod, aber di Gesinnung des Geistes ist Leben und Friede". Unser Verstand hat also die Wahl: Er kann entweder vom Fleisch oder vom Geist abhängen. Wenn er vom Fleisch abhängt, wird das Ergebnis Tod sein; wenn er jedoch vom Geist abhängt, werden wir Leben und Frieden erfahren. Haben wir nun den Unterschied zwischen dem unabhängigen Verstand in Kapitel sieben und dem abhängigen Verstand in Kapitel acht gesehen? Ein unabhängiger Verstand wird unterliegen, ein Verstand jedoch, der vom Geist abhängt, wird den Sieg haben. Da sich in uns zwei Parteien befinden – Satan in unseren Gliedern und der Dreieine Gott in unserem Geist können wir nicht mehr wirklich unabhängig sein und sollten das auch gar nicht mehr versuchen. Wagen wir trotz allem, etwas aus uns heraus zu tun, dann erleiden wir mit Sicherheit eine Niederlage. Jeder Versuch, den Feind zu besiegen, wird damit enden, dass er uns besiegt. Daher müssen wir uns in die Abhängigkeit eines anderen begeben, nämlich in die Abhängigkeit des Dreieinen Gottes in unserem Geist. Es gibt einen

Schlüssel zum Sieg: dass wir unseren Verstand beständig auf den Geist setzen.

Satan in uns, Christus in uns und dazwischen unser Ich – dieses klare Bild muss einen bleibenden Eindruck in uns hinterlassen. Der Feind versucht uns in der Richtung, dass wir aus eigener Anstrengung heraus Gutes tun sollen, und unsere Reaktion darauf sieht meist so aus, dass wir sagen: „Ich liebe den Herrn und gehöre Ihm, deshalb möchte ich das Gute tun, um Ihm zu gefallen." Das ist die Versuchung! Sobald wir nämlich unabhängig sind und uns vornehmen, durch unsere eigene Kraft etwas Gutes zu tun, erliegen wir bereits der Versuchung und werden mit Sicherheit besiegt werden. Es mag uns heute und morgen, vielleicht sogar drei Tage lang gelingen, das Gute zu tun, aber bestimmt können wir es keine dreieinhalb Tage lang durchhalten. Wir haben die Lektion zu lernen, dass wir niemals unabhängig sein und niemals versuchen dürfen, etwas aus eigener Kraft zu vollbringen; wir müssen vielmehr lernen, stets vom Herrn abhängig zu bleiben. Wenn immer wir versucht werden, durch unsere eigene Anstrengung Gutes zu tun, sollten wir dem Feind sagen: „Nein, Satan! Nein! Ich kann und will diesen Weg nicht gehen. Ich weiß nichts von guten Werken; ich weiß nur eines – dass ich von meinem Herrn abhänge. Ich stütze mich auf Ihn, und davon will ich mich nicht abbringen lassen." Dann werden wir den Sieg und Leben und Frieden haben. Es ist wirklich einfach. Der Dreieine Gott hat sich als unser Leben und unser alles in unseren Geist hineingegeben. Darum müssen wir lernen, niemals unabhängig oder aus eigener Kraft zu handeln.

Bevor wir diese beiden Kapitel des Römerbriefes verlassen, gibt es noch etwas in bezug auf die Gesetze zu sehen. Wir haben davon gesprochen, dass die Sünde im Fleisch wohnt: und zur Sünde gehört auch ein Gesetz, nämlich das böse Gesetz der Sünde. Wir alle wissen, was ein Gesetz ist. Wenn ich ein Buch nehme und es in die Luft werfe, wird es unweigerlich zur Erde fallen, weil das Gesetz der Schwerkraft wirkt. Will ich nun etwas gegen dieses Gesetz unternehmen, so kann ich das Buch zum Beispiel mit der Hand hochheben und zwei oder drei Stunden lang in dieser Stellung bleiben. Eine gewisse Zeit halte ich das zwar durch, aber schließlich muss ich doch aufgeben. Warum? Weil meine eigene Anstrengung es nicht mit dem Gesetz der Schwerkraft aufnehmen kann. Unsere menschliche Kraft kommt letztlich niemals gegen das Naturgesetz an. Am Morgen sagen wir uns: „Ich muss geduldig sein; ich darf die Beherrschung nicht verlieren, ich muss den ganzen Tag durchhalten." Vielleicht schaffen wir es sogar zwei Tage lang, nicht ungeduldig zu werden, aber am dritten Tag platzen wir. Wenn wir die Beherrschung verlieren, wirkt das Gesetz der Sünde: verlieren wir sie nicht, wirkt unsere eigene Anstrengung. Auch der Stolz kommt aus dem Gesetz, das in uns wirkt. Keiner von uns ist jemals im Schulfach „Stolz" unterrichtet worden, und doch weiß schon ein kleines Kind, wie man stolz ist. Woher haben die Kinder das? Es wurde ihnen doch nie von ihren Eltern beigebracht! Sie sind „von Natur aus" stolz und diese sündige „Natur" ist ein Gesetz, das Gesetz der Sünde in uns.

Kommen wir noch einmal zurück auf das Beispiel mit dem Buch, das hochgehalten wird. Warum sollte ich meine eigene Kraft dafür einsetzen, das Buch hochzuhalten, wenn doch hier ein Tisch vor mir steht? Das wäre töricht. Die Tragfähigkeit des Tisches repräsentiert ein anderes Gesetz, welches dem der Schwerkraft entgegenwirkt. Ich kann das Buch auf den Tisch legen und „Halleluja!" rufen. Dort auf dem Tisch kann ich das Buch in aller Ruhe liegenlassen. Es ist auf dem Tisch vollkommen sicher, weil er eine feste Unterlage bildet: die Tragfähigkeit des Tisches überwindet das Gesetz der Schwerkraft. Wer ist die wahre Tragkraft, die wahre „feste Unterlage"? Das ist Christus, der Fels. Wo finden wir Ihn? In unserem Geist. Darum können wir unseren Verstand auf dem Geist niedersetzen und das „Buch" auf dem göttlichen Tisch lassen. Gib deine Anstrengungen auf. Nimm dir nie mehr vor, das Gute zu tun. Sage niemals: „Ach, früher war ich so grausam zu meinem Mann (oder zu meiner Frau oder zu sonst jemandem); heute nun nehme ich mir vor, freundlich zu sein." Einen oder zwei Tage lang mag es uns gelingen, freundlich zu sein, aber viel länger schaffen wir es nicht. Versuche niemals, irgendwelche Vorsätze zu fassen, das führt nicht zum Erfolg. Wir haben Christus in uns, den ewigen Felsen. Er ist in uns als der „Tisch", als unser Fels. Wir sollten nur allezeit

unseren Verstand auf Ihn setzen, uns dem Felsen anvertrauen
und uns zur Ruhe begeben. Auf diese Weise erfahren wir Sieg
und Befreiung. Wenn wir unseren Verstand auf den Geist setzen,
übergeben wir uns einfach Christus. Stützen wir uns ganz auf
Ihn, so sagen wir einfach: „Herr, hier bin ich, hoffnungslos und
hilflos. Von nun an will ich nicht mehr versuchen, mir irgendetwas vorzunehmen. Ich gebe Dir meinen Verstand. Ich setze
meinen Verstand auf Dich." Indem wir dies tun, übergeben wir
uns dem Herrn. Und damit hat der Herr die Basis und die Möglichkeit, sich in uns auszubreiten und uns mit sich selbst zu
durchsättigen. Wie wunderbar!

DER MENSCH MIT SEINEN DREI TEILEN
VERWIRKLICHT DAS LEBEN DES LEIBES

Nun gehen wir von Römer 8 zu Römer 12 weiter. Die Kapitel
neun, zehn und elf bilden einen Einschub; Kapitel zwölf setzt
daher das achte Kapitel fort. In Kapitel sieben war der Verstand
unabhängig, in Kapitel acht jedoch sehen wir einen abhängigen
Verstand, einen Verstand, der vom Geist abhängt. Der Verstand
in Kapitel sieben repräsentiert das unabhängige Selbst, das aus
eigener Anstrengung kämpft und dabei stets eine Niederlage
erleidet. Der Verstand in Kapitel acht hingegen repräsentiert das
abhängige Selbst, das auf dem Herrn Jesus ruht. So hat der Herr
die Möglichkeit, unser ganzes Sein mit sich selbst zu durchsättigen und uns zu lebendigen Gliedern Seines Leibes zu machen.
Dann kommen wir zu Kapitel zwölf. Dieses Kapitel spricht von
drei Dingen, die zur Verwirklichung des wahren Gemeindelebens
gebraucht werden: vom Leib, vom Verstand als dem Hauptteil der
Seele und vom Geist.

(1) Unseren Leib für das Gemeindeleben geben

Sobald wir uns tatsächlich auf Christus verlassen und Er
unser ganzes Sein in Besitz nimmt, wird unser Leib von der
Gewaltherrschaft des Feindes befreit. Als wir noch in Unabhängigkeit lebten, konnte Satan unseren Leib in Besitz nehmen und
uns zwingen, gegen unseren eigenen Willen zu handeln. Jetzt
aber, da wir uns auf Christus, auf den Allerstärksten verlassen,

befreit Er unseren Leib aus der widerrechtlichen Herrschaft des
Feindes. Und wie sieht danach der nächste Schritt aus? Wir müssen dem Herrn unseren Leib geben (Röm. 12:1). Dies ist etwas,
das viele liebe Geschwister in ihrem Christenleben noch nicht
getan haben. Wir müssen Ihm unseren Leib ganz bewusst geben
und sagen: „Herr, ich danke Dir, dass mein Leib, der einst ein
Leib der Sünde und ein Leib unter dem Tod war, jetzt lebendig
gemacht und befreit ist. Ich gebe Dir diesen Leib für die
Gemeinde, für Deinen Leib. Wenn ich meinen Leib für mich
behalte, kann Dein Leib ja nicht verwirklicht werden." Wollen
wir den Leib Christi verwirklichen, dann müssen wir unseren
Leib bewusst und in praktischer Weise dem Herrn geben.

In jüngster Vergangenheit bin ich auf meiner Reise über den
Kontinent manchen Christen begegnet, die über das Leben des
Leibes sprachen. Was aber ist mit unserem Leib? Wir reden so
viel über den Leib Christi, aber was tun wir mit unserem eigenen
Leib? Behalten wir ihn noch für uns? Denn solange wir unseren
Leib nicht hingeben, besteht für uns keine Möglichkeit, den Leib
Christi zu verwirklichen. In Römer 12 wird uns gesagt, dass wir,
wenn wir das Gemeindeleben verwirklichen wollen, als erstes
dem Herrn unseren von der Knechtschaft befreiten Leib geben
müssen. Da er gar nicht mehr unser Leib ist, müssen wir ihn dem
Herrn als lebendiges Opfer darbringen.

Geschwister, kommen wir nur mit unserem Herzen oder auch
mit unserem Leib zur Versammlung? Viele Christen sagen: „Ich
habe ein Herz für das Gemeindeleben!" Ja, sie haben vielleicht ein
Herz für das Gemeindeleben, aber ihr Leib ist dem Gemeindeleben nicht zur Verfügung gestellt, denn er bleibt zu Hause. Wir
müssen daher sagen können: „Ich habe nicht nur ein Herz für das
Gemeindeleben, sondern auch einen Leib für das Gemeindeleben."
Sind wir mit dem Herzen dem Gemeindeleben, aber mit dem Leib
unserem Privatleben hingegeben? Wenn ja, wie soll dann das
Gemeindeleben verwirklicht werden? Wir können zwar schön
darüber reden – zu allem sagen wir „Halleluja" und jeder ist „im
Himmel." Aber in Wirklichkeit schwebt alles nur „in der Luft" und
bleibt allein im Herzen. Wollen wir das Leben des Leibes Christi
verwirklichen, dann müssen wir unseren Leib in klarer und

bestimmter Weise dem Herrn geben: „Herr, früher hatte der Feind meinen Leib in der Hand und beherrschte ihn. Jetzt danke ich Dir, dass Du diesen Leib befreit hast. Hier, ich gebe ihn Dir. Er ist jetzt nicht mehr mein Leib, sondern Dein Opfer!" Unter solchen Voraussetzungen werden wir das Gemeindeleben verwirklichen können.

(2) Das Gemeindeleben braucht unseren erneuerten Verstand

Nachdem wir dem Herrn unseren Leib gegeben haben, mussgleich der nächste Schritt zur Verwirklichung des Gemeindelebens folgen: Wir müssen durch die Erneuerung unseres Verstandes, unseres Denksinnes, umgewandelt werden (Röm. 12:2). Früher hat unser Verstand immer versucht, selbständig etwas für Gott zu tun; jetzt aber verlässt er sich auf Christus. Dieser Verstand, der sich auf den Herrn verlässt, muss erneuert, erleuchtet und umgebildet werden.

Hierzu eine wahre Begebenheit: Ein Bruder, der den Herrn und das Gemeindeleben wirklich liebt, gab eines Tages seinen Leib mit aller Entschiedenheit dem Herrn und der Gemeinde zum Opfer. Daraufhin wurde er jedoch für die Gemeinde zu einem großen Problem. Solange er dem Gemeindeleben gegenüber gleichgültig gewesen war, hatte die Gemeinde Ruhe gehabt. Jetzt aber kam sein Leib zur Gemeinde, und mit seinem Leib sein Verstand, der noch nicht erneuert war. Die alten Dinge aus dem Christentum waren noch nicht durch das Kreuz behandelt und ausgemerzt. Als er seinen Leib noch nicht hingegeben hatte, war er gegenüber der Gemeinde ziemlich gleichgültig. Er hatte die Einstellung: „Wenn ich Zeit und Lust habe, gehe ich zu den Versammlungen. Wenn nicht, dann bleibe ich zu Hause." Doch seine Liebe zum Herrn nahm zu, und deshalb gab er sich Ihm und der Gemeinde ganz hin. Allerdings ist nun zugleich mit seinem Leib auch sein Verstand gekommen und stiftet Unruhe, weil er viele Meinungen, Lehren, Gedanken und verschiedenste Ansichten mitbringt, die im Gemeindeleben große Schwierigkeiten verursachen.

Nachdem der Leib zum Opfer gegeben ist, muss auch der Verstand erneuert werden. Wollen wir voll am praktischen Leben der Gemeinde teilhaben, so muss unser Verstand gereinigt, erneuert und umgebildet werden. Dies kann nur geschehen, wenn wir alle unsere alten Gedanken, alle natürlichen Vorstellungen und alle Lehren und Ansichten des traditionellen Christentums fallenlassen. Das meint der Herr, wenn Er sagt, dass wir durch die Erneuerung unseres Denksinnes umgewandelt werden sollen. Erst dann ist das Gemeindeleben möglich. Sonst wird der Verstand zum Hauptproblem und zum größten Unruheherd in der Gemeinde. Manche lieben Geschwister haben große Probleme verursacht, als sie in die Gemeinde kamen. Vor ihrem Kommen lebte die Gemeinde in Frieden und Einheit, aber seitdem sie dazukamen, hat ihr Verstand in der Gemeinde lauter Unruhe gestiftet. Sie denken: „Mein Herz ist doch gut", aber in Wirklichkeit ist ihr Verstand schrecklich. So viel Altes muss noch abgelegt werden, damit ihr Verstand umgewandelt werden kann!

(3) Das Gemeindeleben braucht unseren brennenden Geist

Als erstes müssen wir unseren Leib zum Opfer geben, dann muss der Verstand, der die Seele repräsentiert, erneuert werden, und schließlich brauchen wir einen glühenden, brennenden Geist. Wir müssen brennend im Geist sein (Röm. 12:11). Ein lieber Bruder, der dem Herrn und der Gemeinde seinen Leib hingegeben hat, der auch vollständig in seinem Verstand erneuert ist, weil er alles Alte fallengelassen hat, kann dennoch so kalt im Geist sein! Ein solcher Bruder ist zwar kein Problem, aber er wird zu einer Last. Jedesmal, wenn er zur Versammlung kommt, sitzt er dort so kalt wie ein Grabstein. Er ist immer still und macht nie Schwierigkeiten, aber die Gemeinde muss ihn wie eine Last tragen. Wenn es in den Versammlungen der Ältesten und Diakone darum geht, dass alle ihren Teil der Verantwortung übernehmen, sitzt er bloß da und bringt durch seine Haltung zum Ausdruck: „Ich stimme völlig mit euch überein, und ich bin für die Gemeinde. Für mich ist alles in Ordnung, und ich bin mit allem einverstanden, was ihr Brüder sagt." Wenn alle verantwortlichen Brüder solch eine Haltung einnähmen, wer würde dann die Last tragen?

Solche Brüder werden, weil sie ihren Anteil an der Last der Gemeinde nicht tragen, selbst zu einer Last. Einerseits sollen wir keine Schwierigkeiten machen, aber andererseits müssen wir doch „Unruhestifter" sein. Mit anderen Worten: Wir sollten zwar keine Unstimmigkeiten mit den Brüdern verursachen und keine Quertreiber sein, aber wir sollten brennen. Wir müssen gebrannt sein und brennen. Wir brauchen einen glühenden, brennenden Geist.

Das Christenleben mag vielleicht wie etwas Individuelles und Persönliches erscheinen, aber in Wirklichkeit ist es das nicht; es ist vielmehr ein korporatives Leben, ein Leib-Leben. Du allein bist nicht der Leib, sondern ein Glied, und du brauchst andere als Glieder, damit das Gemeindeleben verwirklicht wird. Sobald wir mit dem Versuch aufhören, aus uns selbst heraus Gutes zu tun, sobald wir lernen, von Christus abhängig zu bleiben und durch Ihn zu leben sind wir ein lebendiges Glied und haben alle Voraussetzungen, um auch ein funktionierendes Glied Seines Leibes zu sein. Dann geht es darum, das Gemeindeleben zu verwirklichen, indem wir unseren Leib bewusst dem Herrn geben, unseren Verstand erneuern lassen und im Geist brennend sind. Wenn der Leib hingegeben, die Seele umgewandelt und der Geist brennend ist, haben wir das Gemeindeleben. Dann sind wir ein lebendiges, funktionierendes Glied und kein störendes, kaltes oder totes Glied. Dann sind wir kein Glied außer Funktion, sondern ein starkes und kämpferisches Glied in Funktion. Und so werden wir die Wirklichkeit des Gemeindelebens erfahren.

KAPITEL EINUNDZWANZIG

DER AUFBAU VON GOTTES WOHNSTÄTTE

Es gäbe zwar noch viele wichtige Einzelheiten über den Geist und die Seele zu betrachten, aber jetzt müssen wir uns dem Aufbau der Wohnstätte Gottes zuwenden. Wir haben die Stiftshütte als Gottes Wohnung schon ausführlich behandelt und haben gesehen, dass sie aus dem Vorhof und den zwei Teilen des Zeltes besteht, nämlich dem Heiligen und dem Allerheiligsten. Vergegenwärtigen wir uns noch einmal, was diese drei Bereiche enthalten.

Im Vorhof haben wir den Altar, ein Bild für das Kreuz Christi, und das Waschbecken, welches das Reinigungswerk des Heiligen Geistes darstellt.

Das Heilige enthält den Schaubrottisch, den Leuchter und den Räucheraltar. Diese drei Gegenstände sind Bilder für die verschiedenen Aspekte, in denen wir Christus als unser Leben erfahren. Der Schaubrottisch offenbart Christus als unsere tägliche Lebensversorgung – Er ist unser wahres Brot des Lebens. Der Leuchter stellt Christus als das Licht des Lebens dar. Die Lebensversorgung, die wir genießen, wird zum Licht, das in uns scheint. Dann folgt der Räucheraltar als ein Sinnbild für den Wohlgeruch der Auferstehung Christi.

Das Allerheiligste enthält nur einen einzigen Gegenstand, nämlich die Bundeslade, das Bild für Christus selbst. In der Bundeslade befindet sich dreierlei: das verborgene Manna, welches das innere Leben und den inneren Lebenszustrom darstellt, das verborgene Gesetz als unsere innere Erleuchtung und der verborgene Stab, der Knospen getrieben hat, als die innere Kraft und Vollmacht der Auferstehung. Das verborgene Manna, das verborgene Gesetz und die verborgene Vollmacht befinden sich alle in

Auferstehung und sind viel tiefer als die drei entsprechenden Gegenstände im Heiligen.

DER INHALT DER STIFTSHÜTTE

Alle genannten Gegenstände bilden zusammen den Inhalt der Stiftshütte, der Wohnstätte Gottes. Die Erfahrungen, welche diesen acht Gegenständen im Vorhof, im Heiligen und im Allerheiligsten entsprechen, sind der wirkliche Inhalt von Gottes wahrem Bau, der Gemeinde. Möchten wir Gottes Wohnstätte sein, dann müssen wir erfahren, was Christus durch Sein Kreuz vollbracht hat, und wir müssen die Reinigung durch den Heiligen Geist erfahren. Darüber hinaus müssen wir Christus auch genügend als unser Leben, unser Licht und den Wohlgeruch der Auferstehung erfahren. Und dann brauchen wir wirkliche Erfahrung mit Christus selbst als dem verborgenen Manna, dem verborgenen Gesetz und der verborgenen Vollmacht. Die Erfahrung Christi in all diesen Aspekten bildet den wirklichen Inhalt von Gottes Wohnstätte und liefert das eigentliche Material für den Aufbau.

In den letzten Jahren hat man sehr viel über die neutestamentliche Gemeinde geredet. Aber die neutestamentliche Gemeinde wird nicht nach irgendeinem Schema gebaut, sondern durch das Leben Christi und aus den Erfahrungen Christi. Nehmt einmal an, wir wollten nach dem Muster eines bestimmten Mannes einen Menschen formen. Wir würden also einen Arm aus Wachs, einen Kopf aus Marmor und einen Rumpf aus Holz und Beine und Füße aus Ton herstellen. Sobald diese Teile alle in der richtigen Größe und Form zusammengesetzt und in der genauen Farbe angemalt sind, haben wir vielleicht ein völlig richtiges Modell jenes Mannes, aber seine Wirklichkeit haben wir in keiner Weise. Der wirkliche Mensch kann nicht nach einer Vorlage oder einem Muster hergestellt werden, sondern er wird geboren und reift durch das Wachstum des Lebens heran. Jener lebendige Mensch wurde von einer lebendigen Mutter geboren und wuchs dann auf, indem er täglich Nahrung zu sich nahm. Und dadurch wurde er schließlich zu diesem Menschen mit einem ganz bestimmten Aussehen und einer ganz bestimmten

Prägung. Im anderen Fall erhalten wir vielleicht das Aussehen und die Prägung, aber nicht den Menschen.

Als wir einmal in Pittsburgh waren, sagte ich zu einem Freund: Lasst uns das äußere Schema vergessen und unsere volle Aufmerksamkeit auf das Leben richten. Nimm einmal als Beispiel deinen netten kleinen Jungen. Bei ihm orientierst du dich doch auch nicht an einem bestimmten äußeren Schema. Du versuchst doch nicht, ihn Tag für Tag äußerlich irgendwie zu modellieren. So ein Kind wird von seiner Mutter geboren, dann ernährt man es mit Milch und Kindernahrung, und auf diese Weise wächst das Baby und nimmt eine bestimmte Gestalt und ein bestimmtes Aussehen an. Dieses Aussehen erhält es durch seine Geburt und durch das Wachstum des Lebens. Du kannst deinem Kind nicht von außen her seine Gestalt geben, und ebensowenig kannst du eine neutestamentliche Gemeinde von außen her gestalten. Wenn wir das versuchen, bekommen wir nur eine leere Form ohne Leben. Wir sind von uns aus zwar fähig, eine Gemeinde nach einem Schema zu formen, aber es steht nicht in unserer Macht, eine Gemeinde des Lebens zu formen.

In den letzten Jahren habe ich unablässig gedrängt und die Menschen sogar angefleht: „Lasst das Formen!" Alles, was wir formen, ist nicht die wirkliche Gemeinde. Kein einziger lebendiger Mensch auf dieser Erde ist in den vergangenen sechstausend Jahren durch äußerliches Formen entstanden; jeder wurde geboren und erfuhr dann das Wachstum des Lebens. Die Gemeinde ist der Leib Christi, und keine menschliche Hand vermag ihn äußerlich zu formen. Wir können viele Dinge von außen her gestalten, nicht aber einen lebendigen Leib, der aus lebendigen Gliedern besteht. Das Neue Testament hat uns niemals befohlen, uns niemals angewiesen, die Gemeinde zu formen oder zu bilden; vielmehr werden wir ermahnt, Christus zu erfahren, anderen Christus mitzuteilen und durch geistliche Geburt viele Kinder hervorzubringen. Die wirkliche Gemeinde, der Leib Christi, entsteht nur durch Geburt und durch Wachstum des Lebens. Aus diesem Grund betonen wir das Prinzip, dass die Stiftshütte aus den Erfahrungen ihres Inhalts entsteht.

DIE ABGRENZUNG DES VORHOFS

Lasst uns von diesem Prinzip her die wichtigsten Materialien der Stiftshütte betrachten. Zunächst gibt es dort die „Abgrenzung" des Vorhofs (2.Mose 27:9-19; 38:9-20). Man nennt sie die „Abgrenzung" oder „Trennwand", weil sie dem Zaun gleicht, der unseren Besitz umgibt und ihn von allem trennt und absondert, was draußen ist. Die Abgrenzung des Vorhofs besteht hauptsächlich aus drei Dingen: erstens den kupfernen Füßen, zweitens den Säulen und drittens den Behängen aus feiner, gezwirnter Leinwand. Die Trennwände ruhen auf Füßen aus Kupfer. Es gibt zwanzig Füße auf der Nordseite, weitere zwanzig auf der Südseite, zehn auf der Westseite nach hinten und zehn an der Vorderseite (2.Mose 27) – insgesamt sechzig Füße aus Kupfer. Auf jedem dieser Füße steht eine Säule, und diese Säulen werden durch Verbindungsstäbe zusammengehalten und bilden so ein Ganzes. Die Behänge auf den Säulen bestehen aus feinem Leinen, in dem jeweils zwei Fäden verzwirnt sind. Die drei Hauptbestandteile sind demnach die Füße aus Kupfer, die Säulen und die Behänge aus feiner, gezwirnter Leinwand.

Das Kupfer, das die Basis für die Abgrenzung bildet, besteht aus demselben Material wie die zwei Gegenstände im Vorhof, der kupferne Altar und das kupferne Waschbecken. Die geistliche Bedeutung ist, dass die kupfernen Füße von der Erfahrung des Altars und des Waschbeckens herkommen. Sowohl der Altar als auch das Waschbecken bestehen aus Kupfer, und deshalb sind auch die Füße der Abgrenzung aus Kupfer gemacht. Im Vorhof haben wir den kupfernen Altar, das kupferne Waschbecken und die kupfernen Füße. Der erste Eindruck, den die Menschen beim Betreten des Vorhofs erhalten, ist der, dass die Basis der Abgrenzung Kupfer ist, dasselbe Material, aus dem der Altar und das Waschbecken bestehen. Dies bedeutet, dass die Erfahrungen des Kreuzes und der Reinigung durch den Heiligen Geist die Basis für die Abgrenzung von Gottes Wohnstätte bilden.

Wir wissen, dass das Kupfer in der Typologie das Gericht Gottes darstellt. Alles, was wir haben, sind und tun, muss auf den Altar gebracht und dort gerichtet werden. Der Altar oder das

Kreuz ist in erster Linie ein Ort des Gerichts; Gott hat am Kreuz alles gerichtet. Das Kupfer, mit dem dieser Altar überzogen war, kam nach 4. Mose 16 von den Kupferpfannen der zweihundertfünfzig Israeliten, die rebellierten. Als jene Menschen, die gegen Gott und Mose rebelliert hatten, durch das Feuer gerichtet wurden, wies Gott den Mose an, ihre kupfernen Räucherpfannen zu nehmen und zum Gedächtnis den Altar damit zu überziehen. Dies war ein Gedächtnis von Gottes Gericht über die Rebellen (4.Mose 17:13). Damit der Bau der Gemeinde verwirklicht werden kann, muss alles, was wir haben, was wir tun können und was wir sind, durch das Kreuz Christi gerichtet werden. Dies sind die kupfernen Füße, welche die abgrenzende Basis für den Bau Gottes bilden.

Vielleicht sind wir uns über das Prinzip der Abgrenzung zwar im Klaren, wissen aber doch nicht, wie wir dies anwenden können. Angenommen, ich bin ein Bruder, der im heutigen Christentum gerettet wurde. Durch die Predigt des Evangeliums habe ich gehört, dass ich ein Sünder bin, dass Christus mich liebt und dass Er am Kreuz gestorben ist. Daraufhin habe ich bekannt, dass ich ein Sünder bin. Ich habe gebetet: „O Gott, vergib mir, denn ich bin sündig. Ich danke Dir, dass Du Deinen Sohn, den Herrn Jesus, gegeben hast, und dass Er am Kreuz für mich gestorben ist. Ich lobe Dich, dass Er mein Retter ist und dass meine Sünden vergeben sind. Halleluja! Ich habe Freude und Frieden in mir." Natürlich bin ich dann zu einem Pastor gegangen, den ich gut kannte, und ließ mich von ihm taufen. Nach meiner Taufe wurde ich dann ein „Glied" seiner Kirche. Eines Tages aber hat der Herr mir die Augen für das Ziel geöffnet, für das Er mich gerettet hatte, dass es nämlich Seine Absicht war, mich zusammen mit anderen zu Seiner Wohnstätte aufzubauen. Nachdem ich dann einige Gläubige an meinem Ort über den Aufbau der Gemeinde hatte reden hören, war ich bereit, zusammen mit ihnen im Leben des Leibes aufgebaut zu werden. Schließlich sagte der Heilige Geist zu mir: „Kommst du, um aufgebaut zu werden? Kommst du, um das Gemeindeleben zu verwirklichen? Dann musst du zuerst ans Kreuz gehen! Alles, was du tun kannst, was du bist und was du hast, muss am Kreuz gerichtet werden." Dann musste ich bekennen, Buße tun und sagen: „Herr, nichts von mir ist für Dich annehmbar, und nichts ist gut für Dein Haus. Alles muss gerichtet werden." Gehe ich nicht in jeder Hinsicht durch das Gericht des Kreuzes hindurch, dann kann ich unmöglich mit anderen zusammen aufgebaut werden; es gibt dann keine Basis, keine Grundlage. Komme ich voller Stolz in die Gemeinde hinein, dann kann ich zwar organisiert, aber unmöglich in der Gemeinde aufgebaut werden. Die Grundlage kommt, wie wir an den Füßen der Abgrenzung von Gottes Bau sehen, von der Erfahrung des kupfernen Altars her. Das heißt, die solide Grundlage zum Aufbau von Gottes Wohnstätte kommt aus der Erfahrung des Kreuzes. Es gibt keinen anderen Weg. Alle müssen auf den Altar gelegt, verbrannt und gerichtet werden. Am Haupteingang der Gemeinde befindet sich das Kreuz. Wollen wir in die Gemeinde hineinkommen, so müssen wir uns auf den Altar des Kreuzes legen.

Nachdem wir unser ganzes Sein und Tun ans Kreuz gebracht haben, können wir bezeugen, wie unrein, weltlich und sündig wir sind. Wir werden uns bewusst, dass wir nicht nur das Erlösungswerk Christi, sondern auch die Reinigung durch den Heiligen Geist brauchen. Eines Tages hatte ich innerlich den Eindruck, ich müsste in das Waschbecken hineinspringen. Ich betete: „Herr, reinige mich! Ich bin sündig und weltlich! Alles an mir ist unrein! Ich brauche die Reinigung durch den Heiligen Geist." Durch diese Last im Gebet erfuhr ich das Kreuz und das Waschbecken. Am Kreuz bringen wir alles, was von uns ist, in den Tod, und am Waschbecken bringen wir alles unter die reinigende Kraft des Heiligen Geistes. Dies reinigt uns nicht nur, sondern läutert uns auch. Dann kommen wir durch Seine Barmherzigkeit, durch Sein Erlösungswerk und durch Sein Reinigungswerk in einer demütigen Haltung zur Gemeinde. Nachdem ein Bruder den Altar und das Waschbecken erfahren hat und von allem Stolz und aller Selbstgerechtigkeit gereinigt worden ist, besitzt er die kupfernen Füße und damit die Basis, auf der die Säule errichtet wird.

Die Schrift sagt uns nicht, aus welchem Material die Säulen hergestellt waren, aber wir erfahren, dass die Haken und Verbindungsstäbe, welche die Säulen zusammenhielten, und die Köpfe

auf den Säulen aus Silber bestanden. Silber ist ein Bild für die
Erlösung. Das bedeutet, dass uns für den Bau Gottes nichts
anderes zusammenfügt, vereint und bedeckt als das Erlösungswerk des Herrn. Wollen wir das Gemeindeleben praktisch
erfahren, dann müssen wir wissen, dass uns nur das Erlösungswerk des Herrn eins macht und bedeckt, und dass wir dadurch
für Gottes Bau abgesondert sind.

Die Säulen tragen nun die Behänge von feiner, gezwirnter
Leinwand. Diese Leinwand legt vor den Menschen Zeugnis davon
ab, dass die Gemeinde in ihrem Wandel und Verhalten rein und
lauter ist. Hier haben wir die Trennlinie. Wenn die Stiftshütte
mit der sie umgebenden Trennwand aufgerichtet ist, kann man
schon von weitem die feine Leinwand erkennen, welche die
Abgrenzung markiert. Darin besteht das Zeugnis der Gemeinde
gegenüber einer Welt, die sich in Dunkelheit befindet. Die ganze
Welt ist schwarz, aber hier ist etwas aufgerichtet, das bezeugt,
dass die Gemeinde rein, lauter und weiß ist. Ein solches Zeugnis
kann nur durch das Gericht des Altars und die Reinigung am
Waschbecken entstehen, was sich in einem lauteren Verhalten
und einem unbefleckten Wandel vor der Welt auswirkt. Dies ist
die feine gezwirnte Leinwand, die an den tragenden, auf kupfernen Füßen ruhenden Säulen hängt. Dies ist die Trennlinie des
Zeugnisses, dass die Gemeinde von der Welt gereinigt ist. Außerhalb dieser Linie ist alles schwarz, innerhalb dieser Linie aber ist
alles weiß.

DIE BRETTER DER STIFTSHÜTTE

Obwohl diese Dinge etwas Gutes sind, stellen sie doch erst die
Erfahrung des Vorhofs dar. Im Vorhof gibt es eine Reihe guter
Dinge: Kupfer, Silber und weiße Leinwand. Aber nichts ist aus
Gold, aus dem Material, welches die Natur Gottes darstellt. Das
heißt, dass noch nichts von der göttlichen Natur in uns hineingewirkt ist und zum Ausdruck kommen kann, solange wir uns im
Vorhof befinden. Dort wird nur das Negative gerichtet und aus
uns herausgeschafft. Noch konkreter gesagt: Ein Bruder, der recht
stolz war, als er zu uns kam, ist nun sehr demütig geworden und
scheint alles Selbstgerechte, Selbstherrliche und Stolze abgelegt

zu haben. Aber es handelt sich hier nur um ein Geschehen im
Bereich des menschlichen Verhaltens und menschlicher Reinigung. Bisher ist noch nichts von Gott in ihn hineingewirkt, was
zum Ausdruck kommen könnte – es offenbart sich kein Gold.
Äußerlich mag das zwar recht gut sein, aber es handelt sich nur
um den Vorhof, nicht um die Wohnung selbst. Alles befindet sich
noch im Freien, es gibt keinen Schutz, keine Bedeckung und keinen Aufbau. Wir brauchen etwas Göttliches, das sich mit unserer
Natur vermengt, wir brauchen die Vermengung des Göttlichen
mit dem Menschlichen. Daher müssen wir vorwärtsdrängen, vom
Vorhof hinein ins Heilige und sogar ins Allerheiligste.

Wenn wir durch die Barmherzigkeit und Gnade des Herrn in
das Heilige und in das Allerheiligste hineinkommen, sehen wir
fast überall Gold – einen goldenen Tisch, einen goldenen Leuchter, einen goldenen Räucheraltar, die goldene Bundeslade und
goldene Bretter. Das Äußere besteht aus Gold, der Inhalt besteht
aus Gold, und jedes einzelne Gerät besteht aus Gold. Was bedeutet das? Lobt den Herrn, das Holz der Bretter (2.Mose 26:15)
bezeichnet das Menschsein, die menschliche Natur, und das Gold
über den Brettern bezeichnet das Wesen Gottes, die Natur Gottes.
Jetzt sind Göttlichkeit und Menschlichkeit eins geworden! Die
Substanz ist einerseits Holz, andererseits aber Gold. Hier, im
Heiligen und im Allerheiligsten, ist Gott mit dem Menschen vermengt. Aus diesem Grund heißen diese Bereiche das Heilige und
das Allerheiligste, denn was heilig ist, muss von Gott sein. Im
Vorhof sind wir zwar gerecht, aber nicht heilig. Jeder Aspekt
unseres Verhaltens und unseres Wandels im Vorhof ist in Ordnung gebracht, weil das Gericht am Kreuz und die Reinigung am
Waschbecken darüber hingegangen sind. Gerechtigkeit ist vorhanden, nicht aber Heiligkeit, die in den Menschen eingewirkte
göttliche Natur. Erst wenn wir in das Heilige und in das Allerheiligste eintreten, sehen wir, wie alles mit Gold überzogen ist. Fast
alles, nahezu jeder Teil besitzt das Holzelement, ist aber mit Gold
überzogen. Die menschliche Natur ist zwar vorhanden, aber mit
der göttlichen Natur vermengt.

Unmöglich können wir die Bretter sein, die als Gottes Wohnstätte zusammen aufgebaut werden, wenn wir nicht ins Heilige

und ins Allerheiligste hineinkommen, wo etwas Göttliches in uns hineingewirkt wird. Die Gemeinde wird aus der Vermengung von Gott und Mensch aufgebaut. Die Vermengung Gottes mit uns ergibt das eigentliche Material für den Aufbau des Leibes Christi. Wir mögen noch so sehr gereinigt worden sein, aber doch sind wir dadurch nicht mehr als weiße Leinwand; unmöglich können wir so als Bretter für den Aufbau der Stiftshütte dienen. Je mehr wir hingegen mit Gold überzogen werden, desto mehr werden wir zum Material für Gottes Bau. Aus diesem Grund müssen wir in den Geist hineinkommen, unseren Geist üben und gebrauchen, nach dem Geist wandeln und allezeit im Geist mit dem Herrn vermengt werden. Durch diese Vermengung der Göttlichkeit mit der Menschlichkeit werden wir zum Material für den Aufbau von Gottes Haus.

Die mit Gold überzogenen Bretter im Heiligen und im Allerheiligsten stehen alle auf silbernen Füßen, was bedeutet, dass das Erlösungswerk Christi die Basis und Grundlage für den Aufbau von Gottes Haus bildet. Woher aber kommt das Gold für die Bretter? Es kommt aus den Erfahrungen des goldenen Tisches, des goldenen Leuchters, des goldenen Räucheraltars und der goldenen Bundeslade. Je mehr wir Christus als unser Leben, unser Licht und unseren Wohlgeruch der Auferstehung erfahren, und je mehr wir Christus selbst in tiefster Weise erfahren, desto mehr wird die göttliche Natur in uns hineingewirkt. Das Gold, das die Bretter überzieht, stammt aus eben dieser Erfahrung der Gegenstände im Heiligen und im Allerheiligsten. Die göttliche Natur, die mit unserer menschlichen Natur vermengt ist, erhalten wir nur aus der Erfahrung mit Christus als unserem Leben, unserem Licht, unserem Wohlgeruch der Auferstehung, und darüber hinaus aus der tiefsten Erfahrung Christi selbst. Hieraus entsteht das Material für Gottes Bau. Wir müssen Christus täglich als unser Manna, unser Licht, unseren Wohlgeruch der Auferstehung erfahren, und wir müssen Ihn selbst in der tiefsten Weise erfahren, damit wir diese göttliche Vermengung gewinnen.

Zudem können wir nur aufgebaut werden, wenn wir uns über mindestens drei weitere Dinge im Klaren sind. Erstens ist jedes Brett eineinhalb Ellen breit (2.Mose 26:16). Wir brauchen das

klare Bewusstsein, dass wir nur eineinhalb Ellen breit sind,
nicht breiter. In der Stiftshütte gibt es achtundvierzig Bretter,
die paarweise angeordnet sind, wobei jedes Bretterpaar drei
Ellen misst. Jedes Brett ist eben darum nur eineinhalb Ellen
breit, damit ihm, weil es nur die Hälfte des vollen Maßes besitzt,
ein anderes Brett als Ergänzung hinzugefügt wird. Wir sollten
uns bewusst sein, dass wir nur eine Hälfte sind. Als der Herr
Jesus Seine Jünger aussandte, sandte Er sie immer zu zweit.
Petrus brauchte den Johannes, und Johannes brauchte den
Petrus. Wir sind nur eine Hälfte und brauchen eine andere
Hälfte, die uns vervollständigt. Niemals sollten wir unabhängig
oder individuell handeln. Unser ganzer Dienst und unsere Funktion in der Gemeinde müssen in korporativer Weise ausgeführt
werden. Zwei Bretter müssen zusammengefügt werden. Wir sind
kein vollständiges Ganzes; wir brauchen eine andere Hälfte. Wer
ist deine andere Hälfte? Wir müssen erkennen, dass niemand von
uns drei Ellen breit ist, sondern jeder nur eineinhalb Ellen. Wir
können weder allein gehen noch individuell dienen, noch unabhängig funktionieren und arbeiten. Wir müssen ein koordiniertes
Glied im Bau Gottes sein.

Darüber hinaus besitzt jedes Brett zwei Zapfen, zwei hervor-
stehende Teile, welche in die Füße gesteckt werden (2.Mose
26:19). Warum hat denn jedes Brett zwei Zapfen und nicht nur
einen? Zweifellos deshalb, weil ein Zapfen es dem Brett noch
erlauben würde, sich zu drehen, während zwei Zapfen es an seinem Ort festhalten. Zwei bedeutet Festigkeit. Es ist so wie bei
einem Menschen mit zwei Beinen. Wenn ein Mensch auf einem
Bein steht, kann er sich leicht drehen oder auch umfallen. Auf
zwei Füßen stehend aber fällt er nicht so leicht, und er kann sich
auch nicht so einfach umdrehen. Wir haben nicht gerne so viele
„Schwenk"-Brüder. Am Morgen schaut einer vielleicht in diese
Richtung und am Nachmittag in die entgegengesetzte. Am nächsten Morgen hat er dann wieder eine andere Richtung – ständig
dreht er sich. Wenn wir nicht wissen, wo er ist, können wir ihn
auch nie festlegen. Er schwenkt dauernd auf seinem einen Zapfen herum. Mit diesen ungefestigten Geschwistern kann es
keinen Aufbau geben. Sie müssen fest werden, so dass sie fest

stehen, was auch immer geschehen mag, bis zum Tode. Ist ein Mensch willig, sein Leben zu opfern, dann kann die Gemeinde gebaut werden. Wir brauchen die anderen, die uns ergänzen und uns ständig fester machen.

Darüber hinaus gibt es noch die goldenen Riegel und die goldenen Ringe, welche die Bretter verbinden und zu einer Einheit zusammenfügen. Die Ringe bezeichnen den Heiligen Geist. Wir haben den Heiligen Geist – die Ringe – ganz am Anfang unseres Christenlebens empfangen, als wir wiedergeboren wurden (Lk. 15:22 und 1.Mose 24:47). Die Ringe halten die Riegel, welche ebenfalls den Heiligen Geist – aber mit der menschlichen Natur vermengt – darstellen, denn in den goldenen Riegeln befindet sich das Akazienholz. Wie wir bereits gesehen haben, kam nach der Auferstehung und Auffahrt des Herrn der Heilige Geist vom Himmel herab, und zwar sowohl mit der göttlichen als auch mit der menschlichen Natur; deshalb ist Er jetzt der Geist Jesu. Eben dieser wunderbare Heilige Geist, der sowohl die göttliche als auch die menschliche Natur besitzt, fügt uns zusammen und macht uns eins. Auf diese Weise werden alle Bretter zu einer Einheit. Nehmt einmal an, man entfernte von den Brettern, den Ringen und den Riegeln alles Gold. Dann wären sie nur noch unverbundene Einzelteile. Die Einheit beruht nicht auf dem Holz, sondern auf dem Gold. Nimmt man das Gold weg, so gibt es kein verbindendes Element mehr und die Bretter bleiben als getrennte und einzelne Teile übrig. An diesem Bild können wir deutlich sehen, dass die Einheit, das Eins sein, der Aufbau, nicht im Holz, sondern gänzlich im Gold begründet sind. Das heißt, der Aufbau der Gemeinde vollzieht sich nicht in der menschlichen, sondern in der göttlichen Natur. In der göttlichen Natur werden wir alle zusammengebaut. Sie verbindet uns, macht uns eins und hält uns zusammen, so dass wir eine Einheit bilden.

Jeder von uns muss erst einmal lernen, dass wir nur eine Hälfte sind; zweitens dürfen wir nie unabhängig und individuell handeln, ohne die Bestätigung der anderen, und schließlich müssen wir in der göttlichen Natur handeln, leben und dienen. Eben in der göttlichen Natur werden wir als Bretter zu einer Einheit zusammengefügt. Dann werden wir den Bau Gottes haben. Noch einmal muss wiederholt werden, dass all dies aus den Erfahrungen Christi entsteht – daraus, dass wir Christus als das Schaubrot, die Lampe, den Wohlgeruch der Auferstehung und die Bundeslade einschließlich des verborgenen Manna, des verborgenen Gesetzes und des verborgenen Stabes erfahren. Wie bedeutungsvoll ist dies! Möge der Herr uns mit diesem Bild in einer völligen, tiefen und umfassenden Weise beeindrucken. Dies ist der rechte Weg, auf diese Weise können wir als Gottes Wohnstätte miteinander aufgebaut werden. In der Gemeinde geht es nicht um ein Schema, sondern um die wirkliche Erfahrung Christi, darum, dass Er tatsächlich unser Leben und unser alles ist. Daher gibt es nur einen einzigen Weg für den Aufbau der Gemeinde unter uns: Christus im Geist erfahren.

KAPITEL ZWEIUNDZWANZIG

DIE BEDECKUNG VON GOTTES WOHNSTÄTTE

„Und die Wohnung sollst du aus zehn Zeltdecken machen; von
gezwirnter feiner Leinwand und blauem und rotem Purpur
und Scharlach, mit Cherubim in Kunstweberarbeit sollst du
sie machen."

„Und du sollst Zeltdecken von Ziegenhaar machen zum Zelte
über die Wohnung; elf solcher Zeltdecken sollst du machen. Und
mache für das Zelt eine Decke von rotgefärbten Widderfellen und
eine Decke von Dachsfellen oben darüber" (2.Mose 26:1, 7, 14).

Aus den obigen Schriftstellen erfahren wir, dass die Bedeckung der Stiftshütte aus vier Schichten besteht. Die erste Schicht bilden zehn Vorhänge aus feiner Leinwand, die zweite besteht aus Teppichen von Ziegenhaar, die dritte aus einer Decke von Widderfellen und die vierte aus Dachs- oder Robbenfellen. Diese vier Decken bilden das Dach der Stiftshütte. Andere haben schon viel über die Stiftshütte und ihre Decken geschrieben, aber meine Last ist es, aufzuzeigen, in welcher Beziehung diese Decken zu Gottes Bauwerk stehen.

DIE GEMEINDE WIRD
DURCH CHRISTUS ALS LEBEN GEBAUT

Im vorigen Kapitel haben wir gesehen, dass Gott Sein Haus nicht einfach nach einem äußeren Schema baut, sondern vielmehr, indem Christus in den Menschen hineingewirkt wird. Der Bau der Gemeinde kann nicht von Menschenhänden durchgeführt werden, nicht durch Nachahmung einer äußeren Form oder durch Bildung einer Organisation. Selbstverständlich wird sich durch die Geburt und durch das Wachstum des Lebens eine gewisse Form herausbilden, genau wie sich Größe und Gestalt eines Menschen durch seine Geburt und sein Wachstum im Leben entwickeln. Niemand kann einen Menschen in seinem gegenwärtigen Aussehen herstellen oder modellieren. Entsprechend ist auch die Gemeinde keine von Menschen hergestellte Konstruktion, keine von Händen gemachte Nachbildung, sondern sie entsteht dadurch, dass Christus als unser Leben von innen her wächst.

Jeder Teil und jeder Aspekt der Stiftshütte stellt entweder das Werk oder die Person Christi dar. Das ist viel mehr als eine äußere Form. Die Stiftshütte zeigt, dass Christus selbst mittels Seines Erlösungswerkes als unser alles in uns hineingewirkt werden muss. Der Altar im Vorhof ist ein Bild für den allumfassenden Tod Christi am Kreuz, durch welchen die rechte Beziehung zu Gott wieder hergestellt wurde. Indem wir bekennen, dass wir Sünder sind und dass Sein Tod uns beendet hat, empfangen wir Christus als unser Leben. Dann befreit uns das reinigende und läuternde Werk Seines Geistes vom Staub der Welt und bringt uns so in den angemessenen Zustand, um sich daraufhin in uns einwirken zu können; das wird durch das Waschbecken dargestellt.

Nachdem wir diese beiden Dinge gesehen haben, können wir in das Innere der Stiftshütte hineinschauen. Sofort erkennen wir, dass hier alles den in uns eingewirkten Christus offenbar macht. Fast überall im Heiligen und im Allerheiligsten haben wir Holz, das mit Gold überzogen ist, ein Bild dafür, dass die menschliche Natur mit der göttlichen Natur überzogen ist, dass das göttliche Sein dem menschlichen eingewirkt und hinzugefügt worden ist. Der Schaubrottisch, der Leuchter, der Räucheraltar, die Bundeslade, alle Bretter, welche den festen Rahmen der Stiftshütte bilden, und sogar die vier Schichten von Decken offenbaren und betonen dieses eine: Christus als die wahre Verkörperung Gottes ist in uns hineingewirkt worden, damit wir Ihn als Leben und als alles erfahren.

Der Herr muss uns die Augen öffnen und uns mit all diesen Dingen beeindrucken. Es geht nicht darum, dass wir einfach aus der Apostelgeschichte ein Schema ableiten, Älteste und Diakone einsetzen und dies dann die Gemeinde nennen. Dies ist eine

Nachahmung der Gemeinde, niemals die Gemeinde selbst. Fragt man diesen oder jenen Menschen, wie er ins Dasein kam und so groß und stattlich wurde, dann wird er antworten: „Ich wurde von meiner Mutter geboren, ich habe eine Menge nahrhafter Mahlzeiten zu mir genommen, und auf diese Weise bin ich so groß geworden." Ein Spielzeug oder eine Puppe kann man mit der Hand herstellen, niemals aber einen Menschen. Die Gemeinde ist ein wirklicher Mensch; niemand kann eine Gemeinde „machen"! Sie muss entstehen aus der neuen Geburt im Geist und aus dem Wachstum des Lebens in Christus. Wir müssen immer wieder sagen: Brüder, lasst eure Hände weg! Wir dürfen nicht versuchen, irgendetwas zu formen oder zu organisieren.

In den letzten Jahren habe ich vielerorts in diesem Sinne gewarnt, aber nicht viele Geschwister begreifen, was ich meine. Sie sagen: „Nun, wenn wir keine Gemeinde bilden, wenn wir gar nichts organisieren, was sollen wir dann tun?" Wir sollten eines tun: Christus essen und trinken. Mehr noch, wir müssen von Christus verschlungen werden. Je mehr wir Ihn als unser Fest genießen, desto mehr werden wir von Ihm verschlungen werden. Wir meinen, dass wir uns nur von Ihm nähren und Ihn genießen, aber in Wirklichkeit werden wir von Ihm verschlungen, je mehr wir uns von Ihm nähren. Die Gemeinde kann nicht nach einer Formel hergestellt und organisiert werden, sie muss aus Christus im Geist geboren werden; sie muss der lebendige Leib Christi sein, der mit dem Leben Christi heranwächst. Dann wird sie infolgedessen ganz von selbst eine bestimmte Form annehmen, und man wird eine bestimmte Struktur sehen. Die Gemeinde wächst mit Christus, durch Christus und in Christus.

Im Vorhof erfahren wir das Werk, das Christus vollbracht hat, und dadurch können wir dann ins Heilige eintreten. Im Heiligen und im Allerheiligsten aber geht es nicht darum, dass wir das Werk Christi erfahren, sondern darum, dass wir Christus selbst erfahren. Hier wird Christus selbst als die Speise, die Lebensversorgung erfahren, als das Licht des Lebens, als der Wohlgeruch der Auferstehung und als der Allumfassende. Sobald Christus in uns hineingewirkt ist, stehen die Materialien für den Aufbau der Gemeinde zur Verfügung. Dann werden wir eins gemacht und zusammen zu einem Ganzen aufgebaut durch den Heiligen Geist, der uns erneuert und zur Reife bringt (dargestellt durch die goldenen Ringe und die goldenen Riegel). Dies ist der Leib Christi, dies ist die Wohnstätte Gottes. Wir wiederholen noch einmal: der Aufbau der Gemeinde ist eine Sache des Wachstums, was bedeutet, dass Christus Stück für Stück als unser alles in uns hineingewirkt wird. Dies allein bringt das Material für den Aufbau der Gemeinde hervor. Indem der Geist uns nach und nach erneuert und zur Reife bringt, wird all dieses Material passend zusammengefügt und zu einem Ganzen verbunden. Dieser Aufbau in der Einheit ist der Leib Christi und die Wohnstätte Gottes.

DIE GEMEINDE IST VON CHRISTUS ALS IHREM AUSDRUCK BEDECKT

Wir müssen uns allerdings bewusst sein, dass die Stiftshütte selbst in diesem Stadium noch kein Dach hat, das sie bedeckt. Auch wenn wir schon in höchstem Maß in Christus hineingewirkt sind und Er in uns, können wir nie etwas anderes als die Bretter sein – keiner von uns kann zur Bedeckung werden. Sind wir die Bedeckung, dann wird die Gemeinde zum Ausdruck des Menschen. Nur Christus kann die Bedeckung sein, denn die Gemeinde darf nur der Ausdruck Christi selbst sein. Im Bild der Stiftshütte besteht das Dach, wie wir gesehen haben, aus vier Schichten, und jede Schicht stellt einen Aspekt Christi dar. Das ganze Dach offenbart Christus als die einzige Bedeckung. So wird die Stiftshütte durch diese Bedeckung, die sie völlig einhüllt, zum Ausdruck Christi. Nachdem die Bedeckung auf die Stiftshütte gelegt war, konnte man von außen nichts mehr außer der Bedeckung sehen. Selbst die Bretter und die Geräte befanden sich jetzt unter der Bedeckung. Diese Bedeckung diente nicht nur dazu, alle Bretter und Geräte in der Stiftshütte zu schützen, sondern sie brachte auch die ganze Stiftshütte zum Ausdruck. Tatsächlich schützte der Ausdruck alle Bretter und Geräte. Das bedeutet, dass wir, wenn Christus nicht unser Ausdruck ist, auch den Schutz Christi nicht haben. Erwarten wir, dass Christus die Gemeinde schützt, so müssen wir Ihn als unseren Ausdruck haben.

An manchen Orten sieht es so aus, als sei die Gemeinde nicht von Christus bedeckt, sondern eher von irgendeiner Lehre. An anderen Orten besteht die Bedeckung darin, dass gewisse Gaben offenbar werden – dort sind Gaben zum Dach geworden. Es gibt Gruppen von Gläubigen unter der Bedeckung von Lehren und andere unter der Bedeckung von Gaben, die einen wie die andern nicht unter der Bedeckung Christi. Doch die Gaben und Lehren vermögen uns niemals zu schützen. Keine Gabe, keine Lehre, kein Dogma eignet sich dafür, eine Gruppe von Gläubigen zu bedecken. Nur Christus darf erhoben werden, nur Christus darf erhöht werden, nur Christus darf zum Ausdruck kommen als das Dach, das uns bedeckt.

Schauen wir uns die Maße der Stiftshütte an, so werden wir feststellen, dass die Bedeckung nicht nur das Dach, sondern auch die zwei Seiten mit einschließt. Von außen kann man nichts anderes als die Bedeckung sehen. Die Füße, die Bretter und alles, was die Stiftshütte enthält, bleiben verborgen. Das bedeutet, dass diejenigen, die draußen sind, nur Christus als die Bedeckung der Gemeinde sehen dürfen. Wenn die Menschen in die Stiftshütte hineinkommen, sehen sie nichts anderes als die Vermengung Christi mit dem Menschen. Außen ist nur Christus, und im Inneren ist nur der in den Menschen hineingewirkte und mit dem Menschen vermengte Christus. Mit anderen Worten: Wenn ich die Gemeinde von außen anschaue, sehe ich nur Christus, wenn ich jedoch in die Gemeinde hineinkomme und die Menschen anschaue, sehe ich die Vermengung Christi mit jedem einzelnen. Dies ist die wahre Gemeinde. Von außen sehen die Menschen nichts anderes als Christus, und von innen sehen sie nichts anderes als den in viele Menschen hineingewirkten Christus.

Dies ist ein wunderbares Bild. Hätte ich auch mehr als zehn Briefe wie den Römerbrief, zwölf wie die Korintherbriefe und sechzig wie den Epheserbrief, so wäre mir ohne dieses Bild der Sachverhalt nicht so klar. Ich bin ein einfaches, kleines Kind, das noch Bilder und Zeichnungen braucht. Wenn wir den Kindern im Kindergarten etwas beibringen wollen, brauchen wir Bilder. Buchstabieren wir den Kindern K-A-T-Z-E vor, dann verstehen sie nicht, was gemeint ist. Wir müssen das Bild einer Katze mitbringen und es ihnen zeigen. Entsprechend können wir den wirklichen Aufbau der Gemeinde dadurch verstehen, dass wir dieses Bild der Stiftshütte betrachten. Es geht nicht um ein Schema oder eine Organisation, es geht um kein Gebilde von Menschenhand, sondern vielmehr wird Christus in viele Menschen hineingewirkt, die nun Christus erheben, Christus erhöhen und Christus als ihren Ausdruck anziehen, so dass Er sie bedeckt und schützt.

Schauen wir uns nun die vier Schichten der Bedeckung an. Die erste Schicht von innen besteht aus feinstem Material – aus Teppichen von feiner gezwirnter Leinwand, in welche Cherubim eingestickt und schöne blaue, purpurne und scharlachrote Fäden eingewebt sind. Blau bedeutet himmlisch, Purpur bedeutet königlich, und Scharlach ist ein Bild für die Erlösung. Das Grundmaterial jedoch ist die feine Leinwand, welche das Mensch-sein Christi mit all Seinen feinen Charakterzügen und Seinem edlen Verhalten darstellt. Die vier Evangelien berichten uns von einem Menschen, dessen Natur und dessen Verhalten genau der feinen Leinwand entspricht. Leinwand ist fein und doch sehr fest, sehr stark, und weil es sich hier um (aus zwei Fäden) gezwirnte Leinwand handelt, besitzt sie doppelte Festigkeit. Der Herr Jesus ist sehr fein und trotzdem sehr stark, sehr fest; nichts in Ihm ist grob oder schwach.

Die gestickten Cherubim bedeuten, dass Gottes Herrlichkeit in Seiner Schöpfung offenbar wird. Die Cherubim sind ein Bild für die Herrlichkeit Gottes, und die auf das feine Leinen gestickten Cherubim bedeuten, dass Gottes Herrlichkeit in die Menschheit und in Seine Schöpfung hineingewirkt worden ist. An dem Leben Jesu auf dieser Erde können wir erkennen, dass die Herrlichkeit Gottes sich in diesem Menschen, dessen Natur und Wesen so fein waren, in Seine Schöpfung hineingewirkt hatte. Jesus ist ein wahrer Mensch mit einem feinen, edlen menschli-chen Wesen und Verhalten, aber Er ist auch die Verkörperung der Herrlichkeit, die Gott in Seine Schöpfung hineingewirkt hat. Er ist als Mensch die wahre Ausstrahlung von Gottes Herrlichkeit. Mit anderen Worten, auf Ihn sind die Cherubim gestickt. Könnt ihr einer solchen Sprache folgen? Er ist nicht nur menschlich, sondern auch göttlich. Seine menschliche Natur trägt die göttliche Herrlichkeit. Wir können dieses Thema nicht ausschöpfen, da wir weitergehen müssen.

Die zweite Schicht besteht aus Ziegenhaar. In der Bildersprache der Schrift stellen Ziegenböcke sündige Menschen dar. Matthäus 25:31-46 spricht von der Scheidung zwischen Schafen und Böcken und dem Unterschied zwischen beiden, wobei die Ziegenböcke offensichtlich die sündigen Menschen sind. Dies entspricht genau 2. Korinther 5:21, wo es heißt, dass Gott den, der Sünde nicht kannte, für uns zur Sünde gemacht hat. Folglich stellt diese Schicht – Teppiche aus Ziegenhaar – Christus als den dar, der für uns zur Sünde gemacht wurde. Obwohl Er die feine Leinwand ist, wurde Er zu Ziegenhaar gemacht: Er hat nie eine Sünde begangen und kannte keine Sünde, aber Er wurde für uns zur Sünde gemacht.

Auf die Schicht der Ziegenhaarteppiche folgt eine Schicht von rotgefärbten Widderfellen. Die rote Farbe spricht von dem Blut, das im Erlösungswerk Christi vergossen wurde. Er war der Sündlose, der für uns zur Sünde gemacht wurde, um unsere Sünden zu tragen – dieser einfache Satz erklärt die ersten drei Schichten. Die erste Schicht stellt Ihn dar als den Sündlosen, die zweite als den, der für uns zur Sünde gemacht wurde, und die dritte Schicht als den, der unsere Sünden trug und Sein Blut vergoss, um uns zu erlösen.

Auf die rotgefärbten Widderfelle folgt die vierte Schicht, die zur äußeren Bedeckung wird. Diese besteht aus Dachs- oder Robbenfellen, die sehr widerstandsfähig sind; sie halten jedem Wetter und jedem Angriff stand. Die äußere Bedeckung sieht nicht besonders anziehend aus und ist etwas rauh. Heute bietet Christus den Menschen der Welt äußerlich keinen schönen Anblick: Er sieht wie robustes Dachsfell aus und ist in Seiner äußeren Erscheinung nicht anziehend. Aber wenn Er auch äußerlich wenig Schönheit zeigt, ist Er doch schön, wunderbar und himmlisch im Inneren. Er gleicht nicht dem heutigen Christentum mit seinen riesigen, schönen Bauten – äußerlich prunkvoll, innerlich aber und nach dem Geist gesehen hässlich, leer und manchmal sogar verdorben. Die weltlichen christlichen Organisationen sind in der Tat hässlich. In der wahren Gemeinde aber, im Bauwerk Gottes, gibt es etwas Himmlisches und Schönes, obgleich sie nach außen hin einfach und rauh ist und keine besondere Schönheit aufweist.

Bei dieser Gelegenheit möchte ich einmal sagen, dass wir alle versuchen sollten, uns zu verbergen. Wir sollten niemals ein Bild von uns in die Zeitung bringen. Dergleichen hat nichts mit der Gemeinde zu tun, es ist ganz und gar die Art der gefallenen, weltlichen Religion des Christentums. Geschwister, verhindert es nach Möglichkeit, dass jemand euren Namen durch die Presse an die Öffentlichkeit bringt. Der Herr Jesus hat niemals mit sich Reklame gemacht. In den vier Evangelien lesen wir, wie Er sich immer zu verbergen suchte und sich nach Möglichkeit im Verborgenen hielt. Schönheit und anziehendes Aussehen müssen die Erfahrung Christi in unserem Geist sein. Dies ist die wahre Schönheit vor Gott.

Bei dieser Gelegenheit möchte ich auch noch etwas anderes sagen, und zwar über den Bau der Versammlungshallen. Brüder, wir sollten nach Möglichkeit eine Versammlungshalle von sehr schlichtem und einfachem Aussehen haben. Baut keine prachtvolle und schöne Halle. Wir können die Menschen nicht durch äußerlich schöne Bauten zum Herrn ziehen. Einmal habe ich in Rom den sogenannten Petersdom gesehen. Ich vermag nicht zu sagen, wieviele Millionen dieser Bau wert ist oder wieviele Menschen täglich dorthin gezogen werden. Bei meinem Besuch drängten sich dort die Leute. Ich fürchte jedoch, dass nicht einer unter Tausend gerettet war. Was nützt es, wenn man durch solche Mittel Menschen anzieht? Ich würde sagen, wir sollten uns möglichst von einer solchen Art des Bauens frei machen. Das ist keine Freude, sondern eine Beleidigung für den Herrn.

In erster Linie geht es mir jedoch hier nicht um diese Dinge, sondern um Christus selbst, der innerlich voller Schönheit und äußerlich ganz einfach und gering ist. Solch ein Christus muss der Ausdruck unseres Zeugnisses und die Bedeckung der Gemeinde sein. Damit bringe ich nicht die Meinung oder den Gedanken eines Menschen zum Ausdruck; das Wort Gottes zeigt uns dieses Bild. Wir dürfen nichts anderes erheben und zu unserem Ausdruck machen. Wir dürfen nur unseren wunderbaren Christus als die Bedeckung von Gottes Bau emporheben und erhöhen, einen Christus, der innen voll göttlicher Anmut und außen – in den Augen der Welt einfach und gering ist. Eine solche Gemeinde kann jedem Angriff standhalten und jeder Versuchung widerstehen. Wenn einmal der Angriff des Feindes kommt, werden jene in den schönen Gebäuden der sogenannten christlichen Kirchen als allererste fallen. Nur diejenigen, die äußerlich nichts zur Schau tragen, aber im Inneren die himmlische Schönheit und göttliche Anmut besitzen, werden bis zum Ende standhalten. Christus ist ihr Inhalt und ihre Bedeckung. Nichts kann das wirkliche Gebäude der Gemeinde, das mit einem solchen Christus bedeckt ist, beschädigen oder überwinden.

Lasst uns lernen, diese Dinge in das praktische Leben zu übertragen und den Herrn im Geist zu suchen. Lasst uns lernen, unseren Geist zu erkennen und Christus als unser alles zu erfahren. Dann werden wir zum Maß der Fülle Christi kommen und zu brauchbarem Material werden, um mit anderen zu Gottes Bau aufgebaut zu werden, dessen Bedeckung und Ausdruck allein Christus ist. Dann wird es eine echte, starke Gemeinde geben, die jedem Angriff standhalten, jede Prüfung erdulden und jede Versuchung überwinden kann und Gott bis zum äußersten verherrlicht.

KAPITEL DREIUNDZWANZIG

DIE GEMEINDE –
GOTT OFFENBART IM FLEISCH

„Wenn ich aber zögere, damit du weißt wie man sich verhalten muss im Hause Gottes, das die Gemeinde des lebendigen Gottes ist, die Säule und Grundfeste der Wahrheit. Und anerkannt groß ist das Geheimnis der Gottseligkeit: Der offenbart worden ist im Fleisch, gerechtfertigt im Geist, gesehen von den Engeln, gepredigt unter den Nationen, geglaubt in der Welt, aufgenommen in die Herrlichkeit" (1.Tim. 3:15, 16).

In Vers 15 werden drei Aspekte der Gemeinde genannt: Das „Haus Gottes", die „Gemeinde des lebendigen Gottes" und die „Säule und Grundfeste der Wahrheit." Danach fährt Vers 16 fort mit dem großen Geheimnis der Gottseligkeit, welches ist: Gott offenbart im Fleisch. Wie hängen diese beiden Verse zusammen? Man hat verschiedentlich – mit Recht – darauf hingewiesen, dass ein Strichpunkt am Ende von Vers 15 besser sei als ein Punkt, der einen vollständigen Abschluss bezeichnet: „... die Säule und Grundfeste der Wahrheit; und anerkannt groß ist das Geheimnis der Gottseligkeit: Der offenbart worden ist im Fleisch ..."

DIE GEMEINDE – DAS HAUS GOTTES

Warum wird die Gemeinde zusammen mit dem Offenbarwerden Gottes im Fleisch genannt? Weil die Gemeinde das Haus Gottes ist. Was bedeutet der Ausdruck „das Haus Gottes"? Wenn du „mein Haus" sagst, dann meinst du den Ort, wo du wohnst, lebst und dein Leben verwirklichst; und genau dies ist die Bedeutung von Gottes Haus. Dies ist kein oberflächlicher oder leichtfertig gebrauchter Ausdruck. „Das Haus Gottes" ist der Ort, wo Gott wohnt, wo Er lebt und Sein Leben verwirklicht.

Dieses Haus ist nichts anderes als die Gemeinde des lebendigen Gottes. Beachtet, dass hier nicht nur von „Gott" gesprochen wird, sondern von dem „lebendigen Gott." Er ist so lebendig! Und nun wohnt Er in der Gemeinde, bewegt sich in der Gemeinde, lebt in der Gemeinde, und Sein ganzes Leben vollzieht und verwirklicht sich in der Gemeinde! Wenn wir sagen, dass die Gemeinde das Haus Gottes ist, müssen wir ein sehr tiefes Bewusstsein davon haben, dass Gott in diesem Haus wohnt, lebt und Sein Leben verwirklicht. Haben wir ein so tiefes Verständnis von dem Begriff „Haus Gottes"?

DIE GEMEINDE –
DIE SÄULE UND GRUNDFESTE DER WAHRHEIT

Diese Gemeinde ist nicht nur das Haus Gottes, in welchem Gott wohnt, lebt und Sein Leben verwirklicht, sondern sie ist auch die Säule und Grundfeste der Wahrheit. Was ist Wahrheit? Wir sollten nicht meinen, Wahrheit sei gleichbedeutend mit Lehre. Das Wort „Wahrheit" bedeutet in solch einem Abschnitt Wirklichkeit. Nichts im ganzen Universum ist wirklich, nichts ist Wahrheit. Alles ist nur ein Schatten. Was immer man sehen, berühren, besitzen und genießen kann, ist nicht wirklich, sondern bestenfalls ein Schatten. Alles, was in diesem Universum existiert, ist nur ein Schatten, nicht das Wirkliche.

Was ist das Wirkliche? Es ist Christus als die Wirklichkeit aller Dinge. Die Nahrung, die du zu dir nimmst, ist nicht die wirkliche Nahrung, sondern nur ein Schatten der wirklichen Nahrung. Die wirkliche Nahrung ist Christus. Besitzt du Christus nicht, dann besitzt du auch die Wirklichkeit der Nahrung nicht. Du hältst das menschliche Leben, das du besitzt, für wirklich, aber es ist nicht wirklich; auch dieses Leben ist nur ein Schatten. Das wirkliche Leben ist Christus. Hast du den Sohn Gottes, dann hast du das Leben; hast du den Sohn Gottes nicht, so hast du das Leben nicht (1.Joh. 5:12).

Wenn dir ein Bruder ein Foto von sich schickt, wirst du sagen: „Das ist Bruder Soundso." In Wirklichkeit aber ist das nicht Bruder Soundso. Es ist nur ein Bild und obendrein ein falsches Bild. Eigentlich sind alle Bilder falsch, weil man die wirklichen Dinge nicht im Bild findet. Das ganze Universum ist nichts anderes als ein Bild. Alle Sinnbilder, Präfigurationen und Schatten im Alten Testament waren nichts anderes als Bilder der kommenden Wirklichkeit, welche Christus selbst ist. Christus ist die Wahrheit, Christus ist die Wirklichkeit des ganzen Universums, Christus ist die Wirklichkeit des Alten und auch des Neuen Testamentes. Wenn du nur die Lehre über Christus hast, dann hast du nicht die Wirklichkeit Christi. Christus selbst ist die Wahrheit, und Sein Geist ist der Geist der Wahrheit (Joh. 14:17; 15:26; 16:13; 1.Joh. 5:6). Er selbst ist die Wirklichkeit, und Sein Geist ist der Geist der Wirklichkeit.

Die Gemeinde, in der dieser lebendige Gott wohnt, lebt und sich bewegt, ist die Säule und die Grundfeste, die Basis, auf welcher die Wirklichkeit steht. Sie trägt die Wirklichkeit. In dieser Gemeinde wohnt der lebendige Gott, und auf dieser Gemeinde steht die Wahrheit, die Wirklichkeit. Wir haben nicht für die Lehre Stellung bezogen, sondern für Christus, die Wirklichkeit und die Wahrheit. Wir sollten sagen können: „Freunde, kommt und seht; kommt zur Gemeinde und seht die Wirklichkeit des Universums. Kommt und seht die Wirklichkeit des Lebens, die Wirklichkeit der Liebe, die Wirklichkeit der Geduld und die Wirklichkeit vieler anderer Dinge."

Im Jahr 1933 fragte mich Bruder Watchman Nee an einem Nachmittag, an dem ich ihn aufgesucht hatte, ganz unvermittelt: „Bruder, was ist Geduld?" Im ersten Augenblick erschien mir diese Frage fast kindisch. Bereits in meinen ersten Lebensjahren hatte man mir beigebracht, was Geduld ist. Da die Frage jedoch aus seinem Munde kam, durfte ich sie nicht leicht nehmen. So überlegte ich weiter: „Was meint er denn mit dieser Frage: Was ist Geduld?" Ich wagte nicht zu antworten. Er saß in einem Schaukelstuhl und schaukelte hin und her. Schließlich wagte ich die Antwort: „Geduld ist etwas, wodurch man die schlechte Behandlung von anderen erdulden und ertragen kann. Das ist Geduld." Er antwortete: „Nein!" Ich fragte: „Nun, Bruder, wenn Geduld kein solches Ertragen ist, dann sag mir bitte was es ist?" Er schaukelte weiter in seinem Stuhl hin und her und wiederholte die Frage: „Nun, was ist Geduld? Was ist Geduld?"

Nach langem Warten antwortete er plötzlich: „Geduld ist Christus." Eine sehr kurze und sehr einfache Feststellung. „Geduld ist Christus." Ich konnte diese „Fremdsprache" einfach nicht verstehen. Daher sagte ich: „Bruder, das klingt fremd für mich. Ich verstehe nicht. Sage mir bitte, was du damit meinst?" Aber er wollte nichts weiter sagen, sondern wiederholte nur: „Geduld ist Christus, Geduld ist Christus." Den ganzen Nachmittag lang sprachen wir über nichts anderes. Ich war mehr als verwirrt.

Nach drei oder vier Stunden verließ ich ihn sehr enttäuscht. Als ich in mein Zimmer zurückgekehrt war, kniete ich nieder und betete: „Herr, sage mir, was das bedeutet: Geduld ist Christus! Ich verstehe es nicht." Schließlich zeigte mir der Herr dann, dass unsere Geduld Christus selbst sein muss. Meine Geduld ist Christus, der in mir und durch mich lebt. Als ich das sah, bedeutete es für mich eine wirkliche Offenbarung. Ich war so glücklich!

Wir müssen uns darüber klar werden, dass die menschliche Geduld, die wir selbst aufbringen können, nicht die wirkliche Geduld ist. Die menschliche Geduld ist nur eine Form, eine Hülle, ein Schatten; die wirkliche Geduld ist Christus. Alles, was wir brauchen – Geduld, Demut, Freundlichkeit, Liebe zu anderen und sogar Liebe zu Gott – müssen wir allein in Christus finden. Selbst die Zehn Gebote sind nur ein Schatten; Christus ist ihre Wirklichkeit. Lebt Christus sich durch uns aus, dann besitzen wir die Wirklichkeit und die Erfüllung aller Forderungen der Zehn Gebote.

Die Gemeinde muss die Wahrheit, die Wirklichkeit, tragen. Die Gemeinde muss die Säule und die Basis dieser universalen Wirklichkeit sein, welche Christus selbst ist. Wir sollten anderen sagen können: „Kommt zur Gemeinde und seht die wirkliche Geduld und die wirkliche Demut. Kommt zu uns und seht die wirkliche Treue und die Wirklichkeit eines aufrichtigen Wesens."

In der Gemeinde wohnt Gott, weil die Gemeinde das Haus Gottes ist. Gott lebt, geht voran und verwirklicht Sein Leben in der Gemeinde, und das Zeugnis samt der Wirklichkeit steht auf der Gemeinde. Wir müssen diese beiden Aspekte betrachten: Innerlich wohnt Gott in der Gemeinde, und äußerlich trägt die

Gemeinde das Zeugnis und die Wirklichkeit. Diese beiden Aspekte zeigen die wirkliche Vermengung Gottes mit dem Menschen. In der Gemeinde – in dieser Gruppe von erlösten, wiedergeborenen und umgewandelten Menschen – wohnt Gott; und auf dieser Gruppe von Menschen ruht die Wirklichkeit des Universums. Die ganze Wirklichkeit des Universums ist in dieser Gruppe von Menschen zusammengefasst. Möchte jemand wissen, was Leben ist, so muss er zur Gemeinde kommen und es dort sehen. Möchten die Leute wissen, was Liebe ist, so müssen sie kommen und sehen. Möchte man die Wirklichkeit der Demut und Freundlichkeit kennenlernen, dann ist die Gemeinde der rechte Ort, wo man sie sehen kann. Auf dieser Gruppe von Menschen sieht man die Wirklichkeit des allumfassenden Christus. Das Zeugnis der Gemeinde besteht nicht in der Lehre, sondern darin, dass sie Christus als die Wirklichkeit trägt. Je mehr wir „Christus!" rufen, und dabei aber nicht die innere Wirklichkeit besitzen, desto mehr wird Christus sich zurückziehen. Dann haben wir Ihn nur in der Gestalt unseres Rufens, Sprechens und Lehrens. Wir haben Ihn nicht in unserem inneren Leben und erfahren Ihn auch nicht in unserem äußeren Lebensvollzug, unserem täglichen Wandel. Die Gemeinde muss die Säule und die Grundfeste sein, sie muss Christus als die einzige Wirklichkeit aller Dinge tragen. Wenn wir die wirkliche Bedeutung des Lebens nicht kennen, müssen wir die Möglichkeit haben, sie zu finden, indem wir zur Gemeinde kommen.

DIE GEMEINDE –
DIE OFFENBARWERDUNG GOTTES IM FLEISCH

Eben dies ist die richtige Bedeutung der Begriffe „Haus Gottes" und „Säule und Grundfeste der Wahrheit." Diese Gemeinde ist die Fortsetzung und Vervielfältigung des im Fleisch offenbarten Gottes. Das ist der Grund, weshalb der Apostel Paulus diese zwei Verse nebeneinandergestellt hat. Die Offenbarwerdung Gottes im Fleisch hat sehr viel damit zu tun, dass die Gemeinde das Haus Gottes und die Säule und Grundfeste der Wahrheit ist. Sind wir an irgendeinem Ort der lebendige Leib Christi, dann sind wir auch wirklich Gottes Haus und die Säule und Grundfeste der

Wahrheit. Dann sind wir die Vergrößerung, die Erweiterung von Gottes Offenbarwerden im Fleisch. Gott offenbart sich von neuem im Fleisch, aber in umfassenderer Weise. Das Prinzip des Neuen Testamentes ist das Prinzip der Fleischwerdung, welches einfach bedeutet: Gott selbst offenbart sich im Fleisch. Mit anderen Worten: Gott wird mit menschlichen Wesen vermengt – nicht in äußerer Weise, sondern innerlich. Die Gemeinde ist die Offenbarwerdung Gottes, nicht das Offenbarwerden von Lehren oder Gaben. Die Gemeinde muss dadurch gekennzeichnet sein, dass Gott sich in Christus durch den Geist offenbart, nicht dadurch, dass Lehren oder Gaben zur Schau gestellt werden.

NICHT GEBAUT DURCH EINE ÄUSSERE VERÄNDERUNG

Wir empfinden eine innere Last, weil wir fürchten, dass viele Geschwister unbewusst den Gedanken hegen, wir bildeten eine neue Bewegung oder schulten Menschen, um eine neue Gemeindeform herauszubilden. Das bereitet uns wirklich Sorgen. Wir alle sollten den Herrn bitten, dass wir von diesem Gedanken und dieser Vorstellung völlig loskommen. Das muss hundertprozentig aus unserem Blut herausgeschafft werden. Wir haben in keiner Weise die Absicht, eine neue Bewegung zu bilden. Nein! Hundertmal nein! Wenn es so wäre, dann würde dies beweisen, dass wir Gottes Ökonomie nicht kennen. Ich muss es immer wieder betonen, dass die Gemeinde keinesfalls nach irgendeinem Schema gebildet werden kann. Der lebendige Gott, der in uns wohnt, ist keine Angelegenheit der Lehre. Der tägliche Wandel der meisten Christen lässt erkennen, dass sie den Weg des inneren Lebens und Christus als ihr Leben nicht kennen. Dies betrübt uns wirklich und liegt uns auf dem Herzen. Wenn den Menschen irgendetwas Bestimmtes klar wird oder sie eine Methode kennenlernen, dann versuchen sie daraufhin, an ihrem Wohnort etwas Neues anzufangen. Dies ist nicht der Weg des Herrn.

Was wir heute brauchen, ist nicht nur ein Wechsel der Kleider, ein Kleideraustausch, sondern ein Blutaustausch. Unser natürliches Blut muss ausgewechselt werden. Es geht nicht nur darum, dass das Äußere anders wird, sondern vielmehr muss das innere Leben ein anderes werden. Angenommen, jemand war früher

Pfarrer und wurde mit „Hochwürden" angeredet. Vielleicht trug
er sogar ein langes Gewand mit steifem Kragen. Dann hat er das
Licht empfangen, dass alle diese Dinge unrecht sind, dass die
Titel „Herr Pfarrer" und „Hochwürden" unrecht sind, dass der
steife Kragen unrecht ist, dass der schwarze Rock unrecht ist. So
hat er sich von alledem befreit, hat den geistlichen Titel ausge-
strichen und begonnen, gewöhnliche Kleidung zu tragen. Danach
hat er sich aufgemacht, um an einem anderen Ort und auf andere
Weise für den Herrn zu arbeiten, ohne den Titel und ohne den
Rock.

Ich möchte nicht sagen, dass das falsch ist, aber eins möchte
ich sagen: Es muss sich herausstellen, ob im Inneren eines solchen Menschen ein wirklicher Wandel stattgefunden hat. Ohne
Zweifel hat er all jene Dinge aus der Vergangenheit fallengelassen, aber dieser Wandel ist zu äußerlich. Einst hat dieser Mensch
durch sich selbst gedient, durch sein natürliches Leben. Nun hat
ein Wandel in den äußeren Dingen stattgefunden, aber die Frage
ist, ob es auch einen Wandel in seinem inneren Leben gegeben
hat. Sehr wahrscheinlich arbeitet er und dient er dem Herrn
durch dasselbe Leben wie damals, als er noch den Titel benützte.
Äußerlich hat es zwar eine echte Veränderung gegeben, aber
innerlich ist er nach wie vor derselbe. Eine solche äußerliche Veränderung führt zu einer äußeren Bewegung. Einst hat er dadurch
eine „Gemeinde" ins Dasein gerufen, dass er eine Wahl veranstal-
tete und einen Ausschuss bildete; nun lässt er dies alles fallen
und sammelt sich eine Gruppe von Ältesten. Dies ist zwar eine
eindeutige Veränderung, aber in bezug auf das innere Leben hat
sich nichts verändert. Die äußere Veränderung entspringt keiner
inneren Veränderung im Leben, und so wird daraus nur eine
neue religiöse Bewegung.

Dabei müssen wir sogar noch über die Veränderung im inneren Leben hinausgehen, und die Gemeinde erkennen. Die
Gemeinde ist eine Vermengung Gottes mit dem Menschen. Wir
haben aus dem einen Grunde so viel über die Seele, den Geist und
das Herz gesprochen, weil uns dies erkennen hilft, dass Gott
unser Inhalt ist und wir Seine Behälter. Wir müssen wissen, wie
wir unser Herz richtig einstellen, um es Ihm zu öffnen und Ihn

hineinkommen zu lassen; und wir müssen wissen, wie wir unseren Geist üben, um Ihn zu berühren, zu enthalten und sogar zu verdauen. Nimm zum Beispiel an, du isst mittags ein Steak. Nachdem du dieses Steak vier Stunden lang im Magen hattest, wird es verdaut sein und zum aufbauenden Bestandteil deines Leibes werden. Das ist ein genaues Bild für die Gemeinde. Im gegenwärtigen Christentum jedoch haben wir mehr eine Religion als die Wirklichkeit des Lebens. Das Problem heute ist nicht nur eine Veränderung der äußeren Form, sondern vielmehr eine Veränderung im Leben innerlich.

NICHT DURCH BLOSSE LEHREN GEBAUT

Außerdem sollten wir uns nicht nur auf die Lehren konzentrieren. Ich möchte als Hilfe ein kleines Beispiel anführen. Als Junge besuchte ich mit vielen anderen eine christliche Schule, und wir erhielten eine christliche Erziehung. Man unterrichtete uns mit Hilfe der biblischen Geschichten. Wir wurden zwar nicht gerettet, aber die meisten von uns wurden ins Christentum hineingebracht und lernten die Glaubenssätze. Oft stritten wir mit den Leuten und versuchten, ihnen zu beweisen, dass das Christentum die richtige Religion sei. Die Missionare vermittelten uns die Kenntnis aller Glaubenssätze und Lehren. Man brachte uns bei, dass Gott ein Gott der drei Personen ist – der Vater, der Sohn und der Geist. Wir lernten, dass Christus von einer Jungfrau geboren wurde und auf dieser Erde lebte, wandelte und arbeitete; und wir glaubten sogar, dass Er auferweckt worden war. Hätte man uns aber gefragt: „Bist du gerettet?", so hätten wir es nicht gewusst. Gott und Christus stellten für uns nur Begriffe dar. Ich muß bezeugen, dass sich damals von den mehreren hundert Gliedern der betreffenden Kirche fast niemand über die Errettung im Klaren war. Und doch waren sie als „Christen" bekannt. Manchmal marschierten alle Mitglieder jener Kirche durch die Straßen, hielten Kreuze hoch und sangen: „Vorwärts, Christi Streiter." An diesem Beispiel möchte ich euch nur zeigen, wie leer bloße Lehren sind.

Heute beharren manche darauf, eine Sammlung von Lehren zu vermitteln, beispielsweise über die Vorherbestimmung, den

freien Willen, die absolute Gnade und die ewige Sicherheit. Man
kann alle diese Lehren weitergeben, ohne dass das Leben und der
Geist in den Menschen jemals berührt werden. Um mit einem
Zeugnis fortzufahren: Eines Tages wurde ein Glied unserer
Familie gerettet, und dann wurde ich gerettet. Wir erlebten
schließlich eine wirkliche Berührung mit Gott; tief in unserem
Innern berührte uns Sein Leben und bewirkte eine echte Veränderung. Selbst das äußere Leben und der äußere Wandel wurden
verändert. Dieses echte Anderswerden unseres Lebens beeinflusste andere, so dass auch sie gerettet wurden. Danach wussten
wir, dass wir mehr brauchten als nur die Lehren. Für sämtliche
Lehren in der Schrift gilt, dass sie nichts anderes als ein Mittel
sein dürfen, welches Christus in uns hineinbringt. Wenn sie diese
Aufgabe nicht erfüllen, fehlt uns das Allerwichtigste.

NICHT DURCH BLOSSE GABEN GEBAUT

Dasselbe Prinzip gilt für die Gaben. Viele Christen halten sich
heute für recht geistlich, weil sie die Gaben besitzen. Doch diese
Selbsteinschätzung stimmt keineswegs. Wenn ihr den ersten
Korintherbrief lest, könnt ihr den Zustand der Gläubigen in
Korinth erkennen. Sie übten die Gaben sogar mehr als die Apostel aus (1.Kor. 14:18-20), aber besaßen sie darum das wirkliche
Wachstum im Leben? Nein; sie waren fleischlich und kindisch
(1.Kor. 3:1-3). So, wie die Lehren das Mittel sein müssen, das
Christus zu anderen bringt, haben auch die Gaben nur diesen
einen Zweck zu erfüllen, dass sie Christus vermitteln. Gott will
uns heute nicht eine Menge Lehren und Gaben schenken, Er
will uns vielmehr mit Christus dienen und Christus in uns hinein
austeilen.

Ich erzähle euch eine wahre Begebenheit: Einmal traf ich
einen Menschen, der gefüllt war mit Bibelwissen; während er
jedoch über die Bibel sprach, rauchte er. Nachdem er eine halbe
Stunde über das Matthäusevangelium und die zehn Jungfrauen
gesprochen hatte, sagte er: „Entschuldigen Sie, ich muss etwas
rauchen. Ich weiß, dass das verkehrt ist, aber ich bin schwach."
Dann ging er zur Offenbarung über und sprach über die zehn
Hörner, die sieben Häupter und die zweiundvierzig Monate. Er

hatte Kraft, solange es um das Lehren ging, aber am Ende musste er sagen: „Entschuldigen Sie, ich muss noch ein wenig rauchen." Bei all seiner Stärke im Bibellehren war er doch im geistlichen Leben sehr schwach.

Ich habe auch viele Menschen gesehen, die in Zungen redeten. Nach der Demonstration der Gabe lebten sie in ihrem Alltagsleben sehr nachlässig. Manche übertrafen in ihrer Nachlässigkeit sogar Ungläubige. So leicht wurden sie zu Hause zornig! All das beweist nur das eine, dass Gott uns letztlich nicht Lehren und Gaben, sondern Christus den Lebendigen, geben will. Er gebraucht die Lehren, wenn sie in rechter Weise weitergegeben werden, um uns Christus zu vermitteln; und manchmal gebraucht Er gewisse Gaben als Mittel, um uns mit Christus zu dienen und Menschen zu bewegen, dass sie Christus aufnehmen. Wir alle aber müssen uns bewusst sein, worin Gottes eigentliche Absicht besteht: Er will, dass wir den Lebendigen, den Dreieinen Gott, kennen und Christus im Heiligen Geist erfahren.

Erinnert ihr euch an die alttestamentliche Geschichte von dem Esel, der eine menschliche Sprache sprechen konnte? Dies war echtes Zungenreden! Ich glaube nicht, dass heutzutage alle Zungen so echt sind wie jene. Vor kurzem habe ich einen Artikel gelesen, in dem der Autor von seiner Begegnung mit über hundert Menschen berichtete, die in Zungen reden konnten. Er schrieb, dass alle ohne Ausnahme daran zweifelten, ob ihr Zungenreden echt sei. Trotzdem ermutigte der Berichterstatter die Leute noch, nicht zu zweifeln, sondern mit ihrer Erfahrung weiterzumachen. Nachdem ich das gelesen hatte, sagte ich mir: „Hat Petrus am Pfingsttag daran gezweifelt, dass die Zunge, in der er sprach, echt war? Hatte irgendjemand damals solche Zweifel?" Warum fragen sich heute im Gegensatz dazu so viele Menschen, ob ihr Zungenreden echt ist? Die einfache Antwort lautet, dass sehr viele Zungen heutzutage nicht echt sind. Doch selbst wenn du in einer echten Zunge redest, muss ich dir sagen, dass dies nicht das Leben ist. Sogar König Saul empfing die Ausgießung des Heiligen Geistes (1.Sam. 19:22-24), aber wir dürfen nicht meinen, er habe Leben erfahren. Im Gegenteil, er wurde dadurch nur bloßgestellt. Nachdem der Geist über ihn ausgegossen worden war, zog er sich nackt

aus! Dies macht deutlich, dass man die Ausgießung des Heiligen
Geistes nicht mit dem Leben gleichsetzen kann. Das Leben ist
nicht die Ausgießung; das Leben ist einzig und allein Christus
selbst im Geist.

Geschwister, ich bitte euch, versucht mich richtig zu verstehen. Es geht mir nicht darum, zu kritisieren, doch ich habe hier
eine sehr schwere Last. Wenn ich die verzweifelte Lage sehe, in
der sich Gottes Volk befindet, weiß ich nicht, was ich sagen oder
was ich tun soll. Werden Lehren gebracht, dann fühlen sich die
Menschen so sehr angesprochen; sagt man nur ein Wort von
den Gaben, dann werden viele hellwach. Aber wenn das innere
Leben und der innewohnende Christus dargebracht werden,
brauchen wir so dringend eine innere Offenbarung! Die Lehren
und Gaben sind etwas Äußeres, Christus aber befindet sich innen
im Verborgenen. Wie sehr kommt alles darauf an, dass das Volk
des Herrn diesen Innewohnenden kennenlernt, der so lebendig
und so stark ist – der uns bekehrt, bestimmt, stärkt, erfrischt und
beständig umwandelt und durchsättigt!

NICHT DURCH POSITION GEBAUT

Schließlich müssen wir auch sehen, dass der Aufbau der
Gemeinde keine Angelegenheit der Position oder übertragener
Verantwortung ist, sondern eine Sache des Lebens in unserem
inneren Sein. Die Gemeinde wird nicht dadurch gebaut, dass man
jemand in eine Position setzt, sondern vielmehr entsteht sie
durch das Wachstum des inneren Lebens bis zur Reife. Das
innere Sein muss durch Gott, durch Seine innere Arbeit an uns,
gewirkt werden. Je mehr wir so vorgehen, dass wir Menschen in
eine Position bringen, desto mehr wird alles zunichte werden. Je
mehr wir hingegen den Menschen helfen, das Wachstum des
Lebens zu begreifen, desto mehr wird das Leben sich vermehren.
Das Wachstum des inneren Lebens ist der sichere Weg, auf dem
die Gemeinde gebaut wird. Wenn das Leben zur Reife kommt,
werden wir ganz von selbst fähig sein, Verantwortung zu übernehmen.

Wir müssen noch einmal wiederholen: Gottes Absicht besteht
darin, Christus in uns hinein auszuteilen und Christus zu allem

in uns zu machen. Gott gebraucht für manche die Lehren als
Hilfe, Er gebraucht für andere die Gaben als Hilfe, aber beides ist
nicht die Hauptsache. Wir brauchen eine innere Offenbarung,
um das Ziel des in uns wohnenden lebendigen Christus zu sehen.
Dann sind wir, wo immer wir zusammenkommen, das lebendige
Haus des lebendigen Gottes. Der lebendige Gott wohnt, lebt und
wirkt in uns, und wir tragen das Zeugnis Jesu, der die Wirklichkeit des ganzen Universums ist. Dann werden wir eine wirkliche
Offenbarwerdung des lebendigen Gottes im Fleisch haben. Auf
diesem Wege befindet sich Gottes Wiedererlangung heute. Lasst
uns auf den Herrn schauen, dass Er uns die innere Gnade gibt, so
dass wir die Wirklichkeit der Gemeinde haben.

KAPITEL VIERUNDZWANZIG

DIE VISION
VOM ZIELPUNKT DER ÖKONOMIE GOTTES

Am Anfang dieses Buches wurde die Ökonomie Gottes mit ihrem Zielpunkt, ihrem Zentrum, dargelegt; doch selbst nach dem Lesen all dieser Kapitel kann es noch geschehen, dass wir das Ziel verfehlen, dass wir den zentralen Punkt nicht im Auge behalten. Gottes Ökonomie besteht kurz gesagt darin, dass Er sich selbst in uns hineinwirkt, und das kann Er nur dadurch erreichen, dass Er in drei Personen handelt, als der Vater, der Sohn und der Geist. Von Anfang an haben wir in diesem Buch viel Zeit damit verbracht, diese Ökonomie des Dreieinen Gottes anzuschauen. Gott hat niemals beabsichtigt, uns in der Schrift die Lehre von der Dreieinigkeit zu geben. Die Lehre verwickelt uns nämlich nur in viele verschiedene Vorstellungen. Was die Schrift offenbart, ist vielmehr dies eine: Wie Gott Seine göttliche Ökonomie in drei Personen ausgeführt hat.

Es wurde darauf hingewiesen, dass das Wort „Ökonomie" im Griechischen Verwaltung, Haushalterschaft, Regierung, Leitung und Dispensation bedeutet. Das Wort „Dispensation" wird ohne jeden Gedanken an Zeitabschnitte gebraucht, nur in dem Sinn, dass Gott sich in uns hinein „dispensiert", d.h. austeilt. Ich wiederhole nochmals, Gottes einzige Absicht besteht darin, sich selbst in uns hinein auszuteilen. Dieser Plan ist das Zentrum Seiner Schöpfung und Seines Erlösungswerkes. Gott hat den Menschen nur dafür geschaffen und erlöst, dass er Sein Behälter wurde, in den Er sich selbst austeilen konnte. Im ganzen Universum – in Zeit, Raum und Ewigkeit besteht das Zentrum von Gottes Ökonomie darin, sich selbst in den Menschen hinein auszuteilen.

Die letzte Vollendung von Gottes gesamtem Werk der Schöpfung, der Erlösung und Umwandlung ist schließlich die universale Vermengung Gottes mit dem Menschen. So entsteht das Neue Jerusalem als die letzte Vollendung von Gottes Werk, das in den sechsundsechzig Büchern der Schrift aufgezeichnet ist. Dieses Ergebnis ist nichts anderes als die universale Vermengung Gottes mit dem Menschen. Das Neue Jerusalem stellt die Vermengung Gottes selbst mit einem korporativen Menschenvolk dar. Nichts an diesen Menschen wird einst mehr natürlich sein, sondern jeder Teil und jeder Aspekt ihres Seins wird erneuert, umgewandelt und gleichgestaltet sein, und das vollbringt Gott durch sich selbst und mit sich selbst als Leben. Diese Menschen werden in ihrer Natur umgewandelt und in ihrer Erscheinung Gott selbst gleichgestaltet sein. Wollen wir dem Herrn in rechter Weise dienen, so müssen wir diese Vision haben. Sie ist keineswegs neu, vielmehr stand sie bereits am Anfang des Gemeindezeitalters. Allerdings muss sie in uns neu sein und Tag für Tag erneuert werden. Diese Vision muss uns in all unserer Arbeit, unserem Leben und Tun regieren.

DAS ZIEL WIRD DURCH VIER SCHRITTE ERREICHT

Worin besteht der Zielpunkt, das Zentrum dieser Ökonomie? Zunächst einmal wurde der Vater, der die Quelle ist, in den Sohn hineingebracht. Der Vater wurde mit Seiner ganzen Fülle sichtbar in der Gestalt des Sohnes. Der Sohn ist sowohl die Verkörperung als auch der Ausdruck des Vaters; niemand außer dem Sohn hat Gott den Vater je gesehen. Im Sohn vollbrachte Gott durch vier Hauptschritte, durch die Fleischwerdung, Kreuzigung, Auferstehung und Auffahrt – alles, was Er sich vorgenommen hatte. Diese vier Schritte haben alles, was Gott sich in der Ewigkeit vorgesetzt hatte, erfüllt.

Durch die Fleischwerdung wurde Gott in den Menschen hineingebracht. Gott ist in die menschliche Natur hineingekommen und hat in ihr dreiunddreißigeinhalb Jahre auf dieser Erde gelebt. Alle menschlichen Leiden, die es auf dieser Erde gab, hat Gott erlitten. Nicht nur ein Mensch namens Jesus litt dort, sondern Gott selbst litt in Ihm. Dann kam die Kreuzigung. Alle zwölf negativen Komponenten – Satan, der gefallene Mensch, die Sünde, die Welt, der Tod usw. – wurden ans Kreuz gebracht und beendet. Alles Negative ist am Kreuz beendet worden.

Auf die Kreuzigung folgte die Auferstehung. Diese stellte die von Gott erschaffene Menschheit wieder her, erhöhte zudem ihren Standard und brachte die menschliche Natur in Gott hinein. Durch die Fleischwerdung war die göttliche Natur in den Menschen hineingebracht worden, durch die Auferstehung wurde die menschliche Natur in Gott hineingebracht. Nun ist es möglich, dass der Mensch mehr als nur eine geschaffene menschliche Natur besitzt, denn seine Natur ist erneuert, erhöht und in Gott hineingebracht worden. Nach der Auferstehung wurde Christus vor dem ganzen Universum als ein „Modell" ausgestellt. In diesem Modell befindet sich Gott im Menschen und der Mensch in Gott. Da alle negativen Dinge durch das Kreuz beseitigt und beendet sind, gibt es in diesem Modell nichts Negatives.

Dieses Modell fuhr dann zum Himmel auf und wurde mit Herrlichkeit und Autorität auf den Thron gesetzt. Der menschliche Verstand kann dieses Bild nicht fassen. An jenem Tag war alles vollbracht, es gab nichts Unvollendetes mehr. Dieses Modell, welches der mit den Menschen vermengte Gott und der mit Gott vermengte Mensch ist, stieg hoch über alle Dinge in Raum und Zeit empor. Er fuhr auf zum höchsten Ort im Universum und wurde mit Herrlichkeit und Autorität auf den Thron erhoben.

Danach ging von diesem Verherrlichten der Heilige Geist aus. Er strömte von Ihm aus wie eine Flüssigkeit, die viele Elemente enthält. Die göttliche Natur, die menschliche Natur, das menschliche Leben, das menschliche Leiden, der Tod am Kreuz, die Auferstehung, die Auffahrt und die Erhebung auf den Thron befinden sich als Elemente im Heiligen Geist. Wie wir gesehen haben, ist dieser wunderbare herausfließende Strom die „allumfassende Medizin", die alles enthält, was wir brauchen. Als dieser fließende Strom ist der Heilige Geist in uns ausgegossen worden. Am Tag der Auferstehung und am Pfingsttag kam der Heilige Geist Jesu, der alle Elemente enthält, in und auf die ersten Christen. Einerseits kommt Er in uns hinein, andererseits aber kommt Er auf uns. Gott vermengt sich in Seinen drei Personen mit uns.

DER ANSATZPUNKT UND ZIELPUNKT
IST IM MENSCHLICHEN GEIST WIRKSAM

Der zentrale Punkt von Gottes Ökonomie besteht darin, dass Gott in drei Personen in uns hineingekommen ist. Das Neue Testament spricht mehr über die Tatsache, dass Gott im Geist in uns hineingekommen ist, als von der Tatsache, dass Er auf uns gekommen ist. Dieses kleine Wort „in" kommt im Neuen Testament sehr oft vor: Christus „in mir", Christus „lebt in mir", Christus „gewinnt in mir Gestalt", Christus „macht Wohnung in mir", „bleibt in mir und Ich in euch" und so weiter. Wenn ihr Zeit habt, dann zählt einmal, wie oft dieses kleine Wort im Neuen Testament vorkommt. Gott hat den Menschen eigens in drei Teilen geschaffen, damit Er selbst in den Menschen hineinkommen konnte und damit der Mensch sich in jeder Hinsicht für Seinen Vorsatz eignete. Wie wir gesehen haben, ist der Mensch ein Wesen mit drei Teilen – er besteht aus Leib, Seele und Geist – und dies entspricht der Stiftshütte mit ihren drei Teilen, dem Vorhof, dem Heiligen und dem Allerheiligsten. Nur im innersten Bereich wohnt die Schekina-Herrlichkeit Gottes und befindet sich die Bundeslade als das Bild für Christus. Dies zeigt uns deutlich, dass Gott und Christus gekommen sind, um in unserem Geist zu wohnen. Unser Geist ist der innerste Teil als das Allerheiligste.

Wir können dies sehr klar aus der Schrift ersehen, besonders anhand von 2. Timotheus 4:22, wo es heißt: „Der Herr Jesus Christus sei mit deinem Geist!" Außerdem sagt uns Epheser 4:6, dass Gott der Vater in uns ist, 2. Korinther 13:5, dass Gott der Sohn in uns ist und Römer 8:11, dass Gott der Geist in uns ist. Der Dreieine Gott in den Personen des Vaters, des Sohnes und des Geistes befindet sich jetzt in unserem Geist. Hier liegt das Zentrum der Ökonomie Gottes: Der Dreieine Gott befindet sich in unserem Geist, damit wir Ihn als unser Leben und unser alles erfahren. Wie sehr ist Gottes Ökonomie in den vergangenen Jahrhunderten von Seinen Kindern außer acht gelassen worden! Wir müssen diesen Zielpunkt Gottes in unserem Geist zurückgewinnen.

Indem Gott unseren Geist als Seinen Ausgangspunkt und Sein Zentrum benützt, wirkt Er sich durch uns aus. Der Dreieine

Gott befindet sich im Zentrum unseres Seins. Das ist überaus herrlich! Gott ist in die menschliche Natur hineingekommen, hat die menschliche Natur in die göttliche Natur hineingebracht und hat alle negativen Dinge beendet; jetzt befindet sich der Dreieine Gott mit allem, was Er vollbracht hat, als unser Leben und unser alles in unserem Geist. Von diesem Zentrum her breitet der Dreieine Gott sich aus, um die inneren Teile unseres Seins mit sich selbst zu durchsättigen. Der menschliche Geist ist der eigentliche Mittelpunkt, das innerste Zentrum von Gottes Ökonomie. Zielen wir an diesem Punkt vorbei, dann zielen wir überhaupt am Zentrum von Gottes Ökonomie vorbei. Ich sage nicht, dass dies das Ziel von Gottes Ökonomie sei, es ist vielmehr das Zentrum. Dieses Zentrum wird heute von den meisten Christen nicht beachtet. Wir können über viele biblische Dinge sprechen und dennoch an diesem zentralen Punkt vorbeizielen. Es muss uns tatsächlich klar sein, dass alle Lehren in den sechsundsechzig Büchern der Bibel nur auf diesen zentralen Punkt hinweisen. Auch alle verschiedenen Gaben und alle verschiedenen Funktionen weisen auf diesen Punkt hin und müssen ihn zum Zentrum haben. Wie können wir den Dreieinen Gott, der in unserem Geist wohnt, wahrnehmen? Wie können wir diesen innewohnenden Geist in unserem Geist erfahren? Wir müssen uns bewusst sein, dass der Dreieine Gott allezeit in uns wirkt (Phil. 2:13). Er arbeitet und wirkt in uns, nicht außerhalb von uns; und Er wirkt sogar mehr in uns als an uns. Das griechische Wort für „wirken" hat dieselbe Wurzel wie unser deutsches Wort „Energie." Der in uns wohnende Gott setzt in unserem Inneren beständig Energie frei. Und durch Christus lebt Er in uns: „Christus lebt in mir." Anders gesagt, der Dreieine Gott befindet sich heute als unser Leben in uns. Zugleich mit diesem Leben haben wir auch das innere Gesetz, das lebendige Gesetz – nicht das Gesetz der Buchstaben, sondern das Gesetz des Lebens. Dieses göttliche Gesetz des Lebens bestimmt uns allezeit von innen her (Hebr. 8:10). Und außerdem salbt uns der innewohnende Dreieine Gott auch allezeit in unserem Innern (1.Joh. 2:27).

Lasst uns diese vier Worte noch genauer betrachten: wirken, leben, bestimmen und salben. Wie sehr bedarf die Gemeinde der inneren Offenbarung und der Erfahrung dieser vier Dinge! Wir sollten sie nicht als Lehre betrachten, sondern vielmehr täglich den Dreieinen Gott als den erfahren, der in uns wirkt, in uns lebt, uns bestimmt und uns salbt. Wir sollten es diesem wunderbaren Dreieinen Gott erlauben, uns beständig in unserem Denken, in unseren Motiven, in unseren Worten, in unserer Haltung und in unserer Beziehung zu anderen zu bestimmen. Selbst unser Essen und unsere Kleidung sollten von Ihm bestimmt sein. Wir müssen Ihn in solch einem Ausmaß und in so praktischer Weise erfahren. Dies darf nicht zu einer Lehre verflacht werden. Bloße Lehre bringt uns nicht weit. Wird dies praktisch verwirklicht, so wird es eine Revolution bedeuten. Wir müssen wirklich erfassen, dass solch ein wunderbarer Christus in unserem Geist Wohnung gemacht hat, um in uns zu wirken und zu leben, uns zu bestimmen und uns zu salben.

DIE AUSRICHTUNG
AUF DEN ZIELPUNKT BAUT DIE GEMEINDE AUF

Erfahren wir den Herrn nicht in solch einer praktischen Weise, so ist es absolut unmöglich, die Gemeinde aufzubauen. Dies sehen wir am Bild der Eva, die ins Dasein kam, indem sie aus Adam herausgenommen wurde (1.Mose 2:21-24; Eph. 5:30-32). Eva war ein Teil Adams, etwas aus Adam. Nur das, was aus Adam herauskam, konnte eine Frau für Adam werden. Jeder Teil und jeder Aspekt der Eva war etwas aus Adam. Dies bestätigt, dass die Gemeinde nur aus dem gebaut werden kann, was aus Christus kommt. Lehren und Gaben bauen die Gemeinde nicht auf. Christus selbst in den Heiligen ist das einzige Material, aus dem der Leib Christi aufgebaut wird. Haben wir Mangel an Erfahrung mit dem praktischen Leben durch Christus, so werden wir nur eine Art „religiöse Gemeinde" sein. Darüber hinaus müssen wir lernen, Christus nicht nur als unser Leben, sondern auch als unsere Nahrung, als das Brot des Lebens, zu erfahren. Er ist die Nahrung, die Versorgung, in uns. Tag für Tag müssen wir Christus essen und mit Ihm genährt werden. Dies soll nicht nur eine Lehre für uns sein, sondern unsere tägliche und stündliche Erfahrung. In Johannes 6:57 sagt der Herr, dass derjenige durch Ihn leben wird, der

Ihn isst. Wollen wir durch Christus leben, so müssen wir Ihn essen. Dann wird Er eine solche Wirklichkeit für uns sein. Leider versäumen es viele Christen, Christus täglich zu essen.

Lasst es mich so darstellen: Als du geboren wurdest, hast du etwa sechs bis acht Pfund gewogen, aber jetzt wiegst du über hundert Pfund. Dein Leib ist aufgebaut worden. Aber sage mir, wodurch? Dadurch, dass du ins Restaurant gegangen bist und die Speisekarte angeschaut hast? Natürlich nicht! Dein Leib ist durch das aufgebaut worden, was du gegessen hast, durch Eier, Hähnchen, Kartoffeln, Äpfel, Bananen usw. Wie also kann der Leib Christi aufgebaut werden? Nicht durch Lehre; denn je mehr man dich darüber belehrt, wie du essen sollst, desto mehr nimmst du ab. Tatsächlich, wenn du nur die Kunst erlernst, wie man isst, dann werden wir dich bald beerdigen müssen. Du kannst viele Dinge lernen und sogar der beste Diätspezialist sein, aber trotzdem wirst du bald sterben. Entsprechend kann es sein, dass du alle guten, biblischen und sogar geistlichen Lehren kennst und trotzdem aus Mangel an Nahrung verhungerst. Die Gemeinden brauchen heute „Mütter", welche die jungen Gläubigen nähren und ihnen nicht Lehre, sondern etwas von Christus zum Essen und Trinken geben.

Wenn ihr mich fragt, was mich in diesen Tagen besorgt macht, so würde ich euch nur zwei Dinge nennen: Erstens befürchte ich, dass viele liebe Geschwister, obwohl sie wirklich die negativen Dinge des Christentums und auch etwas über den Weg des Herrn mit Seiner Gemeinde gesehen haben, das Gemeindeleben dennoch mit äußeren Methoden herbeiführen wollen. Ihr sagt: „Früher habe ich als Pfarrer auf diese oder jene Weise eine Gemeinde geleitet, nun aber sehe ich, was falsch ist. So werde ich diese Art fallen lassen und es auf andere Art machen." Dies ist nach wie vor eine religiöse Aktivität, nicht der Aufbau des Leibes Christi. Der Aufbau des Leibes Christi geschieht ganz und gar von innen her. Du musst Christus als deine Nahrung aufnehmen, musst Christus essen und trinken, so dass du mit Christus genährt bist. Wenn Christus dich gesättigt hat und du voller Christus bist, wirst du den anderen etwas von Ihm als Nahrung darreichen. Dann wird der Leib Christi aufgebaut werden.

Es geht hierbei absolut nicht um eine Methode. Lest das ganze Neue Testament, ihr werdet darin keine einzige Methode finden. Wenn ich überhaupt eine Methode habe, dann ist es diese: Erstens müsst ihr ans Kreuz gebracht werden; zweitens müsst ihr euch Tag für Tag im Geist von Christus ernähren; drittens müsst ihr, wenn ihr mit Christus ernährt und erfüllt seid, andere mit Christus nähren. Dann wird die Gemeinde ins Dasein kommen. Die einzige Methode besteht darin, ans Kreuz zu gehen, sich von Christus zu ernähren und andere mit Christus zu nähren.

Das andere, was mich besorgt macht, ist folgendes: Wir haben so viel über Christus als unser Leben gesprochen, aber ich fürchte, dass wir dies nur als eine Botschaft, als einen Begriff, als ein Thema kennen, aber die tägliche und stündliche Erfahrung nicht haben. Es geht darum, dass wir beständig von Ihm bestimmt und gesalbt werden. Täglich und stündlich müssen wir uns mit Ihm nähren und innige Gemeinschaft mit Ihm haben. Wir müssen uns selbst vergessen und Ihn allezeit berühren, genießen, allezeit von Ihm bestimmt und gesalbt werden. Dies ist das innere Leben, die innere Erfahrung des innewohnenden Christus. Ich möchte euch das Buch „Der Geist Christi" von Andrew Murray empfehlen. Es wird eine große Hilfe bedeuten – nicht dafür, Wissen anzusammeln, sondern den innewohnenden Christus im täglichen Leben zu erfahren. Lasst ihr Christus eure tägliche Nahrung sein, dann könnt ihr dem ganzen Universum bezeugen: „Ich schmecke Christus Tag für Tag. Ich habe Stunde um Stunde solch eine innige, lebendige Gemeinschaft mit Ihm. Ständig bestimmt Er mich und salbt Er mich." Wir alle müssen unsere ganze Aufmerksamkeit hierauf richten. Dies ist das Zentrum, der Zielpunkt von Gottes Ökonomie. Wie sonst kann Seine Ökonomie in der Gemeinde Wirklichkeit werden, wenn wir diesen Zielpunkt Seiner Ökonomie in unserem Geist verfehlen? Wenn du mit deinem Auto fahren willst, weißt du auch, wo das Benzin eingefüllt wird und wo sich das Zündschloss befindet; das ist gewissermaßen der zentrale Punkt beim Autofahren. Wenn du von diesem Zentrum abkommst, magst du das schönste Auto haben, und doch fährt es nicht.

Aus diesem Grund haben wir im Hebräerbrief jenen Vers 12

im vierten Kapitel. Das Wort Gottes ist so lebendig und durchdringend, dass es unseren Geist von der Seele scheidet. In all die Erfahrungen, von denen der Hebräerbrief spricht, kommen wir nur durch die Unterscheidung des Geistes hinein. Der allumfassende Christus als das gute Land befindet sich im Geist, in unserem Geist, und auch Sein Wohnen im Allerheiligsten ist eine Erfahrung in unserem Geist. Wenn du den Geist nicht von der Seele unterscheiden kannst, wirst du das Ziel verfehlen und kannst Christus nicht genießen. Jeden Tag musst du mit dem lebendigen Christus Umgang haben, der so subjektiv in dir wohnt. Christus ist in dir, und Er ist so lebendig, so wirklich und im praktischen Lebensvollzug erfahrbar! Wenn du Ihn isst, trinkst und täglich als deine Nahrung genießt, wirst du durch Ihn und mit Ihm leben und beständig von Ihm bestimmt und gesalbt werden. Dies müssen wir allezeit erfahren, wenn wir Christus als Nahrung an andere austeilen wollen. Wo immer Menschen mit Christus genährt werden, wird Er ihnen zum Baumaterial, und dann wird der Leib Christi allmählich wachsen und aufgebaut werden. Ich schaue auf den Herrn, dass unsere Augen aufgetan werden, und wir so die himmlische Vision und die innere Offenbarung von diesem lebendigen, innewohnenden, subjektiven Christus in unserem Geist als dem Zentrum der Ökonomie Gottes empfangen.

ÜBER ZWEI DIENER DES HERRN

Wir danken dem Herrn, dass der Dienst von Watchman Nee und seinem Mitarbeiter Witness Lee am Leib Christi mehr als 80 Jahre lang auf allen Kontinenten der Erde ein Segen für die Kinder des Herrn gewesen ist. Ihre Bücher sind in viele Sprachen übersetzt worden. Unsere Leser haben uns viele Fragen über Watchman Nee und Witness Lee gestellt und als Antwort auf ihre Fragen bieten wir hier einen kurzen Überblick über Leben und Werk dieser beiden Brüder dar.

Watchman Nee

Watchman Nee nahm Christus im Alter von siebzehn Jahren auf. Sein Dienst ist bei den suchenden Gläubigen auf der ganzen Welt bekannt. Viele haben durch seine Bücher über das geistliche Leben und die Beziehung zwischen Christus und Seinen Gläubigen Hilfe empfangen. Doch wenige kennen einen weiteren ebenso wichtigen Aspekt seines Dienstes, der die Praxis des Gemeindelebens und den Aufbau des Leibes Christi betont. Bruder Nee schrieb viele Bücher sowohl über das Christenleben als auch über das Gemeindeleben. Bis zum Ende seines Lebens war Watchman Nee eine Gabe vom Herrn zur Enthüllung der Offenbarung im Wort Gottes. Nachdem er zwanzig Jahre lang in Festlandchina im Gefängnis für den Herrn gelitten hatte, starb er 1972 als ein treuer Zeuge Jesu Christi.

Witness Lee

Witness Lee war der engste und bewährteste Mitarbeiter von Watchman Nee. 1925 erfuhr er im Alter von neunzehn Jahren eine dynamische Errettung und weihte sich dem lebendigen Gott, um Ihm zu dienen. Von da an begann er, intensiv die Bibel zu studieren. Während der ersten sieben Jahre seines Christenlebens stand er stark unter dem Einfluss der Plymouth Brüder. Dann traf er Watchman Nee und wurde in den folgenden 17 Jahren, bis 1949, ein Mitarbeiter von Bruder Nee in China. Während des zweiten Weltkriegs, als China von Japan besetzt wurde, nahmen ihn die Japanern gefangen und so litt er für seinen treuen Dienst am Herrn. Der Dienst und das Werk dieser beiden Diener Gottes brachte eine große Erweckung unter den Christen in China herein, die dann zur Ausbreitung des Evangeliums im ganzen Land und zum Aufbau von Hunderten von Gemeinden führte.

1949 rief Watchman Nee alle seine Mitarbeiter, die dem Herrn in China dienten, zusammen und beauftragte Witness Lee, den Dienst auf der Insel Taiwan – außerhalb des Festlandes – fortzusetzen. Durch Gottes Segen wurden dann auf Taiwan und in Südostasien in den folgenden Jahren mehr als hundert Gemeinden gegründet.

In den früher 60-iger Jahren führte der Herr Witness Lee dann, in die Vereinigten Staaten von Amerika umzuziehen, wo die Kinder des Herrn mehr als 35 Jahre lang von seinem Dienst und seiner Arbeit profitieren konnten. Seit 1974 lebte er in Anaheim, Kalifornien, bis er im Juni 1997 zum Herrn ging. Im Laufe der Jahre seines Wirkens in den Vereinigten Staaten von Amerika veröffentlichte er mehr als 300 Bücher.

Der Dienst von Witness Lee ist besonders hilfreich für suchende Christen, die eine tiefere Erkenntnis und Erfahrung des unausforschlichen Reichtums Christi haben möchten. Bruder Lees Dienst offenbart uns, indem er die göttliche Offenbarung in der ganzen Schrift öffnet, wie man für den Aufbau der Gemeinde, die Sein Leib, die Fülle des, der alles in allen erfüllt, Christus erkennt. Alle Gläubigen sollten an diesem Dienst des Aufbaus des Leibes Christi teilhaben, damit der Leib sich selbst in Liebe aufbauen kann. Nur die Ausführung dieses Aufbaus kann den Vorsatz des Herrn erfüllen und Sein Herz zufrieden stellen.

Das Hauptmerkmal des Dienstes dieser beiden Brüder ist, dass sie die Wahrheit gemäß dem reinen Wort der Bibel lehrten.

Das Folgende ist eine kurze Beschreibung der wichtigsten Überzeugungen von Watchman Nee und Witness Lee:

1. Die heilige Bibel ist die vollständige Offenbarung, unfehlbar und gottgehaucht, wörtlich inspiriert vom Heiligen Geist.

2. Gott ist der einzig eine Dreieine Gott – der Vater, der Sohn und der Heilige Geist – gleichzeitig koexistierend und gegenseitig ineinander wohnend von Ewigkeit zu Ewigkeit.

3. Der Sohn Gottes, sogar Gott Selbst, wurde Fleisch, um ein Mensch namens Jesus zu sein, geboren von der Jungfrau Maria, um unser Erlöser und Retter sein zu können.

4. Jesus, ein echter Mensch, lebte dreiunddreißigeinhalb Jahre auf der Erde, um Gott den Vater den Menschen bekannt zu machen.

5. Jesus, der von Gott mit Seinem Heiligen Geist gesalbte Christus, starb am Kreuz für unsere Sünden und vergoss Sein Blut, um uns zu erlösen.

6. Jesus Christus wurde, nachdem Er drei Tage lang begraben war, von den Toten auferweckt und fuhr vierzig Tage später in den Himmel auf, wo Gott Ihn zum Herrn über alle machte.

7. Nach Seiner Auffahrt goss Christus den Geist Gottes aus, um Seine auserwählten Glieder in Seinen Leib hineinzutaufen. Heute bewegt sich dieser Geist auf der Erde, um Sünder zu überführen, um Gottes auserwähltes Volk wiederzugebären, indem Er das göttliche Leben in sie hineingibt, und um für Seinen vollen Ausdruck den Leib Christi aufzubauen.

8. Am Ende dieses Zeitalters wird Christus wiederkommen, um Seine Gläubigen aufzunehmen, um die Welt zu richten, um von der Erde Besitz zu ergreifen und um Sein ewiges Reich aufzurichten.

9. Die überwindenden Heiligen werden mit Christus im Tausendjährigen Reich herrschen, und alle, die an Christus glauben, werden im Neuen Jerusalem im neuen Himmel und auf der neuen Erde in Ewigkeit an den göttlichen Segnungen teilhaben.

Rhema
Postfach 61 08 37
10925 Berlin
GERMANY
Berlin@Rhema-inc.org

Information über Zweigniederlassungen:

Diese Veröffentlichung wurde in Ihrem Gebiet von Rhema, einer gemeinnützigen Organisation, die ihren Sitz in Seattle, WA, U.S.A. hat, verteilt. Für weitere Information über weitere kostenlose christliche Veröffentlichungen von diesen Autoren wenden Sie sich bitte an eine der folgenden Adressen:

Rhema
P. O. Box 31651
Seattle, WA 98103
U. S. A.
Seattle@RhemaInc.org

Rhema Trust
P. O. Box 7247
Hook RG27 0ZN
UNITED KINGDOM
London@RhemaInc.org

Rhema Foundation
P. O. Box 22
02-783 Warsaw 59
POLAND
Warsaw@RhemaInc.org

Rhema Mission
P. O. Box 20
Moscow 127434
RUSSIA
Moscow@RhemaInc.org

Rhema
Postfach 61 03 37
10925 Berlin
GERMANY
Berlin@RhemaInc.org

www.RhemaInc.org